高岡 豊／白谷 望／溝渕正季 編著

中東・イスラーム世界の歴史・宗教・政治

多様なアプローチが織りなす地域研究の現在

明石書店

はしがき――下から目線の研究

近年、中東やイスラームは我々にとってこれまでになく身近な存在になった。これらについて流布する情報は、従来石油などの天然資源、王族や富豪、紛争やテロリズム、日本ではなじみの薄い信仰や宗教実践、古代遺跡や文明などについてのものが多かったように思われる。最近ではここに、新たに開発されたリゾート地・ショッピングモール・ハブ空港、中東諸国の航空会社の発展、イスラーム教徒（ムスリム）の暮らしぶりや食事についての規制、中東諸国と日本との間の投資・開発事業、留学生の往来など、我々の暮らしに身近なものや、我々にとっての経済的機会についての情報が増えてきた。また、不幸なことではあるが、中東諸国の混乱や紛争に伴う犠牲や負担、難民の問題など、日本と中東との地理的な遠さや歴史的な関係の希薄さを理由に他人事として看過することができない問題も増加している。

様々な動機に基づき、「中東・イスラーム世界」と呼ばれるものについてなんらかの知識や情報を得ようとする場合、今日ではインターネットをはじめとする多くの情報源に恵まれている。しかし、このような知識・情報収集の在り方が常に安全だとは限らない。最近耳にすることが増えた「フェイク・ニュース」のような偽情報・根拠が不確かな情報に警戒すべきなのは言うまでもない。また、各国の政府や各種団体が発信する「公式見解」と呼ぶべき情報や、著名人が発信する情報も、万能というわけではない。「公式見解」や主流となっている情報といえども、時として特定の権力者などの政治的意図や利益だけを反映したプロパガンダに過ぎないこともありうる。宗教的な解釈や実践についても実際にはより多様であり、特定のステレオタイプが全ての時と場で当てはまるわけではない。研究に従事する者でなくとも、中東での現地経験がある者にとっては、現場を体感し、市井の人々との交わりを通じて現地の様々な表情を発見することが、現地に赴くことの魅力の一つだったはずだ。

その一方で、個人の体験や個人の能力の及ぶ範囲で取得した情報（「私は実際に見た／聞いた」といった経験）についても、それが全体を代表すると考えて過信してはならない。悠久の歴史を有し、広大な領域に跨り、万華鏡のように多種多様な景色を見せる中東・イスラーム世界について、それを一個人の経験しうる範囲でのみ語るというのは自ずから無理があろう。重要なのは、一般的・俯瞰的な情報を十分に参照した上で、一般論や「公式見解」で取り上げられなかったり、光が当たらなかったりしている事実を見逃さないことであろう。言い換えれば、観察対象全体を俯瞰する上から見下ろす目線での観察と並んで、観察対象と同じ高さで相対する目線、観察対象を下から見上げたり、その裏に回ったりする目線が必要だということだろう。

本書は、このような問題意識を踏まえ、中東・イスラーム世界の歴史、宗教、政治の事例のいくつかを取り上げ、民衆目線ともいうべき市井の人々の視点からそれらを掘り下げていく。この作業を通じ、「公式見解」に覆い隠されてしまっている諸問題や、現場の多様性を見出すことができるだろう。また、テーマによっては、それにかかわった人々の情熱や苦悩、苦境に、実感を伴って触れることができるかもしれない。

本書の構成と各章の概要は以下の通りである。

第Ⅰ部は、歴史研究の方法論を軸とする論考群である。第1章（野口）は、11世紀から12世紀にかけてイベリア半島や北アフリカに版図を広げたムラービト朝が異教徒に対するジハードを遂行して自らの支配を正当化した問題について考察する。ジハードによって自己を正当化する論理や行動様式は、現在国際的に問題となっているイスラーム過激派の思考にも通じるところがある。特に、ムスリム同士の権力闘争において、敵対者に不信仰者宣告（タクフィール）を行い、自らの闘争を「ジハード」と位置付ける実践が歴史的に行われてきたとの指摘が重要である。第2章

（関）は、20世紀初頭にモロッコ北部のリーフ地方で発生したスペインに対する反乱であるリーフ戦争と、その指導者であるアブドゥルカリームに着目した論考である。モロッコという国全体で考えた場合、同国のナショナリズムや歴史の上でリーフ戦争やアブドゥルカリームは宗主国に対する抵抗運動の象徴と位置付けられる。しかし、リーフ戦争には「リーフ共和国」樹立という、植民地宗主国からだけでなくモロッコからの独立という意図もあった。このため、現在のモロッコにおいてはアブドゥルカリームを中央政府に対する抵抗・抗議の象徴とする位置付けもなされており、リーフ戦争についての研究は、現在のモロッコが抱える社会問題や地域間の歴史的亀裂を浮き彫りにする着眼点となる。第3章（渡邊）は、19世紀以降のアルジェリアにおけるイスラーム改革主義運動についての論考である。本章では、指導者やイデオローグに焦点を当てた先行研究を批判的に整理しつつ、この運動の草の根の支持者にも焦点を当て、運動の社会基盤についての新しい研究を提起している。第4章（中村）は、アルジェリアにおけるベルベル人の民族意識の形成や発展についての論考である。アルジェリアのベルベル人については、同国の公的な国家観や民族観に対し、ベルベル人の文化や言語を認めさせる運動などの意義がある一方、運動についての研究の余地がまだ広い課題である。

第Ⅱ部は、歴史学を主な方法論としつつ、よりナショナリズムを重視した論考群である。第5章（私市）は、アルジェ近郊の伝統的教育機関で学ぶ無名の若者たちが1948年の一時期に手作りで刊行・回覧した新聞に着目した論考である。アルジェリアのナショナリズム運動については、第3章でも取り上げたウラマー協会やその他の政党・政治家の著述、植民地政府の資料を拠り所として研究がなされてきた。これに対し、この章で用いた新聞は、無名の民衆により近い人々がナショナリズム運動や独立運動にいかに向き合ったかをしめす貴重な資料と位置付けられる。第6章（三代川）は、日本でもよく知られているエジプトのピラミッドやスフィンクスのような文化遺産に着目し、エジプトのナショナリズムについて論じる論考である。ピラミッドやスフィンクスを建造した政治権力や宗教と、現在のエジプト社会との連動性は実は乏しい。しかし、エジプトの近代化が進み、同国が近代国家としてのアイデンティティーやナショナリズムを形成する過程で、ピラミッドやスフィンクスに代表される文化遺産はエジプト人の誇りの象徴として、これらについての言辞や学術研究が操作されていった。第7章（登利谷）は、アフガニスタンの近代化の過程で進められた、パシュトー語の国語化政策の中でのパシュトゥー語文学・文芸に着目した論考である。特に、パシュトー文学研究上の重要資料とみなされる『隠された秘宝』と同書についての研究や、同書の真正性をめぐる論争には、文芸分野のみならず、歴史認識、言語政策などの多くの論点が秘められている。

第Ⅲ部は、現代の中東やイスラームにまつわる諸問題に着目した論考群である。第8章（岩坂）は、トルコ軍のイスラーム観、世俗主義観についての論考である。近年、トルコの政治的変動が様々な場面で波紋を呼んでいるが、本章はトルコの政治と軍との関係が、イスラーム主義と世俗主義との間の単純な思想的な対立にはとどまらないことを明らかにしている。第9章（金谷）は、2011年以降のエジプトにおける民衆の抗議行動が、どのような政治的帰結をもたらしたのかという問題についての論考である。本章は、民衆抗議行動が2011年に当時のムバーラク大統領を辞任に追い込むなどして最高潮に達する過程のみならず、運動がその後どのような変遷を遂げ、エジプト社会に何をもたらしたかを主要な論点とする。第10章（高橋）は、現代のアメリカで活動する聖者崇敬団体に焦点を当てた論考である。アッラー以外のものへの崇拝を禁じるイスラームの教えの中でも、聖者崇敬は歴史的に実践され、発展してきた。それが、今日ではアメリカでも少なからぬ人々を惹きつけている。本章では、人々がなぜ聖者崇敬活動に惹きつけられるのかという点についても考察するが、公式のイスラームとその画一的な実践だけを見てイスラームなりムスリムなりを「理解した」ことになるとは限らないことに気づかされる。第11章（堀場）は、タイの深南部のムスリムを主体とする紛争についての論考である。この紛争は、20世紀前半にタイでのナショナリズムの強化を端緒として続いているものだが、地域的・国際的に関心が高まらず、「報道されない紛争」として様々な被害を生じさせている。一般には知られていないとしても、紛争を引き起こす要因や紛争の被害など、本章が取り扱う論点は普遍的なものである。

第Ⅳ部は、イスラーム主義運動やその団体に焦点を当てた論考群である。イスラーム主義とは、特に近代以降に生まれた、イスラーム法によって秩序付けられた国家（ウンマ）を建設しようとする政治・社会・文化運動である。第12章（白谷）は、モロッコのイスラーム主義運動が、政権与党となり一応安定した政権運営をしている点に着目し、彼らの「戦略」を考察した論考である。２０１２年のエジプトでのクーデタのように、政権与党となったイスラーム主義運動は様々な困難と挫折に直面しているが、モロッコの事例はイスラーム主義運動の課題や展望の一端を示している。第13章（髙岡）は、シリアにおけるイスラーム主義運動の発展やアサド政権をはじめとする政府との関係を分析し、２０１１年以降の紛争で台頭したイスラーム過激派の基盤が、シリア社会にどの程度存在しているのかを考察する論考である。シリア社会、特に市井の人々の間に、紛争の主要当事者となったイスラーム過激派を生み出したり、受け入れたりする土壌がどのように形成されたかを検討することは、「イスラーム国」の台頭の原因を解明することにもつながる。第14章（溝渕）は、「アラブの春」後に政権を獲得したものの、失敗や挫折に直面したイスラーム主義運動に着目し、その将来を展望する論考である。本章は、１９９０年代から論じられている「イスラーム主義の失敗」論や「ポスト・イスラーム主義」論とこれらへの批判を検討し、イスラーム主義運動の将来を展望している。

編著者

〈参考〉大塚和夫・小杉泰ら編 ２００１『岩波イスラーム辞典』岩波書店。

中東・イスラーム世界の歴史・宗教・政治——多様なアプローチが織りなす地域研究の現在◉目次

第Ⅰ部
記述史料と新たな視点

第1章　ムラービト朝におけるジハードの歴史的展開

野口 舞子

Ⅰ　はじめに――歴史からジハードについて考える

近年の国際情勢に関する報道によって、ジハードという言葉はムスリムによる戦いとして人々に広く知られるようになったと思われる。しかし、大抵の場合、それはイスラーム過激派や原理主義者、テロリズムといった言葉と同時に使用され、暴力的で苛烈なものとして語られている。ジハードは、現代のイスラーム政治の領域でもっとも活発な議論や分析がなされている事象の一つといえるが、その歴史は、7世紀のイスラームの大征服期に遡る。その後、11～12世紀の十字軍、13世紀のモンゴル軍の進攻に対する防衛としてジハード意識が高まった。ジハード概念も、歴史を通じて多様な意味や解釈が付されてきたため、それがどのような理論に基づき遂行されたのか、各時代・地域の個別事例から実態を検討することが肝要である(1)。

ジハード（jihād）という語の意味やイスラーム法上の扱いについては、既に多くの研究が著されているため詳述しないが、元来の意味は「目的のための努力」であり、イスラーム世界の拡大または防衛のための戦いをいう［Tyan 1965; 後藤ほか 2002］。イスラーム法では、理念上、異教徒のうち偶像崇拝者や多神教徒は彼らが改宗するまでジハードの対象であるが、キリスト教やユダヤ教徒などの唯一創造神の信徒（啓典の民）は政治的にムスリムの保護下にあることに満足すれば、信仰の保持は保証された。ジハードはムスリム総体に課せられた重要な義務とされる。

他方で、既存の権力、すなわち為政者に対する批判は、時に武装闘争にまで発展したが、ムスリムがムスリムを殺害することはイスラーム法上罪となるため、反権力闘争の遂行には自己を正当化する論理が求められた。こうして、既存の権力者が不信仰者（背教者）であると宣言（タクフィール、takfīr）できれば、闘争は原理上ジハードとなるという、新たなジハード論も可能となった。

すなわち、実際のジハードの対象には、異教徒と、ムスリムの二つが認められる。そして、11世紀後半から12世紀前半にかけて、マグリブ（北西アフリカ）と、当時アンダルスといわれたイスラーム治下のイベリア半島南部を支配したムラービト朝（１０６１年頃～１１４７年）の歴史は、この二つのジハードと強く結びつけられてきた。

ムラービト朝はサハラ砂漠西部の先住民であるサンハージャ系ベルベル(2)により樹立された。この王朝は、イデオロギーの基礎をマーリク派法学に置き、それに基づいてジハードを遂行することと、イスラーム法では認められない税（maks, maghārim）を廃止することによって支配の正当性を得たとされている［Buresi and Ghouirgate 2013: 37-39］。このように、王朝におけるジハードは、体制の存続基盤であったといえる。それにもかかわらず、歴史的展開や背景の十分な検証が行われないまま、ジハードの遂行が強調され、王朝下で行われた戦闘をすべてジハードと一括りにする研究もある［Bennison 2016: esp. 24-61］。本章では、王朝における戦闘とジハードの実践を通時的に検討し、それが、いつ頃から、どのように記述されるようになったのか明らかにすることで、ジハード遂行の実態を明らかにする。

Ⅱ　ムラービト朝におけるジハードの遂行

(1) ジハード概念の定着

最初に、ムラービト朝期の戦闘とジハードに関する歴史的経緯を示す。ムラービト朝の起源は、マーリク派法学者イブン・ヤースィーン（1059年没）が指導者としてベルベル部族に招かれ、イスラームの教化を行った宗教運動にある（ムラービト運動）。イブン・ヤースィーンは支持者を得ると、周辺部族への征服活動を指揮し、勢力を拡大した。イブン・ヤースィーンが没した後も、ムラービト集団を構成したベルベル諸部族から選出された長が軍を率い、スーダーン地域（サハラ以南アフリカの黒人地域）やマグリブ地域の征服を行った。そして、ユースフ・ブン・ターシュフィーン（位1061または72～1106年）の時代にマグリブ地域を統一した。

こうした中、ユースフ・ブン・ターシュフィーンは、ムスリム諸王の救援要請に応じ、1086年にアンダルスに渡った。当時、アンダルスはレコンキスタ（国土回復運動）を推進し南下するイベリア半島北部のキリスト教諸国の脅威にさらされており、トレード陥落（1085年）以降、ムラービト朝の軍事力を求める声はさらに大きくなった。1090年以降、ムラービト朝はアンダルスのムスリム諸国の征服に乗り出し、1110年頃にはジブラルタル海峡の南北、マグリブとアンダルスを版図とする広大な「帝国」が現出した。しかし、1120年代には、イブン・トゥーマルト（1130年没）がマグリブで新たな宗教運動（ムワッヒド運動）を創始し、道徳や倫理の改革とムラービト朝打倒闘争を展開し、王朝の基盤は揺らぎ始める。イベリア半島においても、キリスト教諸国の南下に加え、アンダルスの各地でムスリムによる反乱が勃発し、1145年にはアンダルスのムラービト朝支配は終わりを迎える。また、マグリブにおいてもムワッヒド朝との戦いに対応できず、1147年、首都マラケシュが陥落し王朝は崩壊する。

宗教運動期を含めると、ムラービト朝の戦闘が行われた地域は、南からスーダーンの地（サハラ以南）、マグリブ（北西アフリカ）、アンダルス（イベリア半島南部のイスラーム政権支配領域）、イベリア半島北部キリスト教諸国の地域に区分できる。王朝は常にこれらの複数の地域で戦闘を行っており、年代記の記述も戦闘の描写に多くが割かれる。こうして、研究史においても征服やジハード遂行が大きな位置を占めた(3)。

では、ムラービト朝における戦闘やジハードは、どのように記述されているか。ただし、ムラービト朝に関する叙述史料については、同時代史料、特に年代記史料のほとんどが散逸してしまっているという問題が存在する。このため、まずは年代記以外の同時代史料を検討しよう。最初に、アンダルスの地理・歴史学者バクリー（１０９４年没）の地理書『諸道と諸国の書（*al-Masālik wa-l-mamālik*）』である。バクリーは、実際に現地を旅してはいないが、執筆した１０６７／8年までの各地の情報を、先行する史料や逸話も用いて伝える。当該書では、イブン・ヤースィーンと当時のベルベル諸部族の長アブー・バクル・ブン・ウマル（１０８７年没）のサハラやマグリブにおける戦い、ムラービト勢力の拡大が描かれるが、そこでは戦争（ḥarb）や襲撃（ghazw）の語が用いられ、ジハードの語は用いられていない［*Masālik*, II, 351-357］。

同時代史料としては、上記のアブー・バクル・ブン・ウマルに従った法学者、神学者のムラーディー（１０９６年没）による君主鑑の書『助言（*Ishāra*）』も伝世している［野口 2016: 6-8］。内容は、君主鑑とされている通り、君主（この場合アブー・バクル・ブン・ウマル）に対する助言が30章に分けて列挙されたものであり、君主はこれを毎日1章ずつ読み、１カ月で読了するように構成されている。すでにV・ラガルデールが指摘しているように、第26章は「戦争（ḥurūb）と和解（musālama）の章」に充てられており、「最も賢い者は、戦い（qitāl）以外に至る道があるときは、それを命じることをしない。なぜならば、戦争（ḥarb）では、生活その他が失われ、財も失われるからである」とされている。ここでは戦争は最後の手段とされている。また、ジハードの語も記されず、意識されていないといえる［*Ishāra*, 61-63; Lagardère 1998: 5］。

他方で、書簡史料において、アンダルスのムスリム諸王が君主ユースフ・ブン・ターシュフィーンに対して行った救援要請のなかでジハードの語が用いられた。救援要請を行ったアンダルスの諸王としては、セビーリャ王ムウタミド（位1069頃～1091年）やグラナダ王アブドゥッラー（位1073～1090年）、バダホス王ムタワッキル（位1072～1094年）らが挙げられるが、このうち、ムウタミドとムタワッキルの書簡が伝えられている。いずれも、異教徒であるカスティーリャ＝レオン軍に対するジハードのためにアンダルスに軍を派遣するよう要請している(4)。なお、グラナダ王アブドゥッラーは1094年頃に自ら回想録を記しており、その中でユースフ・ブン・ターシュフィーンのアンダルス上陸に合わせて、ジハードのために軍備を行ったことを述べる［*Tibyān*, 132］。ムラービト朝のジハードは、アンダルスにおいてキリスト教諸国と対抗する政治状況の中で使用されるようになったといえる。

以上を踏まえ、王朝の歴史を伝える主要年代記におけるジハードの記述を検討する。13～14世紀に著された四つの年代記(5)を検討したところ、ジハードの語の多くはキリスト教徒に対する戦闘という文脈で用いられていた。ムラービト朝による征服以前のマグリブとスーダーンの地では、異端や異教といえる宗教を奉じている状態にあったとされるが、これらの戦闘に際してもジハードの語が用いられることはほとんどない。年代記の著者はジハードの語の使用には慎重だったといえる［Tyan 1965: 538］。

例外的に、フェスの町の歴史を中心に描く『紙の花園（*Rawḍ al-qirṭās*）』が、マグリブやスーダーンの地への戦闘にジハードの語を用いている。具体的には、宗教指導者イブン・ヤースィーンがベルベル諸部族にイスラームの教化を行い、支持者を増やしていった際、マグリブ南部のサンハージャ族のうち彼に反抗した部族やグダーラ族に対してジハードが行われた。この時、グダーラ族の多くの者が殺され、残りの者が新しいイスラームに入信したとあるので、これらの者は異教徒とみなされている。続いて、イブン・ヤースィーンは、住民が不信仰者であるスーダーンの地へのジハードを命じた。さらに、マグリブでバルガワータ族へのジハードを行った(6)。バルガワータ族では、8世紀以降、教義や祭式の面ではイスラームが導入されていたが、呪術的な信仰も保持していたとされ、彼らはマジュース(7)（*majūs*）であり、誤りと不信仰の者たちであるとされている。このように、『紙の花園』ではジハードの語を多用する傾向にあるが、ジハードの対象は基本的に異教徒や不信仰者であるという原則は保持されている。他方で、マグリブ

（特に北部）の戦闘および征服についてはジハードの語は用いられておらず、同地域ではイスラームが受容されていたと認識されていたことを意味する。なお、他の史料では、同様の戦闘について、戦争（ḥarb）、戦闘（qitāl）、襲撃・略奪行為（ghazw）といった語が用いられている。ただし、これらの記述と『紙の花園』の記述にほとんど違いは見受けられないのも確かである。

これらの戦闘と一線を画すのが、ムスリム支配地域であるアンダルスの征服とムスリム諸王の廃位である。アンダルスの征服は、不信仰へのジハードといった大義が掲げられないため、ムラービト朝は別の方法で自らの行為を正当化する必要があった。これに一役買ったのが法学者の助言と、ファトワー（fatwā, 法判断）発行である。１０９０年以降のアンダルス諸王の廃位に際し、ユースフ・ブン・ターシュフィーンは、フェス出身のユースフ・ブン・イーサー（１０９９年没）やカイラワーン出身のイブン・サアドゥーン（１０９２／3年没）の助言に従ったという［野口 2016: 15-16, 20］。さらに、東方の著名知識人であるアブー・ハーミド・ガザーリー（１１１１年以降没）や、アレクサンドリアのトゥルトーシー（１１２６年没）からも、ユースフ・ブン・ターシュフィーンに従わず、むしろキリスト教徒と同盟を組むムスリム諸王との戦闘（qitāl）と、キリスト教徒へのジハードを奨励するファトワーや書簡を得た［*Shawāhid*, 299-333; trans. Viguera, 351-374］。こうして、ムラービト朝は北方キリスト教諸国へのジハードを遂行することで、アンダルス征服を行うことの正当性を獲得したのである。

（2）ムラービト朝におけるジハードの遂行

次に、ムラービト朝におけるジハードの対象者や戦闘の内容を具体的に検討する。まず、対象としては、イベリア半島北部のキリスト教諸国が挙げられる。遅くとも１０８１年にはアンダルスの使節がマグリブを訪れ、ムラービト朝君主ユースフ・ブン・ターシュフィーンに救援要請を行った。アンダルスのムスリム諸国は、11世紀初頭以降マグリブの軍事力を導入しており、キリスト教諸国の南下に対し、軍事力を自弁できる状況にはなかったからである。先述の通り、バダホス王やセビーリャ王が書簡で救援を要請したが、彼らはカスティーリャ＝レオンのキリスト教徒を不信仰者（kāfir）、多神教徒（mushrik）として表現している。[8] こうした要請に応じ、ユースフ・ブン・ターシュフィーンは、1086年に軍を率いてジブラルタル海峡を渡った。その後、バダホスに向かい、近郊のザッラーカ（スペイン語名サグラハス）でアルフォンソ6世（レオン王位1065～1109年、カスティーリャ王位1072～1109年）率いるカスティーリャ＝レオン軍に対し歴史的大勝利を収める（ザッラーカの戦い）。

ザッラーカの戦いに際し、アンダルスに渡ったユースフ・ブン・ターシュフィーンは同地のムスリム諸王にジハードへの参加を呼びかけた。ここではユースフ・ブン・ターシュフィーンもキリスト教徒のことを不信仰者と表現している。他方で、アルフォンソ6世には書簡を送り、スンナに従って、イスラームに入信するか、貢納を行うか、戦闘（qitāl）を行うか選ばせており、伝統的な異教徒の征服のあり方がうかがえる。[9]

ザッラーカの戦いの後、ユースフ・ブン・ターシュフィーンはマグリブに戻ったが、その後もアンダルス東海岸地域の住民やセビーリャ王による救援要請が続いたため、1088年に再度アンダルスに渡った。当時、ムルシアとロルカの間にある要塞アレードはカスティーリャ＝レオン軍に包囲・駐留されており、ユースフ・ブン・ターシュフィーン軍も同地に向かった。この時も、ユースフ・ブン・ターシュフィーンによってアンダルスのムスリム諸王にジハードが呼びかけられている。

続くアリー・ブン・ユースフ期（位1106～1143年）も、父であるユースフ・ブン・ターシュフィーンに倣い、キリスト教諸国に対するジハードが続けられた。アリー・ブン・ユースフは、1109／10年にはトレードに向かい、その後タラベーラを開城、1117／8年にコインブラを開城した。他方で、35年以上続いたアリー・ブン・ユースフ治世おいて、実質的に戦闘を担っていたのは、ラムトゥーナ族などベルベル部族出身の軍司令官と王子ターシュフィーン・ブン・アリー（位1143～1145年）であった。特に、ターシュフィーン・ブン・アリーは、1128年以降アンダルスに派遣され、以後10年の滞在で多くの戦闘を行い、名声を得た。1132年にはコルドバ地域での戦闘で勝利し、1133／4年と1135／6年にはバダホス近郊のジャバル・アルカスルを開城した。これらはいずれも不信仰者であるキリスト教徒に対するジハードとして記述されている。[10]

ムラービト朝の統治において、軍事に重点が置かれていたことは、部族集団が軍人としてヒエラルヒーの上層に位置したこと、年代記の記述の多くが戦闘に割かれていることからも明らかである。ムラービト運動と呼ばれる部族教化の時代からマグリブ統一の間に、彼らがジハードを主張していたかは定かではない。現段階では、ムラービト朝におけるジハードは、アンダルスとの接触以降、キリスト教諸国との戦闘において使用された概念であったといえる。これらの戦闘について、ムラービト朝君主はジハードを主張することで自らの行為を正当化した。同時に、ジハードはムスリム総体に課せられた義務であるため、君主がそれを主張することは、戦闘を実際に遂行するための動員や装備を容易にしたと考えられる。

Ⅲ　ジハードの対象としてのムラービト朝

１１２０年以降、ムラービト朝における戦闘は新たな局面を迎える。マグリブにおいて、ムワッヒド勢力によってムラービト朝に対するジハードが唱えられたためである。１１１６／7年、イブン・トゥーマルトは、アンダルスと東方において学問修得を終え、故郷へ戻る途中、勧善懲悪をはじめとするイスラームの教えを説き、道徳や慣習の改革を訴えた。その内容は、当初、飲酒、楽器類販売、身だしなみ、男女が一緒にいること等への非難や社会道徳に関する説教であった。しかし、ムラービト朝君主や体制寄りの法学者との論争や敵対を経て、イブン・トゥーマルトは政治的改革意識を持ち始めていった［私市 1983: 1-2］。そして、故郷イーギーリーズへ戻った後、マフディーを宣言し、ムラービト朝へのジハードを呼びかけた。マフディー（mahdī）とは神意により正しく導かれた者の意であり、終末の前にこの世に現れ、邪悪によって乱されたムスリム社会の秩序を正し、真のイスラーム共同体を築く救世主を指すようになったとされる。この宣言により、イブン・トゥーマルトはムラービト朝が乱れた社会であることを示そうとしたのである。

こうして、ムワッヒド勢力はムラービト朝に対して戦闘を行うようになる。史料の記述では、戦争（ḥarb）、闘争（qitāl）の語に加え、ジハードの語も用いられた［*Aʿazzu*, 384-394］。ここで、ムラービト朝を非難するために用いられたのが、不信仰であることに加え、神人同型論者（mujjasim）という語である。これは、ムラービト朝と体制寄りの知識人がクルアーンを字義通り解釈することを批判したものであった。また、ムラービト朝軍にアンダルスで捕虜となったキリスト教徒が入っていたことも多神信仰として批判の対象となった［Lagardère 1998: 14］。イブン・トゥーマルトは独自の唯一神信仰（tawḥīd）を打ち立て、これから逸脱したムラービト朝への襲撃（ghazw）は義務であり、キリスト教徒やマジュース（majūs）への襲撃以上に必要であるとした［*Ḥulal*, 110-111; *Rawḍ*, 219-230］。イブン・トゥーマルトは既に用いられた不信仰、多神信仰といった批判に加え、イスラームの教義を利用して自らの正当化とムラービト朝批判を行い、ジハードの対象とすることを可能にしたのである。これが「Ⅰ　はじめに」で述べたところのタクフィールによるジハードである。このようなムワッヒド集団の攻撃に対し、ムラービト朝は彼らをハワーリジュ（khawārij）と呼んで対抗したとされる。これは既存の権力（ムラービト朝権力ひいてはアッバース朝カリフ権）から逸脱した者という意味だと考えられる。ただし、ムワッヒド集団に対抗するこれ以外の理論や主張は不明である。

Ⅳ　結び

従来、ムラービト朝研究では、王朝によるジハードの遂行が強調され、王朝下で行われた戦闘はすべてジハードとして記述されることもあった。本稿の分析を通じて、ムラービト朝のジハード概念は、キリスト教諸国に対峙するアンダルスとの接触、および進出という文脈から生じたことが明らかになった。他方で、ムスリム支配地域に対する戦闘では、ジハードと他の戦闘の内容に実質的な違いはほとんど認められないものの、年代記の著者がジハードの語を用いることに慎重だったことは注目すべきである。歴史的経緯や用法を無視してすべての戦闘をジハードと一括りにしてしまうことで、当時の状況を見誤るおそれがある。

一般的な戦闘に比し、ジハードは戦闘の正当化や、兵士や民衆の動員、軍備を行う手段として有効であったといえる。ムラービト朝のジハードの対象は、不信仰、多神教徒と表現され、主に異教徒であるキリスト教徒に対して用いられた。こうした捉え方に変化が生じるのが、ムワッヒド勢力によるジハードであり、ムスリムであるムラービト朝を明確にジハードの対象とした。このように、ムラービト朝の戦闘に関わる歴史は、ジハードの用語の定着や遂行、またその行為の正当性の獲得といった事象の変遷を示す。そして再び現代に目を向けると、これらは近年のムスリム社会で生じているジハードとそれを正当化する現象に通ずるものがあると思われるのである。[11]

【注】

（1）歴史的には、対十字軍のジハードとして［中村 2000］を参照。近代以降のジハード論については、日本の研究者からも多くの成果が挙げられているが、［保坂 2017］が詳細かつ体系的に論じている。

（2）ベルベルとは、北西アフリカからサハラ砂漠にかけて居住し、ベルベル語を話す人々の総称である。この呼称はラテン語のバルバロス（barbarus, ローマ世界の外に住む非文明人の意）に由来し、彼ら自身はアマジグ（Amazigh, 高貴な人、自由人の意）などと自称するとされる。しかし、歴史史料においてもベルベルの語が用いられていること、研究上でもこの呼称が広く用いられていることなどから、本稿でもベルベルの語を使用する。

（3）ムラービト朝期のジハードや戦闘を具体的に議論したものとしては、［Lagardère 1998; Messier 2011］。ムラービト朝は、そもそも王朝名からしてジハードと結びつけられてきた。ムラービト（murābit）とは、一般に、「リバート（ribāt, 修道場、砦）に籠もる者」という意味だが、リバートに拠ってジハードを行う兵士や聖者も意味するようになった。ムラービト朝の場合もこのジハード戦士を意味するという見解があるが、リバートの語の解釈や場所については議論が分かれている［Messier 2011: 16-19］。

（4）ムウタミドの書簡：［*Hulal*, pp.45-48］、ムタワッキルの書簡：［*Hulal*, 34-36］。

（5）各年代記の執筆年代、著述傾向は以下の通り。①『称讃（*Mu'jib*）』：１２２４年執筆修了、親ムワッヒド朝（１１３０〜１２６９年）の立場。②『輝かしい明瞭（*Bayān*）』：１３１２／３年執筆、客観的な筆致。③『紙の花園（*Rawḍ*）』：１３２５／６年までに記述、親マリーン朝（１２６９～１４６５年）の立場。④『飾られた衣服（*Ḥulal*）』：１３８１年執筆終了、軍事の記述に誇張がある。

（６）グダーラ族へのジハード：［*Rawḍ*, 158-159］、スーダーンの地へのジハード：［*Rawḍ*, 162, 170-171］、バルガワータ族の信仰とジハード：［*Rawḍ*, 164-169］。

（７）マジュースとは、通常ゾロアスター教徒を意味するが、マグリブ史ではフェニキアやローマの信仰の影響を受けた者だと考えられている［私市 2009: 45］。

（８）通常、キリスト教徒、ユダヤ教徒は不信仰者ではあるが、多神教徒ではないとされる。しかし、本稿でみるように多神教徒とする学者もいる。

（９）アンダルスの人々による救援要請からザッラーカの戦いまで：［*Muʿjib*, 192-200; *Ḥulal*, 33-66; *Rawḍ*, 180-191］。ユースフ・ブン・ターシュフィーンの１０８８年の第2回渡航：［*Ḥulal*, 66-70; *Rawḍ*, 192-193］。

（10）アリー・ブン・ユースフによるジハード：［*Muʿjib*, 252; *Ḥulal*, 85-86; *Rawḍ*, 206-207; *Bayān*, 45-46, 56-57］、ターシュフィーン・ブン・アリーのジハード：［*Ḥulal*, 121-124; *Bayān*, 68-83］。

（11）もちろん、安易な比較は避けるべきだが、保坂の論じる「ジハード主義」と「タクフィール主義」の枠組みが、ムラービト朝が経験したキリスト教徒国とのジハードと、ムワッヒド朝とのジハードに相当する［保坂 2017: 64-67］。

◉参考文献

〈史料〉

Anonymous. 1979. *Kitāb al-ḥulal al-mawshīya fī dhikr al-akhbār al-Marrākushīya*. ed. Suhayl Zakkār and ʻAbd al-Qādir Zamāma. Casablanca: Dār al-Rashād al-Ḥadītha.（*Ḥulal*,『飾られた衣服』と略記）

ʻAbd Allāh b. Buluggīn. 2006. *Kitāb al-tibyān ʻan al-ḥāditha al-kāʾina bi-dawlat Banī Zīrī fī Gharnāṭa*. ed. ʻAlī ʻUmar. Cairo: Maktabat al-Thaqāfa al-Dīnīya.（*Tibyān*,『回想録』と略記）

al-Bakrī, Abū ʻUbayd. 2003. *al-Masālik wa-al-mamālik*. ed. Jamāl Ṭaliba. 2 vols. Beirut: Dār al-Kutub al-ʻIlmīya.（*Masālik*,『諸道と諸国の書』と略記）

Ibn Abī Zarʻ. 1999. *al-Anīs al-muṭrib bi-rawḍ al-qirṭās fī akhbār mulūk al-Maghrib wa-taʾrīkh madīnat Fās*. ed. ʻAbd al-Wahhāb b. Manṣūr. Rabat:

Imprimerie royale.（*Rawḍ*,『紙の花園』と略記）

Ibn al-ʻArabī, Abū Bakr. 1996. *Kitāb shawāhid al-jilla wa-al-aʻyān fī mashāhid al-Islām wa-al-buldān*. In *Tres textos árabes sobre beréberes en el occidente islámico*. ed. Muḥammad Yaʻlà. Madrid: CSIC. 273-383.（*Shawāhid*,『証言』と略記）trans. María J. Viguera. 1977. “Las cartas de al-Gazālī y al-Ṭurṭūšī al soberano almorávid Yūsuf b. Tāšufīn.” *Al-Andalus* 42: 351-353.（trans. Viguera と略記）

Ibn ʻIdhārī al-Marrākushī. 2009. *al-Bayān al-mughrib fī akhbār al-Andalus wa-al-Maghrib*. ed. G.S. Colin, É. Lévi-Provençal and ʻAbd Allāh Muḥammad ʻAlī. 4 vols. Beirut: Dār al-Kutub al-ʻIlmīya.（*Bayān*,『輝かしい明瞭』と略記）

Ibn Tūmart. 1997. *Aʻazzu mā yuṭlab*. ed. ʻAbd al-Ghanīy Abū al-ʻAzm. Rabat: Mu'assasat al-Ghanīy lil-Nashr.（*Aʻazzu*,『熱望』と略記）

al-Marrākushī, ʻAbd al-Wāḥid. 1978 (7th ed.). *al-Muʻjib fī talkhīṣ akhbār al-Maghrib*. ed. Muḥammad Saʻīd al-ʻAryān and Muḥammad al-ʻArabī al-ʻAlamī. Casablanca: Dār al-Kitāb.（*Muʻjib*,『称讃』と略記）

al-Murādī, Abū Bakr. 2003. *Kitāb al-siyāsa au al-Ishāra fī tadbīr al-imāra*. ed. Muḥammad Ḥasan Muḥammad Ḥasan Ismāʻīl and Aḥmad Farīd al-Mazīdī. Beirut: Dār al-Kutub al-ʻIlmīya.（*Ishāra*,『助言』と略記）

〈研究文献〉

私市正年　１９８３「Ibn Tūmart とムワッヒド集団の形成過程（前）」『イスラム世界』21、１～21頁。

――――　２００９『マグリブ中世社会とイスラーム聖者崇拝』山川出版社。

中村妙子　２０００「12世紀前半におけるシリア諸都市と初期十字軍の交渉――協定とジハードからみた政治」『史学雑誌』１０９－12、１～34頁。

野口舞子　２０１６「ベルベルの政治権力とマグリブ出身のウラマー――ムラービト朝初期における協力関係」『お茶の水史学』59、１～34頁。

保坂修司　２０１７『ジハード主義――アルカイダからイスラーム国へ』岩波現代全書１０６、岩波書店。

後藤明・飯塚正人２００２「ジハード」日本イスラム協会・嶋田襄平・板垣雄三他監修『新イスラム事典』平凡社、２５７～２５８頁。

Bennison, Amina K. 2016. *The Almoravid and Almohad Empires.* Edinburgh: Edinburgh University Press.

Buresi, Pascal and Ghouirgate, Mehdi. 2013. *Histoire du Maghreb médiéval: XIe -XVe siècle*. Paris: Armand Colin.

Lagardère, Vincent. 1998. “Évolution de la notion de djihad à l'époque almoravide (1039-1147).” *Cahiers de civilisation médiévale* 161: 3-16.

Messier, Ronald A. 2011. “The Almoravids and Holy War.” In *The Jihād and its Times.* ed. H. Dajani-Shakeel and R. A. Messier, Ann Arbor: M Publishing. 15-29.

Tyan, Emile. 1965. “Djihād.” *The Encyclopaedia of Islam*. 2nd ed. Leiden: Brill. 2: 538-540.

第2章

スペイン領モロッコにおけるアブドゥルカリームの戦争再考

関　佳奈子

Ⅰ　はじめに

19世紀半ば以降、モロッコへの侵攻とその植民地獲得に乗り出したスペインは、1912年、フランスとともに、モロッコの分割統治を開始する（～1956年）。モロッコ北部地域を中心に統治を行ったスペインだが、その実態は、しばしば村落共同体カビーラ[1]での抵抗や反乱を惹起した。スペイン領モロッコにおける最大の抵抗運動として知られるのが、モロッコ北部リーフ地方で勃発したリーフ戦争（1921～26年）である。

リーフ戦争の特徴は、第一に、植民地抵抗運動としての性質を有すると同時に、戦争指導者ムハンマド・ブン・アブドゥルカリーム・ハッタービー（1882頃～1963年、以下アブドゥルカリーム）が、自ら「リーフ共和国（Jumhūrīya al-Rīf）」を樹立したという点にある。第二に、同戦争ではスペイン軍が大規模な空爆と毒ガス攻撃を行い、「史上初の『空からの化学戦』だった」と指摘される点である[2]。これらはリーフ戦争の重要な主題であり、本章ではおもに第一の特徴について論じる。

本章ではまず、スペインの新聞を手がかりに、スペイン領モロッコの統治の一側面を分析する。次いで、アブドゥルカリームの言説を通じ、リーフ戦争の実態を再検討する。さらに、これらの史料をナショナリズム論と交差させ、リーフ戦争と地域ナショナリズムの関連について考察を加える。リーフ戦争がもたらしたものとは何か。戦争勃発から100年を前に改めて見つめ直すことによって、植民地統治の実態や戦争の混乱、今日のモロッコ社会が内包する諸問題を理解するための手がかりとしたい。

Ⅱ　スペイン領モロッコの歴史的位置

植民地統治を見据えたスペインによるモロッコ侵攻は、1859〜60年のアフリカ戦争で決定的となった。モロッコ北西部のテトゥワンやセウタ（17世紀半ば以降スペイン領）で起きた、両国のこの軍事衝突に勝利したスペインは、テトゥワンを一時占領し、和平協定によりセウタの領域拡大およびモロッコ南部の町イフニの割譲などを認めさせた。

テトゥワンの歴史家ムハンマド・ダーウードの『テトゥワン史（*Ta'rīkh Tiṭwān*）』には、次のような記述がある。「1860年2月4日、テトゥワンには組織する者がなく、多くの人がいながらも戦いに勝つことができない。スペイン軍の死者とモロッコ人の死者は多数。（中略）2月5日の夜、戦いに負けたことから、スルターンの兄弟、ハリーファ・アッバースは、自分の財産を持って脱出。それを受けて、テトゥワンの人々も脱出を試みるが、ムスリムもユダヤ教徒もお互いの物を取り合うなど混乱が生じた。（中略）2月6日、キリスト教に改宗した人の物を盗む者が現れ、ハリーファ・アッバース軍は、メッラーフとムスリムの店舗を襲撃して品物を略奪した。テトゥワンの街では喧嘩や殺人、略奪が横行した。（後略）」これらの混乱によって、スペイン軍はテトゥワンへの侵入が可能と判断したとされる［Dāwūd, M. and Dāwūd, H. M. 2008: 158-160］。

アフリカ戦争後、スペインは断続的にモロッコへの侵入や侵攻をはかる。１８８０年代にはモロッコ北東部沿岸のメリーリャ（１４９７年よりスペイン領）において、それまで流刑地や城塞都市とみなされてきた同地の都市機能拡充を推し進める。これは、メリーリャを拠点にモロッコ統治を行うためのスペインの政治的・軍事的な施策であったと考えてよい［関 2015］。

モロッコの領土獲得に目を向けたのは、フランスやドイツも同様であった。１９０５年の第一次モロッコ事件（タンジャ事件）や１９１１年の第二次モロッコ事件（アガディール事件）を経て、１９１２年のフェス条約により、モロッコ北部リーフ地方および南部の町イフニ、現在の西サハラ地域を領土としたスペイン領モロッコが成立。テトゥワンがスペイン領モロッコの首都とされた。

Ⅲ　『リーフ通信（*El Telegrama del Rif*）』にみるスペイン領モロッコ

本節では、メリーリャの新聞『リーフ通信』の分析を通じて、スペイン領モロッコの実態に迫りたい［El Telegrama del Rif 1916-19］。『リーフ通信』は、１９０２／03〜63年にかけて、メリーリャを中心としたスペイン領モロッコで発行された日刊紙である。不定期ではあるが、一部アラビア語による記事も掲載されている。編集長ロベーラは元軍人で、同紙がスペイン軍の意向を少なからず反映したものであることは考慮されなければならない［深澤 2015: 68］。

「１９１６年２月15日付け第１面〈保護領問題――平定－Ⅵ〉

グマーラ地方やリーフ地方西部には(3)、スルターンの役人であれ、この地方の有力者であれ、地方統治の適任者が不在である。自立心が強く、有力者間の対立が激しい、無秩序な状態にある。（中略）リーフ地方ではスルターンの権威は認められておらず、スルターンはこの地方を実効支配できていない。(中略)スィーバ地域(4)では、今なおロギ(5)に影響を受けた反乱や、アブドゥルマーリク(6)による反乱が多発しており、カビーラの住民が尊重するのは武力のみである。(後略)」

この記事では、「リーフ地方＝スィーバ」と位置づけ、リーフ地方はスルターンの支配が及ばない地域とされた。

「1916年4月5日付け第1面〈保護領問題——マフザンの財産、その要求〉

スルターンの権威が認められていないリーフ地方の住民に対し、彼らの占有している土地は彼らのものではなく、スルターンのものだといっても効果がない。(中略)リーフ地方の人々に先祖伝来の土地を放棄するよう求めれば、穏健なリーフの人々ですら武器を持って蜂起するであろう。(中略)スィーバの地に、マフザン地域と同様の土地所有関係を設定することはできない。(後略)」

スペインは、この記事の中で、マフザンの地とスィーバの地に同様の統治システムを取り入れることは困難であるとの認識を示している。

「1916年7月12日付け第1面〈バニー・サイード(7)の平定〉

昨年1915年6月21日、メリーリャに駐屯するスペイン軍は、反乱を起こしたバニー・サイードに侵攻したが、スペイン軍の戦死者は少なくなかった。これまでスペイン軍は、リーフ中心部に対しては荒廃作戦を展開してきたにすぎない。(中略)

リーフ中心部に位置するバニー・サイードは、スペイン統治権の西方への拡大を阻害する大きな要因となっていた。バニー・サイードは山岳地帯にあり、住民はいかなる犠牲を払っても、その独立を維持しようとしている。しかし政治と軍事力を併用して自由を保障すれば、彼らの多くが帰順するであろう。(後略)」

スペイン軍の優位性を伝えつつも、リーフ地方のカビーラにおけるスペイン軍への激しい抵抗の様子が確認される。

「１９１９年1月27日付け第1面〈なぜ保護領の統治が遅れているのか〉
スィーバの地に属するリーフ地方のベルベルは、勇敢で独立心が強く、アラブと同様の統治はできない。リーフの人々に対しては、自治権を認めつつ統治すべきである。（中略）」

「リーフ地方＝スィーバの地＝ベルベル」とのスペイン人の認識が強調され、アラブの統治とは異なる施策を模索すべきとの見方である。

本節では一部を取り上げたに過ぎないが、メリーリャの新聞『リーフ通信』の分析を通じて、次のような点が確認されよう。スペイン当局は、リーフ地方のカビーラがスルターンの権威や支配の及ばない地域であると一貫して強調し、それは「マフザンの地」と同様の統治が不可能であるとの認識であった。カビーラでは、断続的にスペイン軍に対する激しい抵抗運動が生じており、記事では度々「平定」という表現が使われているものの、宗主国スペインはこのような反乱や抵抗を鎮圧することができず、植民地統治の困難さが浮き彫りとなっている。

Ⅳ　リーフ戦争とアブドゥルカリーム

スペイン領モロッコにおける最大の抵抗運動がリーフ戦争である。(8) リーフ戦争の指導者アブドゥルカリームは、リーフ地方のカビーラ・バニー・ワルヤーガルの出身である。アブドゥルカリームは、バニー・ワルヤーガルの有力者を父に持ち、スペイン人との接触の機会がある家庭環境で育った。学生時代にはフェスのカラウィーイーン・モスクで2年間学び、その後、メリーリャの新聞『リーフ通信』のアラビア語の記事を担当する新聞記者として8年間過ごした。スペイン語新聞の記者であることから、アラビア語、スペイン語、フランス語などの諸言語にも精通していた。一定程度のイスラーム教育を受けつつ、西欧文化との接点も有したアブドゥルカリームは、植民地モロッコの典型的なエリートの一人である。父親がスペイン軍に殺害されたことを一つの契機に、アブドゥルカリームは、宗主国に対する抵抗運動としてリーフ戦争の指導者となった。

リーフ戦争は、植民地解放闘争と位置づけられる一方、アブドゥルカリームは、1923年に「リーフ共和国」樹立を宣言した。この宣言は、スペイン植民地政府だけではなく、フランスとスペインの統治下にあったアラウィー朝モロッコからの分離独立をも意味するものであった。アブドゥルカリームは、「リーフ共和国」の長となり、独自の国旗と紙幣をつくった。だが、リーフ戦争は、5年に満たないわずかな期間をもって敗北を迎える。フランス領モロッコへの侵攻を模索したリーフ軍は、戦況を改善させることができないまま、1926年5月、指導者自身がフランス軍へ投降した。その後、アブドゥルカリームと彼の家族は、インド洋マダガスカル沖のフランス領レユニオン島に流刑とされた。

Ⅴ　アブドゥルカリームの言説

1925年8月10日のアブドゥルカリームの書簡[9]。この書簡は、アブドゥルカリームが「リーフ共和国」の首都アジュディールより、アルジェリアとチュニジアのウンマに宛てたものである。フランスとスペインの統治に対抗するため、イスラームというウンマの名のもとに協力を求めている。

「しかしながら、この両国（フランスとスペイン）による平和保持という希望の拡大、それは、政治的な罠であり陰謀にすぎないものです。両国は、我々の肩に平和保持の失敗という結果を押し付けるために、それ（平和保持という希望）を要求しているのです。そして、イスラームの民衆の意見を間違った方向へ導き、両国のウンマを欺くために、そのような要求をしているのです。両国のウンマは、この戦争、すなわち我々が、我々の偉大な可能性と強力な力を見せつけることになったこの戦いの中で、我々が彼ら（両国のウンマ）に暴力と拷問を行ったことに対して不満を表明しました。もしも、両国（フランスとスペイン）が、彼らの主張を通じて友好的な対応を示していたならば、我々は今、兵士の動員を続けることなど考えなかったでしょう。そして、我々の国の境界にさらに兵士を集めることなど考えなかったでしょう。平和を望む人は、竈のような激しく厳しい戦いをしようとは思わないものです。（後略）」

「おぉ、アルジェリアとチュニジアのムスリムたちよ！　我々の首都に、フェスやメクネス、マラケシュ、テトゥワン、そしてモロッコ（al-Maghrib al-Aqṣā）のその他の都市からたくさんの使節団が派遣されて来ました。また、トリポリ、エジプト、パレスティナ、シリア、イラク、トルコ、インドなどの国々からも、我々の共和国であるリーフ共和国に、イスラームのウンマの信頼を伝えるべく、使節団が送られて来たのです。これらのすべての国々は、物質的・精神的支援によって、我々を支持してきました。それらは、彼らの誇るべきイスラームへの情熱の高さと、我々に対する忠誠の証なのです。私は、彼らの素晴らしい活動に感謝申し上げます。それらは、リーフの人々の心に、深い感謝と偉大なる責務を持って刻み込まれました。そのうえで、私は、あなた方に（アルジェリアとチュニジアのウンマに）次のようなことを呼びかけます。彼らの称賛されるべき素晴らしい足跡を辿ってください。我々にあなた方の使節団を派遣してください。そして、リーフの民を支援するため、リーフの民による、真実にアッラーのためのそのジハードにおいて、リーフの民を支えるために、勇気を奮い起してください。（後略）」

このようにアブドゥルカリームは、諸外国、各地域に向け、リーフ戦争への協力を強く求めていた。同時に、「我々の国」や「我々の首都」といった表現と「モロッコ」という表現を使い分け、自らの国は「モロッコ」ではなく、「リーフ共和国」であると強調した。

1926年、エジプトのラシード・リダー編集によるイスラーム改革の機関誌『マナール[10]（*al-Manār*）』には、自らの戦いを回顧するアブドゥルカリームのインタビュー記事が掲載された。

「私はリーフに、フランスやスペインのような独立した国をつくりたかったのです。そして、リーフにおいて、強

大な力を持つ自由な国をつくりたかったのです。保護体制や後見体制に従う連邦ではありません。（中略）
私と私の兄弟は、１９２３年以降、我々の国を「リーフ共和国（Jumhūrīya al-Rīf）」と名付けました。我々は、フェスで政府の書類に署名しました。この名前は、選出された議会を有する議会政治ではなく、我々が独立し、同盟を結んだカビーラから構成された国であることを示すためです。（後略）」

アブドゥルカリームは、宗主国スペインだけでなく、フランスとスペインの統治下にあったアラウィー朝モロッコからの独立を希求した。「リーフ共和国」の樹立とともに独自の国旗をつくり、紙幣を発行したアブドゥルカリームにとっては、アラウィー朝モロッコよりもむしろ、「リーフ」という地域こそ自らの国に他ならなかった。それはリーフへの強い執着であり、他では代替不可能なリーフ地方の歴史や伝統、リーフ地方特有の言語、エスニシティ、食文化、気候などに表象されるものであったに違いない。アブドゥルカリームは、スミスの理論(11)の支柱となる「エトニ的要素」、すなわち共同体の伝統、領土、歴史、運命といったものに自らの運動の源泉を求めたといえる。

前出の『マナール』には、「私は、トルコの計画を非常に好みました」、「私は、トルコの事例を希望します」といった表現が散見される。アブドゥルカリームは、新聞や雑誌などの出版物を介して、国際情勢をはじめとしたさまざまな情報を獲得していたのだろう。一定程度の教育を修めたことによって可能なアブドゥルカリームのこのような活動には、アンダーソンの理論(12)の「出版物」や「知識人」といったキーワードが確実に検出される。

同時代のスペインにおける地域ナショナリズムの台頭もまた、アブドゥルカリームの運動に影響を与えたといえよう。すでに19世紀末には、カタルーニャ・ナショナリズムや、バスク・ナショナリズムが表面化していた〔立石・中塚編 2002: 14, 151〕。20世紀初頭のメリーリャで新聞記者として働いていたアブドゥルカリームは、スペイン国内のニュースに日常的に触れることができた。地域ナショナリズムの台頭や、その情報に接する機会にも恵まれていた。こうした中で、アブドゥルカリームは、アラウィー朝モロッコという国家単位でのナショナリズムの構築ではなく、より身近な、自分が生まれ育ったリーフ地方の地域単位でのナショナリズムについて思考し、それを追求した可能性が高い。アブドゥルカリームが目指したナショナリズムは、「リーフ・ナショナリズム」と捉えることもできる。だが、アブドゥルカリームは、リーフ戦争に敗北した。前出の『マナール』に、次のような言説がみられる。

「宗教的熱狂は、それが唯一の要因でないにしても、（リーフ戦争の）敗北の最大の要因でした。タリーカのシャイフたちが、モロッコや他のどのイスラーム諸国よりも、リーフにおいて最大の勢力を持っていたためです。私は、彼らなしには活動することができませんでした。常に彼らの支援を求めなければなりませんでした。（中略）タリーカのシャイフたちは、最も憎むべき私の敵であり、私の国の敵でありました。彼らは、私の努力を失墜させるために、さまざまなことを行いました。（後略）」

イスラーム社会において、ムスリム民衆の日常生活を支える基軸となったのがタリーカ、すなわちスーフィー教団であるが［高橋 2014: 1-5］、スーフィー教団は、モロッコのカビーラにおいても主要な宗教組織であり、多くの民衆を動員することができた。20世紀初頭のスペイン領モロッコ成立時、モロッコ北部にはいくつかのスーフィー教団が台頭していた。カーディリー教団（al-Ṭarīqa al-Qādirīya）、ダルカーウィー教団（al-Ṭarīqa al-Darqāwīya）、アラウィー教団（al-Ṭarīqa al-ʻArawīya）、ティジャーニー教団（al-Ṭarīqa al-Tijānīya）などである［Mateo Dieste 2003: 319-381; al-Manār 1926. Vol.27, No.8: 630-634］。

これらのスーフィー教団は、居住地域や職業、階層、性別を異にする多様な人々を包摂し、国境や地域の枠を超えた広範なネットワークを展開した。［Meteo Dieste 2003］によれば、19～20世紀初頭のモロッコにおいてスーフィー教団は、フランスやスペインの植民地支配に一方では抵抗しつつ、他方では協力姿勢を示すという両義性を有した[13]。

上記のような、リーフ戦争に関するアブドゥルカリームの証言からみて、タリーカのシャイフとアブドゥルカリームとの間に、常に協力関係や友好関係が構築されていたとは言い難い。リーフ地方の住民の中には、アブドゥルカリームの戦いを支持した者がいた一方で、一部のタリーカのシャイフなど、それに共鳴しなかった者も確実に存在した。アブドゥルカリームが示した（あるいは、示そうとした）「リーフ・ナショナリズム」の浸透に限界があったと考えることができる。

しかしながら、リーフ戦争の敗北は、「リーフ・ナショナリズム」の敗北および消滅を意味するものではなかった。スミスによれば、「社会と文化の変動に適応しながら、もしくはそれらを始めながらネイションの真正さを維持するには、ネイションの成員は、ナショナル・アイデンティティのパターンを形成する記憶や神話、シンボル、共同体の伝統、領土、歴史、運命などの中に新しい関連性や部品を発見し、それによって理解し、進むべき道を見つけなければならない」［スミス 2007a: 331-338］。

Ⅵ　アブドゥルカリームと「リーフ・ナショナリズム」

宗主国だけでなく、アラウィー朝モロッコからの分離独立を求めて、「リーフ共和国」を樹立したアブドゥルカリームのかつての運動は、モロッコにとって複雑な事象である。今なおリーフ地方に批判的かつ差別的な眼差しを向ける者がいる一方で、リーフ地方の一部の人々は、他地域に居住するモロッコ人を「ウーラード・ダーヒル（内地の者）」と呼んで自他を区別する。このような地域間の差別や偏見を生み出すほど、リーフ戦争の及ぼした影響は非常に大きい。

他方、今日のモロッコでは、政権や体制に対する要求や異議申し立てをする際、しばしばアブドゥルカリームの写真やイラストが掲げられる。一部のモロッコ人にとって、アブドゥルカリームは抗議運動や抵抗運動の象徴であり、それは、とりわけリーフ地方において、アブドゥルカリームのさらなる「英雄視」をもたらす。アブドゥルカリームの没した日を前後に毎年講演会が行われ、宗主国スペインに勝利をおさめた「アンワールの勝利（1921年7月21日）」の日を記念して毎年のように祝う。

リーフ地方にはベルベル人口が多いことから、ベルベルのアイデンティティを主張した運動の出発点であったとの捉え方もある。ベルベルの人口が3～4割、あるいはそれ以上占めるモロッコ社会において、中央政府はこうした動向に配慮し、アブドゥルカリームの歴史的位置を一部正当化せざるを得ない。だがそれは、あくまでもリーフ戦争をモロッコ全体の植民地解放闘争の出発点と位置づける立場である。

モロッコ社会の動向に対応するアブドゥルカリームの「英雄視」。それは今日の「リーフ・ナショナリズム」といえよう。その最大の源泉は、リーフ戦争の指導者アブドゥルカリーム自身の人物像と、彼の運動や思想に求められる。他方、アブドゥルカリームは「リーフ・ナショナリズム」の源泉を、リーフ地方の伝統、領土、歴史などに求めた。今日では、そこにアブドゥルカリーム自身の歴史が重層化され、記憶となり、神話となって加わった。アブドゥルカリームが内包した「リーフ・ナショナリズム」との決定的な違いはその点にある。再生された「リーフ・ナショナリズム」は、モロッコ社会の情勢と複合的に絡み合いながら、消滅するどころか、一部の人々により強く共有され、浸透しているようにみえる。リーフ地方の「英雄」のみならず、ベルベルの「英雄」として、あるいは政権や体制に異議申し立てをする際の人々にとっての「理想像」としてのアブドゥルカリーム。これらの要素が接合した「リーフ・ナショナリズム」は、アブドゥルカリームの追求したナショナリズムと交差しながら、確実に継承されている。

Ⅶ　結び

スペイン領モロッコは、モロッコの植民地獲得のため、スペインが侵攻を本格化させてから半世紀以上を経て成立した。しかしながら、スペイン領モロッコの統治は、『リーフ通信』の記事が強調する「スルターンの支配が及ばない」地域の統治を意味した。モロッコ北部地域のカビーラでは、スペイン軍に対する反乱や衝突、抵抗運動が頻発し、宗主国スペインはそれらを鎮圧することが困難な、統治体制の限界に直面していた。

リーフ戦争は、カビーラで勃発した大規模な戦闘であり、宗主国スペインとアラウィー朝モロッコ双方からの独立を希求した戦いであった。それは、植民地解放闘争であったと同時に、「リーフ共和国」を自らの国と位置づけたアブドゥルカリームの地域ナショナリズムを追求した戦いでもあった。リーフ戦争、すなわちアブドゥルカリームの戦争は、今日のリーフ地方やモロッコ社会のあり方に影響を与えたものといえ、戦争史料のさらなる分析と、歴史的文脈の中でナショナリズムを再検討することが求められる。

【注】

（1）アラビア語で「部族」を意味する（qabīla、複数形 qabāʾil）が、モロッコにおいては、主要な部族を中心に構成される「村落共同体」を指すものと考えられる。この時代、モロッコ北部地域には50以上のカビーラが存在した。

（2）リーフ戦争におけるスペイン軍の空爆と毒ガス使用に関する議論は、［深澤 2015: 133-170］を参照されたい。

（3）スペイン領モロッコ（モロッコ北部地域）はおもに五つの地方に分割される。西部からジュバーラ地方、ガルブ地方、グマーラ地方、リーフ地方、シャルク地方である［Dāwūd, M. and Dāwūd, Ḥ. M. 2008: 350-362.］。

（4）「マフザン（Makhzan）」と「スィーバ（Sība）」、あるいは「ビラード・アル＝マフザン（Bilād al-Makhzan, マフザンの地）」と「ビラード・アッ＝スィーバ（Bilād al-Sība, スィーバの地）」という表現は、植民地モロッコ時代（１９１２～56年）にその使用が一般化した。マフザンは「中央政府・中央権力」の意味が強調される。［A Dictionary of Moroccan Arabic 2008］によれば、スィーバとは、アラビア語モロッコ方言の動詞 Sāb「抵抗する」、「反抗する」の派生形で「無秩序」、「混乱」を意味する。「マフザン」と「スィーバ」に関するおもな研究は、［Montagne, R. 1930］、［Ayache, G. 1981］、［Laroui, A. 1993］、［私市 2001］を参照されたい。

（5）El Rogui、または Bū Ḥamāra、Bū Ḥmāra（「ロバに乗った男」の意味）とも呼ばれる。本名は Jīlālī bun Muḥammad bun al-Yūsufī al-Zarhūnī（１８６０～１９０９）。フェスでスルターン、ハサン１世（在位１８７３～94年）の息子ムーレイ・オマルの秘書を務めていたが、１９０２年、スルターン、アブドゥルアズィーズに蜂起し敗北。スペイン軍による鉱山採掘と鉄道敷設の施策にも抵抗を続けた。

（6）アルジェリアの植民地抵抗運動の指導者アブドゥルカーディルの孫。

（7）リーフ地方を構成するカビーラの一つで、地中海に面している。

（8）リーフ戦争に関するおもな先行研究は、［al-Idrīsī 2007］、［De Madariaga 2009］、［深澤 2015］などを参照されたい。

（9）カサブランカ刊行の新聞『ムハッリル（*al-Muharrir*）』。ヒジュラ暦１３９８年シャアバーン月15日、西暦１９７８年7月22日付けの第5面より。

（10）*al-Manār*（マナール）1926. Vol.27, No.8: 630-634. リーフ戦争敗北後のアブドゥルカリームに関するインタビュー記事であり、イスラームの一部の雑誌やヨーロッパの一部の新聞において、これ以前にすでに公開された内容だが、改めて『マナール』に掲載されたものである。『マナール』側の見解も示されている。

（11）スミスは、ゲルナーやアンダーソンのナショナリズム論の共通項である「ナショナリズムは近代に成立した」とする視座を受け入れつつも、その起源は、長い歴史、古い信条、神話、記憶、伝統、象徴の再解釈に基づくものであると主張した。「確かに、固有の意味でのネイションは近代に成立したのだが、ネイションの素材ともいうべきエスニックな共同体――これを『エトニ』と呼ぶ――は、はるかな古代から存在していた」とし、歴史的には「エトニ」がネイションの起源であるとの議論が、スミスの理論の支柱にある［スミス 2007b］。

（12）アンダーソンは、ネイションを「想像された共同体」であると論じた。「どのような共同体も、想像のうちにリアリティを持たないならば、共同体として成立しないからである」。同様に近代主義に立脚した理論を打ち出したゲルナーが、ナショナリズムの発生要因を産業化に求めた一方で、アンダーソンは、出版資本主義（出版物が商品として市場で売買されること）の勃興が、ナショナリズム発生の、あるいはネイション形成の最も重要な要因であると強調した［アンダーソン 2011; 2012］。

（13）Mateo Dieste 2003: 321-338, 342-364,365-398; Lewis, B. et al. 1978. *The Encyclopaedia of Islam* (New Edition) Vol. IV. Leiden. 380-383; Lewis, B. et.al. 1983. *The Encyclopaedia of Islam* (New Edition) Vol. II. Leiden. 160.

◉参考文献

〈一次史料〉

al-Manār（マナール）1926. Cairo, Vol.27, No.8: 630-634.

al-Muharrir（ムハッリル）1978. Casablanca, 22 July.

El Telegrama del Rif（リーフ通信）1916. Melilla, 15 February.

El Telegrama del Rif（リーフ通信）1916. Melilla, 5 April.

El Telegrama del Rif（リーフ通信）1916. Melilla, 12 July.
El Telegrama del Rif（リーフ通信）1919. Melilla, 27 January.

〈二次史料〉
Dāwūd, M. and Dāwūd, Ḥ. 2008. *Ta'rīkh Tiṭwān*（テトゥワン史）. Córdoba: Almusāra.

〈研究書〉
al-Idrīsī, 'A. 2007. *'Abd al-Karīm al Khaṭṭābī: al-ta'rīkh al mu'āṣir*（アブドゥルカリーム・ハッタービー：近現代史）. al-Dār al-Baiḍā': Dār al-Najāḥ al-Jadīda.

al-'Aramī, M. 2007. *Zaīm al-Rīf: Muḥammad 'Abd al-Karīm al-Khaṭṭābī*（リーフの長：ムハンマド・アブドゥルカリーム・ハッタービー）. al-Dār al-Baiḍā': Afrīqiyā al-Sharq.

Ayache, G. 1981. *Les origines de la Guerre du Rif*（リーフ戦争の起源）. Paris: Publications de la Sorbonne.

Būbīya, 'A. 2003. *Qabā'il Zammūr wa al-ḥaraka al-waṭanīya*（カビーラ・ザッムールと祖国の戦い）. al-Dār al-Baiḍā'.

De Madariaga, M.R. 2009. *Abd el-Krīm el-Jatabi: La lucha por la independencia*（アブドゥルカリーム・ハッタービー：独立へ向けた闘い）. Madrid: Alianza Editorial.

Hart, D.M. 1976. *The Aith Waryaghar of the Moroccan Rif: An Ethnography and History*. The University of Arizona Press.

Laroui, Abdallah. 1993. *Les Origines Sociales et Culturelles du Nationalism Marocain (1830-1912)*（モロッコ・ナショナリズムの社会的文化的起源（１８３０～１９１２））, Casablanca: Centre Culturel Arabe.

Mateo Dieste, J.L. 2003. *La hermandad hispano-marroquí: Política y religión bajo el protectorado español en Marruecos (1912-1956)*（スペイン・モロッコの兄弟団（タリーカ）：スペイン保護領モロッコにおける政治と宗教（１９１２～１９５６））, Barcelona.

Montagne, R. 1930. *Les Berbères et le Makhzen dans le Sud du Maroc*（モロッコ南部のベルベルとマフザン）. Paris: F. Alcan.

Villanova, J. L. 2004. *El Protectorado de España en Marruecos: Organización política y territorial*（スペイン保護領モロッコ：政治機構と地域組織）. Barcelona: Editions Bellaterra.

アンダーソン、ベネディクト２０１１『定本 想像の共同体――ナショナリズムの起源と流行』白石隆・白石さや訳、書籍工房早山。

――――２０１２『三つの旗のもとに――アナーキズムと反植民地主義的想像力』山本信人訳、NTT出版。

私市正年　２００１「現代モロッコの国家体制と地方行政組織」『現代中東の国家と地方Ⅰ』日本国際問題研究所、１～27頁。
――――　２００４『北アフリカ・イスラーム主義運動の歴史』白水社。
――――　２０１１「現代ナショナリズム復興における『過去の歴史と文化遺産』の意味」『ナショナリズム復興のなかの文化遺産――アジア・アフリカのアイデンティティ再構築の比較』２００９・２０１０年度日本私立学校復興・共済事業団学術研究振興資金報告書、上智大学アジア文化研究所、７～20頁。
スミス、アントニー・Ｄ　２００７a『選ばれた民――ナショナル・アイデンティティ、宗教、歴史』一條都子訳、青木書店。
――――　２００７b『ネイションとエスニシティ――歴史社会学的考察』巣山靖司・高城和義他訳、名古屋大学出版会。
関佳奈子　２０１１『アブドゥルカリームの書簡とインタビュー史料――スペイン領モロッコにおけるリーフ戦争に関連して』SIAS Working Paper Series 10、上智大学アジア文化研究所・イスラーム研究センター。
――――　２０１５「19世紀末～20世紀初頭の境域都市メリーリャにおける異教徒の『共存』――住民基本台帳を手がかりに」『スペイン史研究』第29号、スペイン史学会、１～13頁。
高橋圭　２０１４『スーフィー教団――民衆イスラームの伝統と再生』（イスラームを知る16）山川出版社。
立石博高・中塚次郎編　２００２『スペインにおける国家と地域――ナショナリズムの相克』国際書院。
深澤安博　２０１５『アブドゥルカリームの恐怖――リーフ戦争とスペイン政治・社会の動揺』論創社。

第3章

草の根の支持基盤から見たイスラーム改革主義運動と植民地期のアルジェリア社会——先行研究とその問題[1]

渡邊　祥子

Ⅰ　はじめに

イスラーム改革主義（Iṣlāḥ/ Islamic reformism）は、19世紀末からイスラーム世界で始まった思想運動・社会運動である。学者たちによる既存のイスラーム解釈を批判して、クルアーン、ハディースなどのイスラームの原典に回帰して宗教再解釈の努力を行うこと、近代世界の現実に即した宗教実践を行うことを目指した。イスラーム改革主義運動はこれまでしばしば、限られた知識人サークルによる思想運動と考えられてきた。このため、既存の研究の関心が主導的知識人の経歴や思想内容に集中してきた一方で、その大衆的影響についてはほとんど考察されることがなかった[2]。しかし、イスラーム改革主義の歴史的意義を考察するうえで、この運動が社会の中で誰に支持されたのか、つまり運動の社会的基盤に注目することには、大きな意味がある。イスラーム改革主義運動には、ウラマー（ʻulamāʼ：イスラーム知識人）に属する運動指導者やイデオローグだけでなく、彼らの教えを受けて運動を広めたり、運動を経済的に支援したりした非知識人の人々も関わっている。これら草の根の支持者たちに着目し、彼らが運動に関わった動機や社会経済的背景を明らかにすることで、単なる思想運動にとどまらない、社会運動としてのイスラーム改革主義運動の総体を明らかにできるからである。

本章はまず、イスラーム改革主義の社会経済的な説明仮説について検討する。次に、植民地期のアルジェリアにおけるイスラーム改革主義の展開を題材に、イスラーム改革主義運動の社会的基盤に関する既存の研究を再検討する。この作業を通じて、既存の研究の問題点を浮き彫りにし、新しい研究の可能性を議論する。

Ⅱ　イスラーム改革主義はピューリタン運動なのか

イスラーム改革主義の歴史的意義を論じた非常に影響力の強い仮説に、イギリスの文化人類学者アーネスト・ゲルナーによるイスラーム社会論がある。ゲルナーは、マグリブにおけるイスラーム改革主義を参照しつつ、イスラーム世界が近代に入って、産業化・分業化の動きが進んだことに伴い、聖者崇拝などの伝統的な信仰の在り方が衰退する一方で、聖典中心主義（「ピューリタン」）的なイスラーム再解釈としてのイスラーム改革主義が発生したと論じた［Gellner 1981: Chapter 2］。文化運動と経済変動の関係については、ゲルナーは以下のように説明する。産業化の進展によって生じた機会を利用して台頭した新興勢力は、既存のエリート層による支配に対抗し、自らの地位の上昇を許すような社会的流動性を肯定した。既存エリートに対抗する新興勢力という社会経済的な構図は、文化的領域では、既存の宗教権威――ゲルナーが参照している植民地期アルジェリアの文脈では、聖者やスーフィー教団に代表される――と、それに挑戦する新しい宗教運動という表現形態をとった。このようにしてゲルナーは、イスラーム改革主義を経済的な新興勢力と結びつけた。これにより、イスラーム改革主義が原典回帰的、現世主義的な宗教解釈を行った理由を、既存の社会的権威の宗教理解との対立関係において説明したのである［Gellner 1981: Chapter 6］。

産業社会の勃興と、原典回帰的な宗教運動を結びつけて捉える際、ゲルナーの議論はマックス・ウェーバーの『プロテスタンティズムの倫理と資本主義の精神』に近接している。ゲルナーは、イスラーム改革主義をイスラーム版の「ピューリタン主義」として説明する［Gellner 1981: Chapter 5］。イスラーム改革主義が後世の学説よりもクルアーンやハディースなどのテクストを重視し、初期イスラーム時代のイスラームへの回帰を主張したのと同様に、プロテスタンティズムもまた、聖書への回帰によってキリスト教の再解釈をもたらした。こうした共通点から、ゲルナーに限らず、イスラーム改革主義運動をキリスト教の宗教改革とのアナロジーで理解する議論は、決して珍しくはない(3)。ウェーバーの議論においては、カルヴァン主義などのプロテスタンティズム諸派の現世における浪費の自制や労働に価値を置く信仰が、プロテスタント実業家たちの実際の経済活動を下支えする倫理として働いたことが指摘されている［Weber 1958: Chapter 5］。ゲルナーの議論もまた、既存の宗教解釈への批判としてのイスラーム改革主義運動が、新興実業家の社会経済的な利害を文化的に裏打ちする役割を果たした可能性を示唆しており、ウェーバーと議論の組み立てがよく似ている。

しかし、イスラーム改革主義と実業家を結びつけるゲルナーの議論には、ウェーバーの議論と単純に同一視できない点もある。ウェーバーのピューリタン主義の場合は、プロテスタントの平信徒たち自身が実業家でもあったため、宗教運動と産業運動の主体が一致している。しかし、イスラーム改革主義運動の場合は、宗教運動の主体になったウラマーはしばしば学問や教育活動に専念していると考えられており、この対応関係は必ずしも明確ではない。さらに、以下で見るとおり、アルジェリアのイスラーム改革主義を担ったのは都市のブルジョワジーであったという古典的研究の主張は、近年の研究において批判されている。実際には、アルジェリアのイスラーム改革主義運動は、農村・山岳部も含む産業化の進んでいない地域でも展開していたからである。

ゲルナーの仮説の別の問題は、イスラーム改革主義の発生を、農耕社会から産業社会への単線的発展を想定する枠組みの中で捉えていることである。イスラーム改革主義が台頭した当時のイスラーム世界の社会文化の状況は、現地社会を伝統社会と産業社会の対立で捉えるゲルナーの単純化されたモデルよりも、はるかに複雑であった。こうした複雑さを示す事例として、イスラーム世界における近代（世俗）教育の導入がある。19世紀末以降、イスラーム諸地域にヨーロッパの教育に範をとった教育制度が建設され、軍人、官僚、法律家、医療従事者、エンジニア、公立学校教師などの職業を目指す若者が増えるに従い、従来の宗教教育は以前と比べ威信を失っていった［Reid 1977: 349–378; 1983: 374–393］。このように、聖者やスーフィー教団ばかりでなく、ウラマーも含む宗教指導者の権威は、ヨーロッパの教育をモデルとする制度の導入と教育の大衆化に伴って、次第に相対化されていったと考えられている。このような文化的変容の中に、イスラーム改革主義はどのように位置づけられるのだろうか。

近代ナショナリズムの理論家でもあるゲルナーは、国家建設と近代教育の導入の関連についても述べている。それによれば、産業化・分業化した社会は、その構成員同士の頻繁で正確なコミュニケーションを必要とするが、これは標準化された読み書き能力をネイションの構成員全員に普及するナショナルな教育制度によって達成される。産業社会の時代は、農耕社会においては一部の特権階級が独占していた「高文化」――読み書き能力や技術的洗練などに特徴づけられる――の普遍化の時代と言える［Gellner 2006: Chapter 3］。イスラーム社会においては、前近代よりウラマーと権力者を中心とする「高文化」と、聖者信仰などの大衆的で部族社会的な「低文化」が共存してきた、とゲルナーは論じる。多くのイスラーム地域において、聖者信仰が否定され聖典中心主義的なイスラームに回帰するイスラーム改革主義が台頭したのは、前近代にもともと存在したイスラームの「高文化」が植民地支配の状況の中で再解釈され、ナショナリズムと同様の文化的な役割を果たしたからだという［Gellner 2006: Chapter 6］。

しかし、ナショナリズムに親和的な文化が、イスラーム改革主義のように宗教的なものに限定されなければならない理由は、特にないはずである。例えば、ゲルナーが参照している植民地アルジェリアの状況においては、ムスリムの家族は子供の教育において、イスラーム改革主義に基づくアラビア語学校や、既存のスーフィー教団の教育施設ではなく、将来の就職に役立ち、経済的な見返りの見込めるフランス学校を学びの場として選択するオプションがあった。すなわち、ザーウィヤなどの伝統的な教育機関以外の選択肢として、イスラーム改革主義の学校だけではなく、フランス文化とフランス学校に向かうことができたし、植民地社会にはフランス学校を選択することがより合理的になりうる文脈があったのである。アルジェリアに限らず、フランス植民地において、現地人のエリートがフランス学校に通いフランス文化を身に着け、社会的上昇を果たす事例はむしろ広範に見られた。こうしたフランス化したエリートは「エヴォルエ」（évolués：進化した者たち）と呼ばれ、現地人全体の中では少数者ではあったが、このエリートたちの中からのちにナショナリズムを牽引する人々も現れた(4)。こうした事実を考慮するならば、イスラーム改革主義の発生の背景にあったのは、ゲルナーが論じるほど単線的な発展——農耕社会に根差した聖者信仰から、産業化した分業社会に適応した改革思想への移行——ではなく、イスラーム改革主義の選好は同時代に存在した複数の文化的オプション——スーフィー教団や聖者信仰に基づくイスラーム実践、イスラーム改革主義、フランス語とフランス文化——のうちのひとつであったことが分かる。これらのオプション同士の関係は、排他的だったのか両立可能だったのか。また、ある人たちがイスラーム改革主義のオプションを選択し、ほかの人たちが別のオプション——フランス学校や、スーフィー教団での教育——を選択したのだとすれば、いかなるメカニズムによって選択が行われたのか。イスラーム改革主義の包括的な理解のためには、こうした点も問われねばならないだろう。

Ⅲ　アルジェリアのイスラーム改革主義は誰に担われたのか

アルジェリア・ウラマー協会（Jamʿīyat al-ʿUlamāʾ al-Muslimīn al-Jazāʾirīyīn/ l'Association des Oulamas d'Algérie、１９３１年創設、以下「ウラマー協会」）によるイスラーム改革主義運動は、マシュリクにおけるイスラーム改革主義運動、特にムハンマド・アブドゥフ（１８４９～１９０５年）やラシード・リダー（１８６５～１９３５年）らが牽引したエジプトのマナール派の思想的影響を強く受けた運動である。チュニスのザイトゥーナ・モスクで高等教育を受け、エジプトなどのイスラーム改革主義思想に触れたアルジェリア人ウラマーが、ウラマー協会の中心人物となった［Merad 1967: 65］。ウラマー協会は、殆どの公立学校でフランス語のみが教授されていた中で、アラビア語とイスラームを教授する私立学校「自由マドラサ」や文化サークルを建設し、ムスリムの子供たち、農民や労働者も対象とする大衆教育のための運動として展開した。エジプトやシリアなどの他地域の事例と比べて、イスラーム改革主義運動が知識人のみにとどまらない広がりを見せた事例だといえる。また、ウラマー協会のイスラーム改革主義運動は、自由なアラビア語教育とイスラーム実践を規制しようとしたフランス植民地当局と利害を衝突させることになった。ウラマー協会の運動は、アルジェリアの独立を直接的には求めなかったものの、フランス文化とは異なるアルジェリア現地人の独自の文化的アイデンティティを称揚したことにより、アルジェリア・ナショナリズムに先駆的役割を果たしたとされている［Merad 1967: 396–399］。

ウラマー協会はこれまでの多くの研究において、都市部のブルジョワ層（地主、富裕商人層）を支持基盤としたと理解されてきた。例えば、アルジェリア・ナショナリズム運動史の著名な研究者であるムハンマド・ハルビは、その著作『ＦＬＮの起源』（１９７５年）において、ウラマー協会の運動を「ブルジョワジーのプロジェクト」と呼び、これをフランス在住のアルジェリア人労働者を支持基盤とする、共産主義などの影響を受けた民族主義運動――「北アフリカの星」からＦＬＮへと連なる革命派ナショナリズム運動の系譜――と対比させた。ハルビは、ウラマー協会の運動の支持基盤を「アルジェリア・ブルジョワジーのそもそもの中核である、不在地主層や都市の商人層」であったと断定した［Harbi 1975: 68］。ナショナリズムへの志向を持つと言っても、ウラマー協会の支持基盤は社会階級的には富裕層であったため、同じアルジェリア人でも労働者層のナショナリズム運動とは利害を異にしていたと、ハルビは解釈した。他方、社会学者のファニー・コロンナも、ウラマー協会の創設メンバーの世代（19世紀の最後の10年間の生まれ）の多くは、都市の商人層出身者であり、フランス教育を拒否してチュニジアやエジプトなどアラブ諸国へ留学することができた層であったと論じた。しかし、１９４０年代ごろまでに、アルジェリアのブルジョワジーはフランス学校に子供を送るようになり、ウラマー協会の指導者たちの子供もフランス学校で学んだと指摘した［Colonna 1975: 88–89］。確かに、ウラマー協会の初期の指導者であるアブドゥルハミード・イブン・バーディース（１８８９～１９４０年）はアルジェリア東部コンスタンティーヌの富裕な地主名家の出身であったことが知られている。イブン・バーディース亡き後ウラマー協会の代表となったムハンマド・バシール・イブラーヒーミー（1889〜1965年）は、東部のセティフ近郊出身で、メディナで宗教教育を受けた。ウラマー協会設立後は西部のトレムセンに移り、1937年に同地に創設された自由マドラサ「ダール・アル＝ハディース」の校長を務めるなど、自由マドラサを通じたアラビア語教育の普及に尽力した。しかし、イブラーヒーミーの息子の一人で後に政治家となるアフマド・ターリブ・イブラーヒーミー（1932年〜）はバカロレア取得後フランスで勉学した医者である。コロンナは、自由マドラサの生徒については大衆層であったとしており［Colonna 1975: 85］、イスラーム改革主義の影響が大衆層に及んだことを否定しているわけではない。しかし、上に紹介したゲルナーの議論を参照しつつ、ウラマー協会の主導者層は基本的には都市ブルジョワであったと論じている［Colonna 1974: 233–252］。

ハルビやコロンナがウラマー協会のメンバーを都市のブルジョワであったとしたのに対し、より新しい世代の研究は、こうした既存の見方の修正を試みている。例えば、アルジェリア西部のイスラーム改革主義運動の支持基盤をメンバーの伝記的情報の徹底した調査によって分析したコルソーは、アルジェリア西部の社会文化的文脈におけるウラマー協会の運動の展開を史料に基づいて詳細に描き出した［el-Korso 1989］。コルソーは1931〜45年までのオラン県のイスラーム改革主義者517人の伝記的データを居住地、生誕地、識字、職業、ウラマー協会との関係、イスラーム改革主義の雑誌の購読、文化・政治的志向の観点から分析した。それによると、職業別の統計では、商業・手工業者のカテゴリーが42・96％と最も多く、公務員の18・92％（うち5・11％がフランス学校の教員）が続いている。伝統学校・宗教学校の教員は10・23％であった［el-Korso 1989: 380］。ヨーロッパ人入植者による農業用地の集積が集中していたオラン県においては、イスラーム改革主義者に占める農業地主の割合は全体的に低かった（オラン県の5つの郡において、全体の0・25〜3・06％）［el-Korso 1989: 385–386］。コルソーの分析により、オラン県においてイスラーム改革主義を支えた主な社会層は、不在地主層や実業家層ではなく商店主などの小規模な商業・手工業層であり、意外なことに行政関係者（カーディー、アドルなどシャリーア法廷の官職も含む）も多かったことが分かった。また、オラン県内部でも地域による多様性も見られた。出身地のデータを見ると、オラン郡在住のイスラーム改革主義者において外部地域出身者の比率が比較的高かったのに対して、マスカラ郡やトレムセン郡では地元の旧家出身者が多く見られたことが分かる［el-Korso 1989: 326–331］。コルソーはさらに、イスラーム改革主義者の支持政党を分析し、地域外から絶えず人が流入する新しい街・オランのイスラーム改革主義者に革命派ナショナリスト政党の支持者が多かったことと、地元名家が力を持つ古い街トレムセンのイスラーム改革主義者に合法路線を取る穏健派ナショナリスト政党の支持者が多かったことを、対比的に説明している［el-Korso 1989: 475–481］。コルソーの分析は分析を西部オラン県のみに限定したデータの限界もあり、イスラーム改革主義の支持基盤についての大胆な議論の一般化を試みたものではないが、イスラーム改革主義の展開を地域による社会構造の違いに注意を払いつつ分析した業績として、注目に値する。

アルジェリアの東部と西部におけるイスラーム改革主義運動の展開の差異に着目した研究もある。カメル・シャシュワは、ウラマー協会が都市を基盤にした運動であり、アラビア語話者のプチブルジョワを支持層としているという定説とは逆に、実際にイスラーム改革主義者の個人史を調査すると、東部の山岳地帯や農村の出身で、しばしば貧しく、アラビア語を母語としないベルベル語話者であり、何らかの社会的に不利な条件を抱える者（孤児、独身、晩婚など）が多いと指摘した［Chachoua 2014］。シャシュワはこの発見を、以下のような植民地アルジェリアの社会経済的な状況から説明した。植民地期のアルジェリアでは、多くのアルジェリア人が経済的下層への転落を経験したが、東部と西部では経済構造が異なるため、アルジェリア人の経済的位置づけも異なっていた。広大な平野を擁する西部アルジェリアは、ブドウ栽培を中心としたヨーロッパ系入植者の農地が集中した地域であり、貧困化により土地を失ったアルジェリア人農民は、入植者の経営する農場における季節労働者として働くようになった。第二次大戦以降は、港湾労働者、炭鉱や工場などの農業以外の産業における労働者も増加した。西部の人々のこうした季節労働が長期間の移民を必ずしも必要としなかったのに対し、山がちな地形のため入植者の数が少なかった東部においては、こうした就業機会がなく、農村の人々は都市やフランスに移民せざるを得なかったとシャシュワは論じる。シャシュワはここから、東部の人々の移民体験とそれによる文化変容の経験は、西部のそれらよりも程度の激しいものであり、このことが、東部における政治的・文化的な急進主義の発展の背後にあると議論した。

このシャシュワの議論には、実証的なエビデンスが十分に示されていない問題はあることは述べておかねばならない。とりわけ、東部の方が西部よりも移出民が多かったという前提は、必ずしも正しいとは言い切れない。1948年のセンサスの結果を見る限り、移出民が多かった郡はティジウズ郡（10％の人口移出）、ブジー郡（同6％）のカビリア地方（アルジェリア中部～東部）、東部のセティフ郡（同5％）のほか、アルジェの南に位置するメデア郡（同9％）とオマール郡（同7％）、西部のミリアナ郡（同6％）であった。イスラーム改革主義者を多く輩出した山岳地帯の例としてシャシュワが挙げているオーレス山地のバトナ郡において、移出民は全体の2％にとどまっており［Gouvernement général de l'Algérie n.d.: vol.3: 38］、イスラーム改革主義がそれほど進展しなかったと考えられているティジウズ郡などよりも、移出民の割合がずっと小さかったことになる。しかしながら、イスラーム改革主義者は都市的でアラブ的な社会的背景の持ち主だったという定説の裏に、フランスのイスラーム社会学における有名なダイコトミー――アラブ的な都市のイスラームと、ベルベル的な山岳地帯と農村のイスラームの二項対立――を前提とする社会理解から来る先入観があることを指摘し、個別の事例の探求によってこれを正そうとした［Chachoua 2014］貢献は注目に値する。さらに、東部と西部の産業構造の違いによってメカニズムを説明しようとした手法も示唆に富んでいる。

地域間比較は、イスラーム改革主義の発展メカニズムの解明にとって有効な方法であろう。しかし、比較をより説得力あるものとするには、シャシュワの提案した経済構造の考察に加えて、社会文化構造の差異も考慮に入れる必要があるだろう。歴史的に言って、アルジェリアの東部と西部には異なる政治文化があることが指摘されてきた。すなわち、オスマン朝期に世俗的な為政者との間に時に緊密な関係を切り結んだ都市のウラマー層が発展したアルジェリア東部と異なり、アルジェリア西部はオスマン朝の統治に対するアラブ・ベルベル社会の自律性が高く、シャリーフ（sharīf：預言者ムハンマドの子孫）を名乗る有力者層など、宗教的権威と政治的指導者を兼ねるタイプの指導層が各地で地方的な影響力を保ち続けたとされる［Christelow 1985: Chapter 1］。アルジェリア西部のスーフィー教団の影響力はフランス植民地期においても確認できる。例えばネドロマでは7つのザーウィヤが存在し、そのいくつかはコーラン教育を行っていた。ウラマー協会の自由マドラサが創設されたのは比較的遅く、1948年になってからだった

〈図1〉自由マドラサの分布（1949年度、106都市140マドラサ）
白丸（大）は1945年以前、黒丸は1945年以降に設立されたマドラサの所在地。
同一都市に両方が存在する場合は後者のみを表記

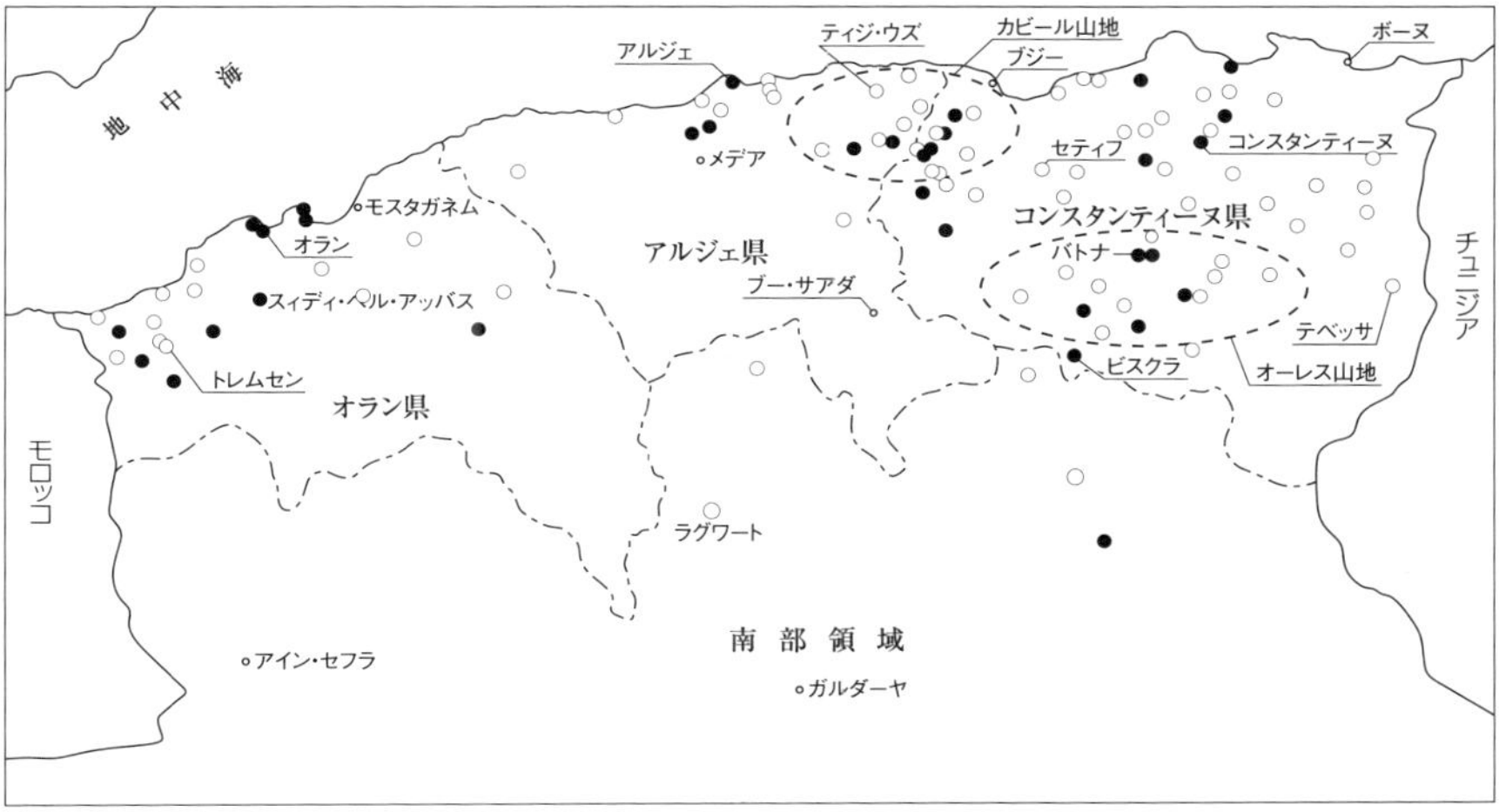

出所：“Qā’ imat tawzī` al-mu`allimīn li-sanat 1949–1950,” *al-Baṣā’ir*, new ser., no.93 (31 October 1949): 15–17 のマドラサのリストなどを基に筆者作成。マドラサ創設の年代は Fuḍalā’［1999］などに基づく。

[Hellal 2002: 174]。西部におけるスーフィー教団の活発さは、西部（オラン県）におけるウラマー協会の運動の展開が東部や中部に比べて遅れた一要因と考えられている [Merad 1967: 197]。第二次世界大戦の終わりまで、西部におけるウラマー協会の活動はいくつかの都市に限定されており、アラビア語教師は地元出身者ではなく、東部出身者が派遣されることが多かった [Hellal 2002: 177–178]。ウラマー協会の創設したアラビア語私立学校（自由マドラサ）の分布状況を見ても、まず東部に集中的に自由マドラサが建設され、その後西部に向けて運動が広がっていくという運動の過程を観察することができる（図1）。

上記のような新しい世代の研究により、イスラーム改革主義運動は「都市」の「ブルジョワ」の運動であるという定説が、運動の性格を単純化しすぎていたことが明らかになってきた。今後の研究においては、植民地期アルジェリアの社会経済的、文化的状況の地域的な多様性を十分に考慮にしながら、イスラーム改革主義を論じることが必要であろう。

Ⅳ　イスラーム改革主義運動の新たな理解に向けて

以上、イスラーム改革主義を社会経済的に説明する学説と、その一例としてのアルジェリア・ウラマー協会の社会基盤についての議論を検討してきた。以下ではさらに、イスラーム改革主義運動を解釈するうえで重要になると思われる二つの問題について論じたい。

一つは、植民地の状況の特殊性である。ゲルナーは、イスラーム改革主義をナショナリズムの先駆的段階と位置づけ、ナショナリズムの発生を説明するために、農耕社会から産業社会へという標準化されたモデルを提案した。しかしながら、多くのアジア・アフリカの地域において、ナショナリズムは植民地体制の差別的な政治、社会、文化状況に対する現地社会の異議申し立て・権利要求運動として起こっており、必ずしも現地社会の産業化や資本主義の発展を伴っているわけではない。むしろ、近代教育を受けた新興エリートと入り混じる形で、前資本主義的な経済基盤に支えられた伝統的名士層がナショナリズムの一端を担う事例は、アジア・アフリカにおいては頻繁に見られる。ポスト・コロニアリズムの論者チャタジーは、インドの事例を参照しつつ、非ヨーロッパ社会における社会変動と国家形成はヨーロッパとは異なる形態で発展したと論じた。チャタジーによれば、資本主義の発展によって台頭したブルジョワジーが、封建君主層による支配を覆し、ブルジョワジーの利益に基づいた資源配分を実現するのがヨーロッパの古典的な革命モデルであるとすれば、植民地支配を受けた地域の資本の支配は、アントニオ・グラムシの言う受動的革命（Passive Revolution）の過程をたどるという。ここでの受動的革命とはすなわち、資本主義が未発達でブルジョワジー層の基盤が弱い非ヨーロッパ社会において、少数のブルジョワジーと前資本主義的な支配層、大衆層を含む複数の社会階級が連合を組み、革命のような劇的な社会的対立を回避しつつ、改良主義的な方法を通じて植民地支配からの独立を成し遂げ、新しい国家内での資本の支配を実現していく過程のことである［Chatterjee 1993: 211–212; 2011:

216–218]。

複数の社会階級の連合がナショナリズムを担うという考え方は、20世紀半ばごろのアルジェリアの状況に大変よくあてはまる。アルジェリア独立戦争（１９５４～62年）以前のアルジェリア・ナショナリズムにおいては、①フランス学校で教育を受けたエヴォルエを中心とするムスリム議員、②労働運動から派生した独立運動、③ウラマー協会、という社会経済的・文化的に異なるグループがそれぞれ異なる運動を形成しつつ、同盟と対立を繰り返してきたからである［渡邊 2017b］。上の三つのグループのうちムスリム議員とウラマー協会は、宗教的なアラビア語話者と世俗的なフランス語話者という文化的な差異にもかかわらず、合法的な手段を通じてアルジェリア・ムスリムの政治的、社会的、文化的な権利を漸進的に実現するという改良主義的なアジェンダを共有し、しばしば連帯した。

さらに、ウラマー協会の内部にも、いくつかの役割の異なる人々が混在していた。すなわち、アラビア語による宗教教育を受けたウラマーたちが執筆活動、講演活動、教育活動を担う主導メンバーであったのに対し、ウラマーたちの教え子である自由マドラサの生徒たちは、フランス式の公立学校とダブルスクールを行う都市の上位中間層、自由マドラサのみに通う下位中間層や、農村の子供たちを含んでいた。さらに、ウラマー協会の活動に寄付金などの形で資金提供を行う支援者の役割を担った人たちがおり、彼らは必ずしも宗教的教養はなく、アラビア語の読み書き能力もなかった。ウラマー協会によるアルジェリアのイスラーム改革主義は、複数の社会グループの利益と結びついて発展した。運動に関わったさまざまなグループを区別し、Ⅱで議論した地域的差異に留意しつつ、グループ間の連合のロジックを描き出すことで、運動のダイナミズムを説明することが求められよう。

もう一つの指摘は、植民地化された人々にとっての文化の問題の重要性である。職業取得に有利なフランス学校と異なり、直接的な利益につながらないにもかかわらず、アラビア語とイスラーム教育の学校建設運動はなぜアルジェリア人の間に広まったのか。前出のチャタジーは、反植民地主義的なナショナリズムの特徴として、国家経済や国家制度などのネイションの物質的な側面と、文化アイデンティティなどのネイションの精神的な側面が区別して捉えられてきたことを挙げている。植民地状況とは、前者の物質的領域が宗主国に支配されている状況であり、こうした状況下では、後者のネイションの内面的領域（inner domain）を、宗主国の介入を許さない独立した領域として構築することこそが、ナショナリストにとって重大な問題になったのである［Chatterjee 1993: 6］。このように、植民地においては、文化の領域――宗教解釈や実践の問題もここに含めることができる――がほかの領域から遊離した自律的な領域として突出してきた。イスラーム改革主義は、ヨーロッパをモデルとする教育制度や法制度の導入などの急激な変化の時代において、人々がイスラームの信仰を正しく実践するための処方を示そうとした運動であったばかりでなく、植民地的状況にあった多くのイスラーム地域のネイション建設において、ナショナリストの「内面的領域」構築のプロジェクトと結びついて展開したのである。(5)

教育の普及や言語習得が社会経済的な変化（産業化）の影響を受けているとしても、どの言語を習得するかは、文化的な問題と結び付いている。筆者が１９４０年代と１９５０年代のアルジェリアのセンサスを基に行った分析でも、フランス語能力を持つムスリムの割合が農民の割合といった社会経済的な変数と強い相関を示したのに対し、アラビア語能力を持つムスリムの割合はこのような変数では説明できなかった［渡邊 2016］。このことは、植民地期アルジェリアにおけるアラビアの習得が、言語習得によって経済的利益を得るという以上の動機と深く関わっていたであろうことを示唆している。

イスラーム改革主義は、宗教解釈の刷新運動であったばかりでなく、上に述べてきたとおり、イスラーム地域における近代ナショナリズムの展開に関わる諸問題と密接に関連している。そのなかで、アルジェリアの経験は、植民地支配のさなかでの社会経済的、そして文化的な変容のなかで、植民地化された社会に自律的な文化と社会を形成しようとする運動が展開した事例として、魅力的な分析の対象でありつづけている。

【注】

（1）本研究はＪＳＰＳ科研費１６Ｋ１６９２８の助成を受けたものである。

（2）イスラーム改革主義の思想的展開に関する研究史の流れについては、［渡邊 2017: 16–17］を参照。
（3）例えば、［Browers and Kurzman 2004］などを参照。
（4）エヴォルエの権利要求運動については、例えば［Lawrence 2013: Chapter 2］を参照。
（5）アラブ諸国のナショナリズムにおいて文化アイデンティティの問題がいかに重大であるかは、１９７０年代以降の同地域において大きなテーマとなる、文化的遺産（turāth）や真正性（aṣāla）に関する論争を見ても明らかである。この問題については、例えば［Kassab 2010: Chapter 3］を参照。

◉参考文献

〈一次資料〉

al-Baṣā'ir, new ser（１９４７〜56年。アラビア語）

〈二次資料・日本語〉

渡邊祥子 ２０１６「植民地期アルジェリアの教育実践とその背景——一九四八年と一九五四年の人口調査から」『アジ研ワールドトレンド』№２４５、58〜65頁。

———— ２０１７a「サラフィー主義とイスラーム主義」私市正年・浜中新吾・横田貴之編著『中東・イスラーム研究概説』明石書店、第Ⅳ部第２章。

———— ２０１７b「アルジェリア」私市正年・浜中新吾・横田貴之編著『中東・イスラーム研究概説』明石書店、第Ⅴ部第13章。

〈二次資料・日本語以外〉

Browers, Michaelle, and Charles Kurzman, ed. 2004. *An Islamic Reformation?* Lanham: Lexington Books.

Chachoua, Kamel. 2014. "Les montagnes et la montée des clercs dans l'Algérie coloniale: Viticulture, montagnes et réformisme (iṣlāḥ) aux XIXe-XXe siècles（植民地期アルジェリアにおける山岳地帯と宗教知識人の台頭：19〜20世紀におけるブドウ栽培、山岳地帯とイスラーム改革主義）." *Revue des mondes musulmans et de la méditerranée*.

Chatterjee, Partha. 1993. *The Nation and Its Fragments*. Princeton: Princeton University Press.

————. 2011. *Lineages of Political Society*. New York: Columbia University Press.

Christelow, Allan. 1985. *Muslim Law Courts and the French Colonial State in Algeria*. Princeton: Princeton University Press.

Colonna, Fanny. 1974. "Cultural Resistance and Religious Legitimacy in Colonial Algeria." *Economy and Society* vol.3: ??233–??252.

————. 1975. *Instituteurs algériens, 1883–1939*（アルジェリア人小学校教師たち、１８８３年から１９３９年）. Paris: Presses de la Fondation Nationale des Sciences Politiques.

Gellner, Earnest. 1981. *Muslim Society*. Cambridge: Cambridge University Press.

————. 2006. *Nation and Nationalism,* 2nd ed. Ithaca and New York: Cornell University Press.

Gouvernement général de l'Algérie. N.d. *Résultats statistiques du dénombrement de la population effetué le 31 Octobre 1948*（１９４８年10月31日に実施された人口調査の統計的結果）, 4 vols. Algiers: Service de Statistique Générale.

Fuḍalā', Muḥammad al-Ḥasan. 1999. *al-Masīra al-rā'ida li-l-ta`alīm al-`arabī al-ḥurr bi-l-Jazā'ir*（アルジェリアにおける自由アラブ教育の発展）, 4vols. Algiers: Dār al-Umma.

Harbi, Mohammed. 1975. *Aux origins du FLN: Le populisme révolutionnaire en Algérie*（ＦＬＮの起源：アルジェリアにおける革命的ポピュリズム）. Paris: Christian Bourgois.

Hellal, Amar. 2002. *Le movement réformiste algérien: Les hommes et l'histoire*（アルジェリアの改革主義運動：人物と歴史）. Algiers: OPU.

Kassab, Elizabeth Suzanne. 2010. *Contemporary Arab Thought: Cultural Critique in Comparative Perspective*. New York: Columbia University Press.

Korso, Mohammed el-. 1989. "Polilique et religion en Algérie. L'islah: Ses structures et ses hommes. le cas de 1'Association des `Ulama' Musulmans Algériens en Oranie, 1931–1945（アルジェリアにおける政治と宗教。イスラーム改革主義：その構造と人物。オラン県におけるアルジェリア・ムスリム・ウラマー協会の事例、１９３１年から１９４５年）." Thèse 3e cycle, Université de Jussieu-Paris VII.

Lawrence, Adria. 2013. *Imperial Rule and the Politics of Nationalism.* New York: Cambridge University Press.

Merad, Ali. 1967. *Le réformisme musulman en Algérie de 1925 à 1949*（１９２５年から１９４９年までのアルジェリアにおけるイスラーム改革主義）. Paris and La Plague: Mouton.

Reid, Donald. 1977. "Educational and Career Choices of Egyptian Students, 1882–1922." *International Journal of Middle East Studies* vol.8, no.3: 349–378.

————. 1983. "Turn-of-the-Century Egyptian School Days," *Comparative Education Review* vol.27, no.3: 374–393.

Weber, Max. 1958. *The Protestant Ethic and the Spirit of Capitalism*, trans. By Talcott Persons. New York: Charles Scribner's Sons.

第4章

アルジェリア現代史におけるベルベル運動

——1980年「ベルベルの春」

中村 遥

I はじめに

2016年の憲法改正で、北アフリカのアルジェリアにおいてベルベル語（タマズィグト）が公用語となった。ベルベル語とは、北アフリカの先住民であるベルベルの母語とされる言語である。それまで、アルジェリア政府は、フランスの植民地支配から独立して以降、公用語はアラビア語のみであるとしてきた。アルジェリア国民のアイデンティティの基盤をアラブとイスラームに置いてきたからである。このアイデンティティから排除されたのが、ベルベルであった。「ベルベル」という名称は、古くはイブン・ハルドゥーンの叙述にも表れるが、アルジェリアにおいて、近代的な民族として「アラブ」と「ベルベル」が分類されたのは植民地時代である。

独立後、政府はベルベルを排除し、「アラブ＝イスラーム」というイデオロギーに支えられた単一民族を志向した。しかし、その後90年代にベルベル語を公教育で教授することを認め、2002年には「ベルベル語を国語とする」ことを憲法の条文で明記した。ベルベル語を国の言語として認めた一方で、政府は、公用語としてのアラビア語の地位は確固たるものであるとし、ベルベル語の「公用語」化については否定的な立場をとってきた。

ベルベル語が公の場で「公用語」という地位を確保することが、長年ベルベル運動家たちの目標でもあった。「ベルベル語」とは、「ベルベル」という民族性を象徴する側面を持つ。ベルベル語を国家の「国語」としても「公用語」としての地位を与えてこなかったアルジェリア政府が、なぜ今これを認めたのか。これは「ベルベル」という民族性を認めたことにもつながるのではないだろうか。

このことに対する即時的な回答を示すことはできないが、現代アルジェリアにおけるベルベルを検討することは、国家アイデンティティの言説の形成過程およびその変化、あるいは国家アイデンティティを構成する主体となった現代のベルベルを理解する一助となるであろう。

本章では、ベルベル語が公用語になる過程の原点とも言えるベルベルの文化運動を取り上げ、概説する。アルジェリアでは、1830年から1962年まで続いたフランスによる植民地支配の後、ベルベルの文化はアルジェリア政府から抑圧されてきた。その中で、ベルベルという存在が組織的な運動を伴って表出したのが、1980年のカビル地域で起きた「ベルベルの春」と呼ばれる事件である。政府からその存在を否定されてきた「ベルベル」という民族がアルジェリア社会の中で可視的になったことは、政府が掲げてきた国民言説に一石を投じることになった。以下では、アルジェリアにおける「ベルベル」をめぐって何が問題になっているのかを、この事件を事例にして述べていきたい。まず、ベルベルを概観し、アルジェリアの「ベルベル」が、独立以後のアルジェリアの国家統合において置かれた状況、すなわち、1980年「ベルベルの春」事件が起きた背景について説明する。次に、事件の詳細をみたのち、この事件における問題の所在を検討する。

なお、ベルベルという呼称は、ギリシャ語の「バルバロス」に由来する他称である。現在ではメディア等において、ベルベルの自称とされる「アマズィグ（単数）／イマズィゲン（複数）」という呼称が使用される頻度が増えてきた。しかし、「アマズィグ」が自称とされていることを理由にこの言葉を「ベルベル」と等価の意味を持つ用語として使用するには、まだ検討の余地がある。この語義の変化についての議論は別の機会に譲るとして、本章では、「ベルベル」という包括的な民族概念を指すものとして「ベルベル」という呼称を使用する。その他の固有名称については、原典表記からアマズィグないしベルベルという語をそのまま使用するものとする。

Ⅱ　ベルベルの概要

(1) ベルベルの概観

「ベルベル」と呼ばれる人々は、北アフリカ一帯から、マリやブルキナ・ファソにかけて分散して居住し、ベルベル語を母語とする集団であるとされている。現在、北アフリカの各国の全人口における比率は、最も多いモロッコで約40％、アルジェリアでは約20％、チュニジアでは1～2％ほどで、全体では千数百万人と推定されている［宮治美江子1995: 210］。

ベルベルの歴史の古代については、現在も明らかになっていないことも多いが、ローマ帝国やアラブの西進以前よりこれらの地域に居住し、最も古いものだと紀元前7000年頃にはその足跡が認められる［Brett and Fentress 1996: 12］。地中海の沿岸地方を中心にローマ帝国やヴァンダルなどの侵入を受け、キリスト教やユダヤ教が広まった。7世紀から11世紀にアラブの西進を受け、イスラームが浸透し、現在では、図1のような地域に集住している。

地域的な広がりを持つベルベルは、「ベルベル」として統一的な政治体制を形成したこともなく、標準ベルベル語のような共通語を形成してきたわけではない。居住地域、各国家における人口比、各地域が経験してきた歴史も様々である。また、本章が対象とする北アフリカのベルベルは、マグリブ諸国が独立した以後も、その民族を主体とした国家の建設を試みたわけでもなく、近年まで隣国のベルベルと――例えばアルジェリアとモロッコ間――連帯するような目立った動きを見せてきたわけでもない。

〈図1〉北アフリカにおける言語分布図
網掛けの地域がベルベルの居住地域

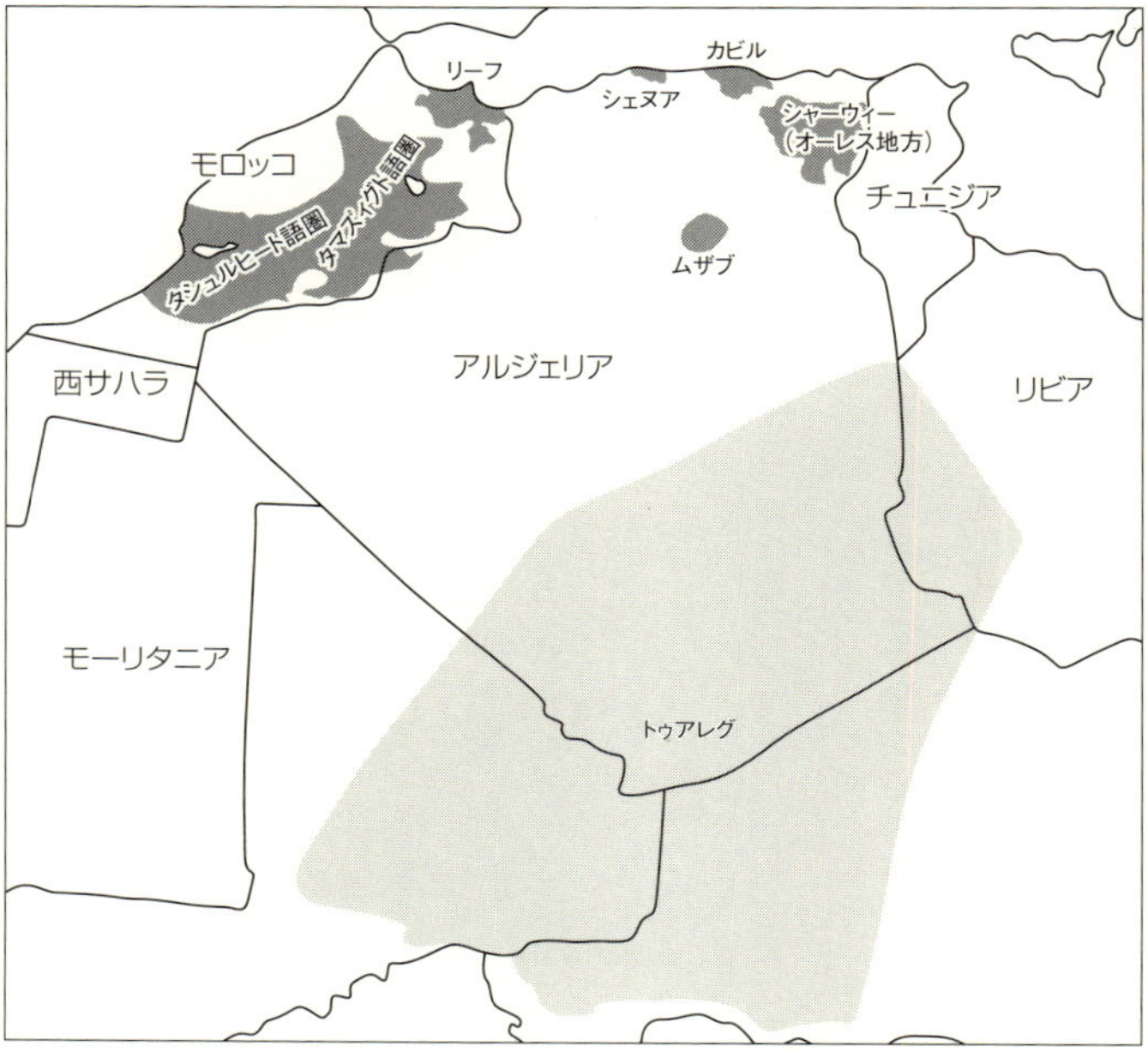

出典：L.GALAND, 1988, Centre National de la Recherce Scientifique を基に筆者作成。

齋藤は、「ベルベル」という民族の定義を、言語学的にベルベル語と分類されている言語を母語とする人々として研究者の間で共有されているとし［齋藤 2006: 64］、言語が統一性をもたないベルベルの紐帯となっている。そのため、「言語学者の頭の中のみに存在する民族である」［Camps et al. 1984: 8］との指摘もあるが、一方で、この「ベルベル」という定義からは、言語が各地域のベルベルのつながり、および「ベルベル」という民族の総体を担保しているということもできるだろう。

（2）アルジェリアのベルベル

アルジェリア国内のベルベル集住地域は、東部のカビル地域とオーレス地域、西部のシェヌア、サハラのムザブとトゥアレグに大別される。人口比は、ベルベル人口の全体の5分の4がカビル地域に集中している。

アルジェリアのベルベル文化運動の中心となっているのが、このカビル地域である。中心都市のティジウズまでは、首都のアルジェから高速バスで約2、3時間の場所にある。1830年から1962年までアルジェリアを植民地としていたフランスは、植民地時代は——あくまで他の地域と比べてではあるが——積極的に宣教を行い、学校教育を導入した。ヨーロッパ人入植者の数は、アルジェなどの都市部よりも少なかったが、カビル地方におけるフランス式学校の普及率と就学率は他の地域に比べて高かった。それに伴い、カビル地方はフランス語化が進んだ。それを背景として、フランスへの出稼ぎに移民する人々の大半がカビル地域出身であった。

歴史学では、アルジェ学派を中心として、ベルベルは元来キリスト教であり、イスラームに改宗させられたこと、また、ベルベルが持つ村の組織が古代ローマの直接民主制を受け継いでいるとして、ベルベルがヨーロッパと近似性を持つ存在であるというベルベル神話も創られた。

アラブとベルベルの問題が先鋭化したのは、1930年代から1940年代にかけて、独立に向けてのナショナリズムが盛り上がったときである。ベルベル主義者と呼ばれたMTLD(1)のフランス支部の党員は、ベルベルのアイデンティティも含めたアルジェリアのアイデンティティを主張したが、彼らの主張は退けられ、MTLDから追放された[Guenoun 1999: 21-25]。1949年におきたこの出来事は「ベルベル危機」と呼ぶこともある。フランスとの断絶の道を正当化し、「アルジェリア」として一つの過去を希求した結果、国民統合の言説はアルジェリア・ウラマー協会の思想を援用した「アラブ＝イスラーム」に依拠することとなり［ストラ 2011: 26］、ベルベルの独自性は後背に追いやられた。

Ⅲ　アルジェリア独立後の国家統合とベルベル文化運動の展開

アルジェリアにおけるベルベルは、独立後の国家統合の中で政府が掲げてきた「アラブ＝イスラーム」という国家イデオロギーの下、「アラブ」に融合したものとしてアルジェリアの国民言説に吸収されていった(2)。

アルジェリアの国民統合の過程におけるベルベルの位置づけと問題を、宮治は、政治的、経済的、文化的位置づけに分けて概観している(3)が、ベルベルが民族性を訴える手段として用いてきた文化的位置づけについて本節では注目する。

ベルベルに対する政府の抑圧は、１９７０年代の「文化革命」に始まる。１９７６年の国民憲章でも掲げられた、「アルジェリア国民はアラブ民族であり、ムスリムである」（国民憲章１０９項）という条項と併せて、行政、情報、日常生活においてアラビア語化を完成させようとする急速なアラビア語化政策が行われた[4]。教育の分野においても、ブーメディエン大統領（在任期間：１９６５～１９７９年）の時代から、アラビア語化政策が強化された。ブーメディエンの後任、シャーズィリー大統領（在任期間：１９７９～１９９２年）も、この路線を継承する。１９７６年のオルドナンス（政令）の第2条では、「教育システムは、アラブ＝イスラームと社会主義の価値の範囲内で、以下の任務にあたる」として、アラブ＝イスラームの価値観のもと、教育を発展させていくことが明言された。１９７９年には、高等教育課程における人文社会系と初等教育でのアラビア語が決定された。

このアラビア語化政策と同時並行で行われた、ベルベル語に対する政府の行動が文化的抑圧と捉えられた。高等教育課程における文学講座の廃止、ラジオ放送枠の削減、出版物の差し止めなどである。独立という一つの吸引力を持った目的が達成された後、国家建設の過程において、政府がベルベル文化に否定的な態度をとったことは、これを自らの固有の文化とする人々にとって、その存続の危機感を持たせるものとなった。

アルジェリアでは、政府からの文化的抑圧に対し、カビル地域を主として文化運動が起こった。１９６２年の独立以後、アルジェリア社会ではじめて起きた大規模な文化運動が、１９８０年の「ベルベルの春」（タフスト・イマスィゲン）と呼ばれる事件である。

(1) 1980年「ベルベルの春」

アラビア語化政策が強力に推進されていた状況の中で起きたこの事件以降、１９８０年代、１９９０年代を通して、ベルベルの文化運動が活発になっていくのであるが、以下では、転機となった事件の展開について追っていきたい。

直接の契機となったのは、１９８０年3月にティジウズ大学で行われる予定であったムールード・ムアムリー[5]のベルベルの詩に関する講演会が、「公共の秩序を乱すもの」として警察に中止させられたことである。これに対し、学生らがストライキを宣言し、文化を自由に表現する権利を主張し、抗議デモを行った。ティジウズ大学では、教員や学生らが政府へと公開書簡を送り、ベルベル文化・言語を発展させる権利とベルベル語を国の言語として認めることを要求し、文化権と学問の自由について申し入れが行われた。

4月7日には、ティジウズだけでなく、アルジェやフランスのパリにおいてもアルジェリア政府に反対するデモが開催された。政府当局は、「アルジェのデモは、国民統合を妨げようとするフランスのハルキ(6)と帝国主義勢力に操られているものである」と表明した。4月14日、15日にかけて、高等教育相ブレルヒがティジウズで、学生たちとの話し合いに応じるが、具体的な解決策は打ち出されなかった。学生や教員など大学を中心として始まった抗議活動は、高校、病院、労働者へとその範囲を拡大し、デモやストライキがカビル地域全体へと波及していった。4月16日には、全カビル地域でゼネストが決行されたが、翌17日には、シャーズィリー大統領が、「国民統合を危機にさらすような試みは、あらゆる手段を講じて打ち砕く」と宣言し、大学に対しても授業を再開するよう命じた。17日に、大統領は重ねて、下記のように述べている。「われわれは、望むが望まないが、アラブである。アラブ＝イスラームの文明に属し、『アルジェリア人』は、これ以外のほかのアイデンティティはもたないのである」と明言した［El moujahid 19/04/1980］。ストライキは20日まで続けられ、ストライキに入っていた大学と病院を、警察が解放させたことによって収束したが、学生と衝突し、負傷者を出す結果となった。

アルジェリア国内でのベルベル文化運動として、1980年の事件を取り上げたが、国外の活動にも言及したい。これらはベルベル危機後に、ベルベルエリートが文化活動を続けていく足場となった。1954年、ベルベル語の発展を目的とした文化アソシエーション、Tiwizi i Tamazight がパリで結成された。この団体は11月に始まる独立戦争にメンバーが合流するため、自然に解散する。独立後の1966年には歴史研究と言語・文化普及を目的として、文化団体ABERCが同じくパリで創設される。これは、急進的でアルジェリア政府に対し攻撃的な態度であったため、オーレスやカビルにおいて若者の意識を喚起したが、知識人は距離をおくようになっていったとされている

[Guenoun 1999: 29-30]。同団体は1969年に Agraw Imazighen と名を変え、雑誌 Imazighen の発行などの活動を展開した。

（2）問題の所在

以上が「ベルベルの春」と呼ばれた事件の経過であるが、この運動はアラブ以外の文化と出自を持つ者として権利を公の場で主張したものであり、「民族問題」としてのベルベルをアルジェリア社会に出現させた大きな転機であるともいえる。

この文化運動とベルベル語をめぐる問題を整理すれば、①民族の固有性の主張、②国家イデオロギーをめぐる対立、③政治的対立、④社会的不満に対する異議申し立て、と分類することができる。

まず、①ベルベルという民族の固有性を国家に承認させること。これは、ベルベル運動の第一義的な目的であり、自己の存在を獲得する運動と直結する。固有の文化を保持することを保証される文化権の保持と国家による承認は、すなわち自らの存在意義の証明となる。ベルベル言語学の研究者であるサレム・シャケールは、ベルベル問題について、以下のように主張している。「ベルベロフォン（ベルベル語話者）にとって、ベルベル問題は、『自分たちが存在するか、存在しないか』の問題である。（中略）すなわち、我々は、アルジェリア人ではあるが、アラブではない。我々の言葉はベルベル語であり、我々の文化と固有のアイデンティティを守ることを望む」[Le monde 11/07/1980]。

1980年に見られる主張は、アルジェリア国家が提示してきた単一的なイデオロギーとの対立であり つつも、分離主義的なものではなく、アルジェリアの文化、社会への参加を問題にしており [Roberts 1980: 120]、アルジェリア国家の統一と連帯の枠組みの中で、文化的・政治的多様性を求めるものである。ベルベルの文化運動は、「ベルベル」という民族を、多様性を担う主体としてアルジェリアで顕在化させた。

アルジェリアの複数性をめぐる問題は、②と③のアルジェリアの国家イデオロギーをめぐる対立と、政治的対立の問題へと繋がっている。

②の国家イデオロギーとの対立であるが、これは独立時に国家が掲げたアルジェリア国民の出自としての「アラブ民族」という言説と対立するものである。これの下地は、１９４９年のベルベルの危機の時にすでにみられるものであるが、アルジェリアというネイションの概念をめぐる対立である。

ネイションの中に、複数の要素を認め、その権利を保障するという民主主義の主張は、カビルを支持基盤とするＲＣＤ、ＦＦＳの主張と結びつく(7)。これらの政党は、ベルベル運動の振興を綱領に含めている［Maddy-Weitzman 2011: 79］。彼らにとっては、ベルベル語がアラビア語と同等の地位を獲得するかどうかは、彼らが構想するアルジェリアの民主主義の問題へと発展していく。これは、特定の宗教や文化と国家とを分離して構想するライシテを基盤としており、フランス的価値との結びつきを想起させる［渡辺 2002: 278］。ベルベルの文化運動からみた③の政治的対立とは、政治体制の問題に植民地主義的言説が重なったものといえるであろう。

１９８０年の「ベルベルの春」事件では文化運動が盛り上がりを見せた。結果として、１９８０年の時点では運動そのものは警察の武力によって鎮圧された形となったが、これを契機にベルベル語の出版物や音楽が増加したことに鑑みれば、文化運動の目的として一定の成果は得られたことになる。

④社会的不満の問題であるが、ベルベル問題の背景にある問題として指摘されるのが、この社会的不満（ホグラ）［Lacoste-Dujardin 2001: 83］である。これは、国民に対する権力の態度であり、公然たる権利の侵害や官公庁の不公正などを指す［私市編著 2009: 148］。これはカビル地域に限ったものではないがホグラに対する不満も、１９８０年の運動がカビル地域全体に及び、かつエリートから労働者までを巻き込んだ理由のひとつであると考えられる。１９８８年10月に同じくカビルで起きた暴動のスローガン、２００１年、ティジウズの高校生が警官に射殺されたことから始まったカビル地域体制との衝突である「黒い春」事件の背景にもある問題として指摘できる。現在のベルベル問題は、１９８０年の「ベルベルの春」事件を発露とする「ベルベル」の民族問題として広がりを見せるとともに、国内の社会的不満を吸収しつつ、その要求内容自体も重層性を帯びているといえる。

１９８０年以降の流れについてもふれておく。「ベルベルの春」以後も政府のアラビア語化を推進する態度は変わらなかった。

１９８８年に起こった民主化の流れの中で、アルジェリア政府は、大学におけるベルベル語の講座の再開を認め、１９９５年にアマズィグ性高等委員会を設立した。この団体は、ベルベルの文化と言語の研究を主たる目的としてつくられた。１９９６年にはベルベル地域にベルベル語教育が認められるようになった。２００２年の憲法改正でも、国語の地位を獲得し、教育制度改革の中でも、改革案の資料第2部3項「言語政策」において、「タマズィグト[(8)]は、アルジェリア人全体の共通の遺産である。それは、歴史的深さを持ち、現代のアルジェリア、マグリブの現実に根を下ろしている。これらのことから、タマズィグトは、母語の一つであり、現在の国の言語的状況の一部であり、国の基礎となる文明と文化的現実の一部であり、ナショナルアイデンティティの重要な一部である」として、現在のアルジェリアにおけるベルベル語の位置づけを明記しており、教育改革委員会の見解の中では、ベルベルがナショナルアイデンティティの一部として認められている。アマズィグ性高等委員会は、この教育改革に参加している。

Ⅳ　おわりに

2カ月余りで収束した「ベルベルの春」事件は、80年の時点でベルベル語の地位向上にすぐに効果をもたらしたとは言いがたい。しかし、植民地時代の記憶と容易に結び付けられてきたベルベルという民族にとって、単一的なアイデンティティを標榜してきた独立後のアルジェリア国家の中で、その固有性を顕在化させた事例となった。それは、植民地主義的な言説において創造され、独立後のポストコロニアル的な状況において周縁化されたベルベルの帰結であろう。

しかし、これらの文化的アイデンティティをめぐる大規模な運動や民族をめぐる問題が政治的な問題に発展したのは、カビル地域のみである。１９８０年における「ベルベルの春」前後でも、他のベルベル地域で大規模な運動を誘引したわけではない。この点において、カビル地域を基盤として主張された「ベルベル」文化が、他地域のベルベルとの同一性を志向していたとは言いがたい。こういったことから、アルジェリアにおけるベルベル問題は、カビル地域とほぼ同義として捉えられ、国家とカビル地域の競合関係に焦点があたり、一地域的な問題へと還元されやすい。

一方で、「ベルベルの春」以後、多少の時間の開きはあるが、１９９７年には世界アマズィグ会議がカナリヤ諸島で開かれたのをはじめ、フランス、スペイン、カナダ（ケベック）などで現地在住のベルベル人によるアソシアシオンが設立されている［石原 2012: 28］。これらの動きは、「ベルベル」が一地域的な問題だけではなく、言語によって分類されているものと捉えられているにせよ、通地域的な要素を含んだものとして新たな公共性を得ているという見方ができよう。

それは、齋藤が指摘するように、必ずしもベルベル語圏に住む人々全体を巻き込んだものになるとは限らない［齋藤 2006: 92］。一部の近代的知識人によって展開されてきたという批判を免れえないものでもある。しかし、ベルベルが一地域を越えて意識を共有していく現象と、エリートらによって表象される「ベルベル」とその定義については、詳細な検討が行われていない部分でもある。これと併せ、本章では取り上げなかったが、アルジェリア政府の組織として創設されたアマズィグ高等委員会の活動なども含め、「ベルベル」という民族の表象と言説を検討していくことを今後の課題としたい。

【注】

（1）植民地期の１９４６年に、独立推進派のメッサーリ・ハッジらＰＰＡ（アルジェリア人民党）によって創設された政党。

（2）アルジェリアの国民国家の言説形成については、以下の文献に詳しい。McDougall. 2006. *History and the culture of nationalism in Algeria*, Cambridge University Press.

（3）［宮治美江子1995: 13-15］。なお、政治的位置づけについては、民族的出自よりも個人的志向が重視されており、「ベルベル」という出自そのものや民族性が問題にはなっていないとする。経済的には、ベルベル出身の官僚の占める割合が多かったが、ベルベル全体が他と比べてとりわけ富裕層に占める割合が多いわけではない。

（4）アラビア語化政策とは、独立以後も依然として政治、経済、学問で優勢だったフランス語に対し、文化的脱植民地を目指した政府が、出版、教育、情報などのあらゆる分野でアラビア語の使用を推進した一連の政策のことである。

（5）ムールード・ムアムリー（Mouloud Mammeri、１９１７～１９８９）。カビル地方出身の小説家、劇作家、人類学者。カビル地方に生まれ、モロッコでフランス系リセに入学。その後渡仏し、リセ・ルイルグランに入学。第二次世界大戦従軍後、フランスにて文学教授の資格を取得し、アルジェリアに帰国。独立後は、アルジェ大学で教職についている。特に、カビル地域の口承詩を記録し、フランス語に翻訳することに力を注いだ。現代ベルベル語の整備やベルベル研究の発展に貢献した。１９８５年創刊のベルベル研究雑誌『ＡＷＡＬ』の創刊者でもある。１９８９年2月26日、アルジェリアのアイン・デフラで事故死した。これについては、体制側に殺害されたとされる説も根強く残っている。

（6）独立戦争時、フランス側について戦ったアルジェリア人兵士のこと。独立直後、ＦＬＮの指揮のもと、虐殺が行われた（その数は、少なくて1万から2万、多い数字では7万から14万と言われているが、正確な数はわかっていない）。また、フランスへは10万人ほどが亡命したと見積もられている。

（7）ＦＦＳ、ＲＣＤともにカビル地方を支持基盤とする政党。それぞれの党首は、ライシテに基づく民主主義を標榜する。

（8）ここでは、ベルベル語のこと。

◉参考文献

アージュロン、シャルル＝ロベール　２００２『アルジェリア近現代史』私市正年・中島節子訳、白水社。
石原忠佳　２０１２「北アフリカ史の中のベルベル語――言語的側面からの検証１」『創価人間学論集』5、21～37頁。
内堀基光　１９９７「民族の意味論」『岩波講座文化人類学　第5巻　民族の生成と論理』岩波書店、1～28頁。
――――　１９８９「民族論メモランダム」田辺繁治編著『人類学的認識の冒険――イデオロギーとプラクティス』同文舘出版、27～43頁。
工藤晶人　２０１３『地中海帝国の片影――19世紀アルジェリアの光と影』東京大学出版会。
私市正年編著　２００９『アルジェリアを知るための62章』明石書店。

齋藤剛　2006「〈先住民〉としてのベルベル人？――モロッコ、西サハラ、モーリタニアのベルベル人とベルベル文化運動の展開」綾部恒雄監修、堀内正樹・松井健編『講座世界の先住民族　04中東』明石書店、59～97頁。

酒井啓子編　1993『国家・部族・アイデンティティ――アラブ社会の国民形成』アジア経済研究所。

ストラ、バンジャマン　2011『アルジェリアの歴史――フランス植民地支配・独立戦争・脱植民地化』小山田紀子・渡辺司訳、明石書店。

平野千果子　2002『フランス植民地主義の歴史』人文書院。

宮治一雄　1978『アフリカ現代史Ⅴ　北アフリカ』山川出版社。

宮治美江子　1985「タフスト・イマジゲン（ベルベルの春）？――アルジェリアのベルベル人問題」綾部恒雄編『文化人類学2：特集＝民族とエスニシティ』アカデミア出版会、166～180頁。

――――　1995「ベルベル文化という鏡」『現代思想』23、209～223頁。

渡辺伸　2002『アルジェリア危機の10年』文芸社。

Ageron, Charles-Robert. 1991. *La décolonisation française*（フランスの非植民地化）, Paris, A.

Aissani, Djamil. 2010. «Evolution de la mouvance berbère au sein de mouvement associatif en Algérie»（アルジェリアにおけるアソシエーション活動の中でのベルベルの勢力の進展）, *Les Amasighs aujourd'hui, la culture berbère* (Yacine, Tassadi et al.), Imed, Paris.

Aït Kaki, Maxime. 2004. *De la berbère au dilemme kabyle a l'aube du XXI siècle*（ベルベルから21世紀初頭のカビルのジレンマまで）, L'Harmattan, Paris.

Bourdieu, Pierre.1958. *Sociologie de l'Algerie*（アルジェリアの社会学）, Presses Universitaires de France.

Brett, Michael; Fentress, Elizabeth. 1996. *The Berbers*, Blackwell.

Camps,Gabriel.1980. *Les Berbèrs : mémoires et identiié*（ベルベル：その記憶とアイデンティティ）, Errance, Paris.

Camps, Gabriel et al.1984. *Encyclopedie Berber (tome1)*（ベルベル百科事典第一巻）, Aix-en-Province, Edisud.

Chaker, Salem.1993. « La question berbère dans l'Algérie indépendante: la fracture inevitable? »（独立アルジェリアにおけるベルベル問題：避けられない断絶？）, L'Algérie incertaine, Aix-en-Province.

――――. 1998a. *Berbers Aujourd'hui*（現代のベルベル）, Paris, L'Harmattan.

――――. 1998b. « La langue berbère dans le champ politique magrebin, le cas aglgerien : rupture pu continuite ? »（マグリブの政治的領域におけるベルベル語：アルジェリアの事例：断絶は続くのか？）, Langues et Pouvoir, De l'Afrique du Nord a l'Extreme orient :25-40, Aix-en-Provence.

Foudil Cheriguen. 1987. « Barbaros ou Amazigh. Ethnonymes et histoire politique en Afrique du Nord »（バルバロスあるいはアマズィグ、北アフリカにおける民族名と政治史）, Mots, Volume 15(1) :7–22.

Gellner, Ernest ed. 1972. *Arabs and Berbers : From Tribe to Nation in North Africa,* London.

Goodman, Jane E. 2005, *Berber Culture on the World Stage: From Village to Viedeo*, Indiana University Press, USA.

Guenoun, Ali. 1999. Chronologie du movement Berbere 1945-1990 : un combat des hommes（1945-1990年のベルベル運動の年代記：男たちのたたかい）, Casbah Editions, Alger.

Ilikoud, Ouali. 1999. «Le printemps berere et octobre 88»（ベルベルの春と88年10月）, Emutes et mouvement sociaux Maghreb(Didier le Saout and Marguerite Rollande) :137-146.

Julien, Charles-Andre. 1980. Histore de l･ afrique du nord（北アフリカの歴史）, Payot, Paris.

Kaddache, Mahfoud. 2003. *L'Algérie des Algériens*（アルジェリア人のアルジェリア）, Paris-Méditerranée.

Lacoste-Dujardin, Camille, 2001. «Géographie culturelle et géopolitique en Kabylie:La révolte de la jeunesse kabyle pour une Algérie démocratique»（カビリーにおける文化的地政学的地図：民主主義のアルジェリアのためのカビルの若者たちの反乱）, Hérodote, no103 :57-91.

――――. 2006. «Un effet du «postcolonial» : le renouveau de la culture kabyle - De la mise a profit de contradictions coloniales»（「ポストコロニアル」の努力：カビリーの文化の刷新と、植民地的矛盾の利用）, Hérodote , no120 :96-117.

Maddy-Weitzman, Bruce. 2011. *The Berber Identity Mouvement and the Challenge to North African States,* University of Texas Press.

McDougall, James, 2003. "Myth and Counter-Myth: "The Berber" As National Signifier in Algeria Historiographies", *Radical History Review*, Issue 86:66-88.

――――. 2006. *History and the culture of nationalism in Algeria*, Cambridge University Press.

Mehenni, Ferhat, 2004. *Algérie :la question kabyle*（アルジェリア：カビリー問題）, Paris, Editions Michalon.

Roberts, Hugh. 1980. "Towards an Understanding of the Kabyle Question in Contemporary Algeria," *Maghreb Review* 5, nos. 5-6.

Saïda Rahal-Sidhoum. 2001. «Berbères, berbérophonie,berbérité et algérianité»（ベルベル人、ベルベル語圏、ベルベル性、アルジェリア性）, Confluences Méditerranée :95 -102.

Salhi, Mohammed Brahim. 2009. *Algréie, Citoyenneté et Identité*（アルジェリア、市民権、アイデンティティ）, Editions Achab, Tizi-Ouzou,

2009.

Silverstein, Paul. 2002. “The Kabyle Myth: Colonization and the production of Ethinicity, From Margins”, *Historical Anthoropology and its Futures* :122-135.

Tilleli, Emma. 2003. «Le mouvement citoyen de Kabylie»（カビリーの市民運動）, Pouvoir No106 :149-162.

〈公文書〉

Ordonnance du 16 avril 1976 portant organisation de l’éducation et de la formation（教育の組織に適用する１９７６年４月16日のオルドナンス）

La Commision nationale de la réforme du système educatif, Rapport general de la Commission Nationale de la Réforme du système éducatif, Mars 2001（教育システム改革の国家委員会のレポート）

〈新聞〉

El moujahid　19/04/1980

Le monde　11/07/1980

第Ⅱ部

逆なでに読むナショナリズム形成史

第5章 ザーウィヤ・アル＝ハーミルの青年たちと“*al-Rūḥ*”紙
——アルジェリア・ナショナリズム運動の再考

私市　正年

Ⅰ　はじめに

アルジェリアのブーサーダ市の郊外、ハーミルにあるザーウィヤ・アル＝ハーミル[1]（Zāwiya al-Hāmil）は、1279［西暦1862］年、ラフマーニー教団員であったMuhammad b. Abī Qāsimによって建設が開始され、1年後の1280年ムハッラム月初日［1863年6月18日］、完成をみた。このザーウィヤは、創設以後、フランス植民地期を通じて途絶えることなく、地域のアラブ・イスラーム教育の拠点であり続けた。

新聞（Al-Jarīda）*al-Rūḥ*（以下、注、文献引用の際はRと略記する）は、このザーウィヤで学び、中・高等教育レベルを修了した青年たちが中心となって、地下新聞として発行された。本紙の刊行メンバーの一人であったal-Khalīl Qāsimīが、独立後、書き残した回想録*Mudhakkirāt*（mémoires）[2]からは、*al-Rūḥ*紙は、強いアラブ・イスラーム意識に覚醒したザーウィヤの青年たちが、祖国愛と独立を志向する目的をもって刊行された、きわめて政治的な性格の新聞であることがわかる。

アルジェリアのナショナリズム運動や独立運動の研究は、フランス植民地政府が作成した諸資料、政党の機関誌、政治家たちの書簡、ウラマー協会の機関誌や学者・知識人たちの著作などを史料として行われてきた。これらの史料と比べて、*al-Rūḥ* 紙は、無名のアルジェリア人民衆の声を反映したきわめて稀な史料と言える。本紙の分析によって、アルジェリア人民衆が、植民地支配をどう考えていたのか、ナショナリズム運動や独立運動に対しどのように向き合おうとしていたのか、といった従来、ほとんど知られていなかった歴史の一面が明らかにされる。その事実はアルジェリアのナショナリズム運動や独立運動の研究に再考を促すものである。

Ⅱ　*al-Rūḥ* 紙の刊行・配布の概要および所在について

新聞は、第2号までは、*al-Muḥāfaẓa* という名称であったが、第3号からは、*al-Rūḥ* と名称変更された。各号が4ページから成っている。新聞のテキストは回想録の著者 al-Khalīl Qāsimī の息子、Foued Kacimi 氏の個人所有である。第2号の刊行は、H．１３６７年ジュマーダーⅡ月26日［１９４８年5月6日］、木曜日である。その後、毎週木曜日に発行され、最終の第10号は、H．１３６７年シャアバーン月24日［１９４８年7月2日］、木曜日に発行された。創刊号は未発見である。また第10号で廃刊になった理由は明らかではないが、植民地支配を批判したり、武装独立闘争を志向したりする内容が、ザーウィヤのシャイフたちや親たちから危険視され、[3] 彼らから刊行の中止を求める圧力がかかったのではないかと考えられる。

印刷方法は、印刷機械を使わず、ペンによる手書きで同じ号を複数（おそらく5種類程度。注5を参照）発行し、それを仲間内で回し読みする方法をとった。刊行者は、al-Shabāb al-Qāsimī（La jeunesse qasimie カースィミー家の青年）という名の非合法の協会（Jamʿīya ; Association）である。わかっている執筆者は13人で、写字生の ʿAbd al-Ṣamad 以外の12

人が、ザーウィヤ・アル＝ハーミルの創設者であり、所有者であるカースィミー家の者である。

この集団の年齢は、18歳くらいから、23歳くらいであった[4]。執筆者は、一人（Abū al-Qāsim）を除いて、皆がペンネーム（匿名）を使って執筆していた。ペンネームの使用は、当時の政治状況からすると、その内容は、植民地支配に対する激しい批判であり、執筆者の名前を公然と明らかにすることは危険である、と考えたためと思われる。読者数は、はっきりしないが、ザーウィヤの生徒や青年たち200人くらいであったと考えられる[5]。

Ⅲ　*al-Rūḥ* 紙の内容と性格

本紙は、完全に地下新聞であり、仲間内だけで読まれた新聞であった[6]。それは、何よりも内容が、植民地支配に対する強い批判と独立を主張していたため、危険だったからである。

内容は、1945年5月8日に起こった、いわゆる「5月8日[7]（*Dhikrā Māy*）」の出来事に関するものが多く（論稿数10）、それを叙述する中で、植民地支配の悲惨さと植民地支配に対する批判、独立の主張などが語られている。また詩や物語も多いが、それらもしばしば政治的内容（植民地支配の批判やアラブ民族主義の主張など）を含んでいる[8]。また、パレスチナ問題に関する記事は「5月8日」事件よりも多いが（論稿数11）、短いニュースが多い。しかし、記事数の多さから当時のアルジェリア人青年たちのアラブ意識の覚醒が窺える。その他、ブーサーダで行われたサッカーの試合結果や自動車事故などのローカルな記事もみられる。

(1) 愛国、ナショナリズムに関する記述

「幸福の市場でだまされたアラブ人（アルジェリア人のこと）の決算は、おー、なんと大損失であったことか！　彼は、自らの言葉（lugha アラビア語）を喪失し、それから、自らの民族性（jinsīya）を喪失し、それから自らの祖国

（waṭan）を喪失し、それから自らへの誇り（ghayra）を喪失した。それから、不正の足（フランスたち）はアラブ人を蹴り続けたため、ついにアラブ人の情熱は、風の流れの中に消え入り、またアラブ人の感情と感覚は、盲目の無知の風とともに消え去っていった。そして彼は、喪失と引き換えに、貧困を手にした」［R-vol.3, "Dhikrā Māy".］。

「災難に苦しむアルジェリアは、自らの過去の苦しみの遺産（aṭlāl）に涙を流さねばならない。アルジェリアは、自らを守った知識に光をあてなければならない。アルジェリアは、その歩みにおいて、アルジェリアの子供たちがはたしたことを称賛しなければならない。アルジェリアは、もう、苦痛に耐えて、目をつむってはならない。アルジェリアは、小難を逃れようとして、大難にあってはいけない。アルジェリアは、アルジェリアの敬虔な人たちを、アルジェリアの自由な殉教者たちを、アルジェリアを支援する同盟者たちを、娯楽へと向けてはならない。アルジェリアの子供たちは、そういう方向ではなく、偉大な先人たちがアラブ性（ʿurūba）とイスラームの防衛者であったように、そうした偉大な人たちと同じ性格を形作らなければならない。我々にとって、偉大な先人たちは、実にすばらしい模範である。彼らの歌は、実に、毎日、毎年、こだまのように我々に語りかける」［R-vol.3, "Dhikrā Māy".］

ザーウィヤでは、アラビア語とイスラームが教育の基本であった。そのような教育を受けていたザーウィヤの青年たちは、植民地支配下で制限されたアラビア語教育とイスラーム信仰の復興が、アルジェリア人のアイデンティティの覚醒にとって不可欠であることを次第に確信していったと考えられる。al-Khalīl Qāsimī の回想録でも、「防衛のアソシエーション（Jamʿīya al-Muḥāfaẓa/ L'Association de la défense）」には、ザーウィヤの青年たちの全員が参加した。その基本原則は、アラブ文化とイスラーム法の理解と普及に努めること、アルジェリアにおける、アラブと祖国の諸問題の解決に努めることであった。「アソシエーション」は、その後、al-Shabāb al-Qāsimī の団結を保証し、〝ムスリム・アラブのアルジェリア（al-Jazāʾir al-ʿArabīya al-Muslima）〟の解放と独立のスローガンの下に、al-Shabāb の意志を統一した[9]」と述べられているように、アラブ性とイスラームを土台とするアルジェリア・ナショナリズムが主張されている。

（2）*Dhikrā Māy* と植民地支配に対する批判

「5月8日（*Dhikrā Māy*）」は、ザーウィヤの青年たちにとって衝撃的事件であり、彼らの、植民地支配に対する認識に決定的影響を与えた。*al-Rūh* 紙の執筆者たちの中には、「5月8日」に参加した者もあり、この事件を契機に、彼らの植民地支配に対する考え方は、もはや抑制しがたい程の反感と敵意に満ちたものになった。そのため、「5月8日」は、本紙の中心的課題である。

「5月8日」に参加した一人、回想録の著者 al-Khalīl Qāsimī は次のように述べている。

「私は1945年5月8日闘争に参加した。そして al-Mansura で、Yashir, al-Biban, Bu Aririj で蜂起に参加する青年たちと一緒になった。（闘争が終わり、私がブーサーダに戻るとき）反乱に参加した仲間たちは、私に、別れの挨拶をした。さて、彼らは、自ら武器を携帯しつつ、戦闘の隊列に加わった。この重要な歴史的戦闘において、私は彼らと出会ったのである。祖国愛の松明と燃える反乱への愛が、最初の火をともした。そこで、私たちは、棒を持って、森の中を進んだ。小さな棒は、私たちに、破壊力のある銃器をイメージさせた。私たちは、この行進中に、祖国の国歌を歌い、もし、フランス植民地軍の一団と遭遇したら、持っている棒で憎き敵の顔を打ちのめしてやる、と思いながら行進した[10]」。

彼らの認識では、「5月8日」は、別の意味でも重要であった。すなわち、「5月8日」の戦いは、祖国アルジェリアのために戦われた、初めてのジハードである、との位置づけがなされている。つまり、「5月8日」において、初めて、ジハードと、祖国の解放という考えが結びついたのである。

「アルジェリアは、その日（5月8日）以前にも、たしかにジハードの戦士であった。しかしながら、これまでのジハードは、アルジェリアのジハードのために、犠牲者も殉教者も出さなかった。（アルジェリアのために）犠牲者を出さなかったジハードは、欠落したジハードとみなされる。これまでのジハードは、アラブの子供たちによる、敬愛すべきアラブの子供たちの祖国（waṭan）のための戦いではなかった」[R-vol.7, "Māy"]。

したがって、この著者は、「5月8日」とは、悲しみの日ではなく、殉教（istishhād）と解放（taḥrīr）の始まりの日であった［R-vol.7, “Māy”］、と述べているが、この解放とは祖国と民族の解放を意味するのであろう。

「5月8日」事件はアルジェリア人に、未曽有の破壊と災難をもたらした。アルジェリア人は、この事件を契機に植民地支配に対する反感と敵意を強め、さらにそれに対する「復讐」を抱き始めた。それは、神アッラーに祈願する形であったり［R-vol.7, “Māy”］、「彼ら（恵みを与えられた人々）は、私たちが、あなたがた（5月8日の殉教者たち）のために復讐をする者である、ことを知っている」というように『コーラン』を引き合いに出して復讐の意志を示したり［R-vol.3, “Dhikrā Māy”］、「アラブ人は、人を嫌ったら、ラクダ（が嫌った相手を必ず復讐するように）のように復讐するだろう」［R-vol.5, “Dhikrā Māy”］というように強い意志だったりする。

「5月8日」の戦いは、植民地支配下で「侵された神聖さ（ḥaram）、不法に奪われたアルジェリア人の尊厳（karāma）、傷けられた名誉（ʻirḍ）、奪われた民族性（jinsīya）」［R-vol.6, “Dhikrā Māy”］を取り戻すための戦いであった。これらの観念は、アルジェリア人にとって、守るべき尊厳と「固有の権利（ḥawza）」として認識されていた［R-vol.6, “Dhikrā Māy”］。飢えで亡くなった母親（アルジェリア民族を象徴的に示している）について、父から「お前が、もし、一緒だったら、何をしたのか」と問われた息子が、「もちろん、私は母親の『固有の権利（ḥawza）』を守る義務を果たしたでしょう」と答えているが［R-vol.9, “Insānīya al-jandarma（憲兵隊 gendarme のヒューマニズム）”］、この場合の固有の権利も同様の意味で解釈されよう。飢えというのは、植民地支配の抑圧的状況をさしている。

⑶　植民地支配に対する批判と敵対

al-Rūḥ 紙の中には、植民支配の非人間性の描写とそれに対する批判や敵対の意図がいたるところに見られる。

植民地支配に素直に従わないアルジェリア人は、動物のように、前から後ろから蹴り続けられ、感覚も感情も、消え去るほど手荒く懲らしめられる［R-vol.9, “Insānīya al-jandarma（憲兵隊 gendarme のヒューマニズム）”］。*Rūḥ* 紙の青年たちは、このように植民地支配下で抑圧と貧困と飢えで苦しむアルジェリア人の悲惨な生活を描き出し、さらにそれを放置する植民地政府を非難する［R-vol.8, “Dhikrīyāt al-jazāʼir（アルジェの思い出）”］。

彼らは、このような植民地支配の表に見える姿だけでなく、植民地支配の本質にかかわる問題をも糾弾する。それは、フランス植民地支配者が掲げる民主主義やヒューマニズムや自由・平等などのイデオロギーの中に隠された欺瞞性に対する非難と告発である。

「最悪の民族の民主主義（dīmuqrāṭīya）が彼ら（アルジェリア人）を殺したのである。そして、その民主主義は、罪のない人たちから、彼らの権利を奪い取っているのであり、彼らの血を無益に流させているのであり、彼らから、彼らの土地を不法に、敵意をもって奪い取っているのである。フランス――アッラーよ、フランスを殺してください――は、アルジェリア人の邸宅とアルジェリア人の庭園で、心地よく暮らしている。アルジェリア人たちは、砂漠で道に迷い、食べ物を求めてさまよい歩くが、見つからず、ほとんど息もたえだえで、みずからの陰部も隠さないほどである。かれらの子供たちは、もしあなたの主が慈悲を与えなければ、空腹と喉の渇きで死んでしまうでしょう。このように、強者の支配は、弱さの亡霊（ashbāḥ）に悪事をはたらいているのである。みじめな生活を強いられた人々は、民主主義と平等（の思想）のカーテンの裏で、このように扱われているのである」[R-vol.3, “Dhikrā Māy”]。

「そうした全て（専制主義や植民地支配による殉教者たちの血の記録や、敵対と抑圧による検閲など）が、（フランスが誇る）民主主義とヒューマニズムから生まれてくるのであり、（フランスが誇る）文明と個人主義から出てくる声なのである」[R-vol.3, “Dhikrā Māy”]。

「植民地支配（istiʻmār）は、ヒューマニズム（insānīya）に反する程度が、（超えてはならない）限度（ḥudūd）を超えていなかったであろうか？　すなわち、ここでは、植民地支配は、人間の聖域のなかの一つの聖域（ḥurma）と、自然法（qawānīn al-ṭabīʻa）のなかの一つの法（qānūn）を尊重してきただろうか？　植民地支配は、聖域と自然法の二つの土台と骨格を破壊しなかったであろうか？」[R-vol.9, “Insānīya al-jandarma（憲兵隊 gendarme のヒューマニズム）”]。

ザーウィヤの青年たちは、フランス植民地政府が掲げるイデオロギーが、いかに欺瞞に満ちたものかを見抜いていた。彼らは、民主主義やヒューマニズムが、また自由・平等のイデオロギーが、本質的に植民地支配の原理とは矛盾することに気づいていた。とすれば、その先は、植民地支配からの解放の道につながるのはきわめて自然である。

それ故、彼らは言う。「本当の意味も知られていないヒューマニズムなど滅んでしまえ！」と。［R-vol.3, “Dhikrā Māy”］。

（4）植民地支配に対するアルジェリア人の態度を批判

彼らの批判の矛先はアルジェリア人にも向かう。

「彼（敵）は、私の人生をだまし、あなたをもだましているのです。あなたは、彼の輝きに目を奪われ、あなた自身を危険にさらしているのです。あなたは、彼の甘美さに思い違いをしているのです。彼は、彼の優しさであなたの心をしっかりと捕らえてしまったので、あなたは彼を信頼し、彼に安心感を抱くほどまでになっているのです。

これが、植民地主義者（musta‘mir）が占領の準備段階で先ず、やるやり方なのです。しかし、それを過ぎると、植民地主義者の欲望が頭をもたげ、彼は、激しい欲望の故にそれを満たすために、（征服地の）首根っこを攻撃するのです。そして彼は欲望を満たすや否や、ヒューマニズム（insānīya）と人間的意識（al-wa‘y al-basharī）を失うのです。

我々は、あなたを取り巻く状況、それは、あなたが（植民地支配を）歓迎し、そこから利益を得ようとしたことから生じたことである、と判断をする。そしてあなたを破壊した原因、それは、あなたが犯したこと（フランス植民地支配を許してしまったこと）にある、と判断をする。

あなたの花が笑っている間に、敵は、あなたをだまそうとして、笑いもしないで、あなたの背後で横になっているのです。あなたへの抑圧は冗談ではないのに、あなたの怒りは冗談を言っているのです[11]」。

この史料からは、植民地支配の狡猾さを見破れなかったアルジェリア人、そして植民地支配が確立した後は、それを信頼したり、迎合したり、またそれに協力して利益を得ようとするアルジェリア人が批判の対象となっていることがわかる。

（5）行動主義と武装蜂起の意志

行動主義の主張が明確に述べられたのが、「行動しない人たちの言い訳とペシミストたち（mutashā'imīn）の裏切り」の論稿である［R-vol.10, "Dharī'a al-mutakāsilīna wa khadī'a al-mutashā'imīna（行動しない人たちの言い訳とペシミストたちの裏切り）"］。

ザーウィヤの青年たちは問いかける。「失敗や失望について、何度、言い訳をすればすむのか。また、いつまで、失敗を繰り返すのか。あなた方は、行動しないことを、いかなる理由で正当化しているのか。あなたがたは、自ら訴えることに、まったく、関与していないのである。あなた方は詐欺師であり、訴えている者、全員が信用に値しない。あなた方は、口先だけで祖国愛（hubb al-waṭan）を主張する。あなた方は、いつも、自分の行動について説明をする。あなた方は、嫌悪されるべきである。なぜなら、歴史が、〝あるウンマ（umma）が、言葉や会話によって、その栄光を取り戻し、完全な頂点に立った〟と、一度でも、我われに語ったことがあるか」［R-vol.10, "Dharī'a al-mutakāsilīna wa khadī'a al-mutashā'imīna（行動しない人たちの言い訳とペシミストたちの裏切り）"］。

「破局がその人を襲っても、破局を感じない者は、人間でもなく、動物でもないのである。失敗する前〔そのような問題に直面する前〕に、あなたの問題の解決を試みなさい。大量の雨も、最初は一滴の滴であることを知りなさい。」［R-vol.10, "Dharī'a al-mutakāsilīna wa khadī'a al-mutashā'imīna（行動しない人たちの言い訳とペシミストたちの裏切り）"］

ここからは現状を静観せず行動に移ることへの呼びかけが読み取れる。その行動が武装闘争であるとは明示されていないが、この呼びかけは植民地支配の現状を打破すべく、アルジェリア人たちにすぐに行動を起こすよう求める主張であることははっきりしている。

彼らは、次の段階として、アルジェリア人に行動に移るよう促す。すなわち、

「我々（殉教者たち）は、我々の死によって、あなた方のために、生活の道を整備した。我々は、あなた方のために、あなた方の未来における窓――その窓から、あなた方の幸福が現実であることが見える――を開いた。また我々は、あなた方のために、我々の体（死体）を重ねて、あなた方にとって必要な高さまでの階段を用意した。さあ、あなた

方は行動を起こすのか?」[R-vol.6, "Dhikrā Māy"]

　これは、文脈上からはアルジェリア人に「決起」を促しているように読める。すなわち、この著者は、「5月8日」の殉教者たちが、決起の準備をしたのであり、それを受けて決起に移るのは、あなた方（アルジェリア人）だと、言っている。

　ザーウィヤの青年たちは、植民地支配者に対し、「復讐」という意識をすでにもっていた[12]。そして、彼らは、その意志を、駱駝がそうであるように復讐をとげるまで忘れない、とも述べている[R-vol.5, "Dhikrā Māy"]。ザーウィヤの教育の土台は、アラビア語とイスラームである。したがって、彼らは強いイスラーム意識をもっていたので、宣教師たちが巧みにキリスト教の伝道活動をすることには警戒心を抱いていた[R-vol.4, "Dhikrā Māy"]。それ故、彼らは、植民地支配者を、異教徒であり、十字軍としても認識していたので、復讐は、異教徒に対するジハードとして実行される。

　こうして、復讐の強い意志とジハード意識とが結合され、彼らは武装闘争を視野に入れるようになった。すなわち「大鎌（minjal）にジハードの名誉を与えよ。太陽が昇る準備（独立闘争）をしているとき、宝庫が閉じられていたこと（独立に必要な要素が奪われていないこと）を喜べ」[R-vol.8, "Insānīya al-jandarma（憲兵隊 gendarme のヒューマニズム）"]。「あなた（植民地支配者）がしたことに対し、ライオン（アルジェリアのこと）から、非難があなたに届くだろう。我々は、もし神が望むならば、幸福の朝が訪れたとき、我々の約束をはたすだろう。ドアをノックし、強く主張する者はみな、ドアから中に入るだろう」[R-vol.5, "Dhikrā Māy"]。ここからは、来るべきとき（幸福の朝が訪れたとき）には、武装反乱の意志（強く主張する者はみな、ドアから中に入る）があることが読み取れる。

　こうした判断を裏付けるものが、*Jamʿīya al-hidāya*（導きの協会：*L'association de guide*）の基本方針の制定をめぐって、メンバーの中に、急進的なアルジェリア解放、破壊的闘いによる祖国建設、村々での抵抗運動などを主張する者があったが、それらが否決されたという事実である。すなわち、「この協会には、様々な内容を有する10を超える基本方針がある。その原案の中には、アルジェリアの解放（taḥrīr al-Jazāʾir）を意図する〝ラディカルな意見に対する反対

（muḥāraba al-ārāʾ al-mutaṭarrif）〟や、その内容が不正な植民地支配の法に敵対しようとする意図をもつ〝破壊的な（戦闘による）祖国建設の原理（という表現）に対する反対〟と、〝村々での我々のレジスタンス（mukāfaḥa）（を行うこと）に反対する意見〟が表明されていた」［R-vol.6, "Jamʿīya al-hidāya（導きの協会：L'association de guide）］。裏を返せば、協会のメンバーの中に、武装闘争によるアルジェリア解放を説く者や、村々でのレジスタンスを主張する者がいた、ということである。

この論稿の著者 al-Muhalhal[13]は、この協会の第5番めの委員会 *Lajna al-ṭalaba al-mukhārrijīn*（卒業生たちの委員会 Le comité des anciens élevés）の創設式での挨拶文（khiṭāb）が、検閲を受け、講演前に修正をされたことも記述している［R-vol.6, "Jamʿīya al-hidāya（導きの協会：L'association de guide）"］。おそらく、検閲は、協会の代表である Sidi Muḥammad al-Makkī やその他のシャイフたちによってなされたと思われる。そして、この論稿の執筆者、al-Muhalhal は、ザーウィヤの長 al-Makkī の息子である。彼が、わざわざ講演の挨拶文が修正されたことや、協会の基本方針をめぐって意見対立があったことを記したのは、シャイフたちの考えや方針に反対の意向をもっていたからと考えられる。おそらく、ザーウィヤの青年たちの急進的な主張に対し、シャイフたち、および彼らの父親たちが反対していたのであろう。ここからは、植民地支配に対する戦いとアルジェリアの独立の方向性や戦術をめぐって、世代間で対立が起こっていたことが窺われる。青年たちの中に、アルジェリア解放のために武装闘争を主張する声があったことは間違いない。

また、ザーウィヤのメンバーの間での世代間の対立があったことや、青年たちが、アルジェリア独立のために急進的考えをもっていたことは、冒頭で言及した al-Khalīl の〝回想録（mémoires）〟からも窺える。すなわち、青年たちが創設した、Jamʿīya al-Muḥāfaẓa は、ムスリム・アラブのアルジェリア（al-Jazāʾir al-ʿArabīya al-Muslima）の解放と独立〟のスローガンを掲げ、崇高なる祖国愛の感情の高まりの中で、大きな発展をしたが、カースィミー家の中の Jamʿīya に反対する者たちの攻撃を受けて、解散を強いられたのである。しかし、青年たちは、その後、別の Jamʿīya を、その活動計画を極秘にして、組織し、*al-Rūḥ* という名前の私的な新聞を週刊紙として刊行した[14]。

al-Rūḥ 紙は、１９４８年４月ころ～１９４８年７月２日までの短期間で廃刊となった。しかし、まだ、１９５４年11月のＦＬＮ（Front de Libération Nationale）による武装蜂起の勃発の６年以上も前である。すでにこの時期に、この地下新聞に参加した青年たちは、行動主義的であった。彼らと同じように、アラビア語とイスラームの復興を主張したイブン・バーディースとウラマー協会が政治的行動に対しきわめて慎重な態度をとったことと比べると[15]、彼らの行動主義は注目に値する。さらに、ザーウィヤの青年たちは、すでに急進的な志向、すなわち武装闘争――明瞭な形では表明されていないが――を志向していたと言える。

Ⅳ　おわりに――民衆の声と時代の潮流

al-Rūḥ 紙の寄稿者は地方の名もない青年たちである。彼らは、アルジェの路上生活者を放置する政府や責任者を告発し［R-vol.8,“Dhikrayāt al-jazā'ir（アルジェの思い出）”］、植民者の土地で働く父と子供の悲惨な生活を描きだす［R-vol.8,“Insānīya al-jandarma（憲兵隊 gendarme のヒューマニズム）”］。このような状況は、警察レポートでも確認される。以下が１９４５年６月18日付の、憲兵隊ティジウズ分団のレポートで、ティジウズの二人のムスリム少年から届いた手紙の内容である。

「１９４５年６月14日、Nouri Mustafa 14歳と Termoul Mohamed 13歳の二人のムスリム少年が、憲兵隊の分団に、切手が貼られた封筒を届けた。それには、憲兵隊のティジウズ事務局の住所が書かれ、中に手紙が同封されていた。以下がその手紙のコピーである。

ムスリムの民衆へ

１２５年間、フランスの支配下で、ムスリムたちは苦痛を覚えていたし、いまもなお悲惨な状況で苦しんでいる。彼らは、どのように苦しんできたのか？

あなたがたは、裸足で歩くフランス人たちを見たことはあるか？　あなたがたは、飢えで死んだフランス人たちを見たことがあるか？　見たことがないだろう。だが、ムスリムたちは、こうしたみじめな状況におかれ、裸足で歩き、飢えで死んでいくのである。

あなたがたは、なぜ、私たちの祖国で自由なのか？　そして私たちはなぜ自由でないのか？　私たちも、あなた方と同じ人間である。あなたがたは、ムスリムたちを可哀そうだと思わないのか？　私たちは、何を要求しようか？少なくとも独立を要求しよう[16]」。

上述のようにザーウィヤ・アル＝ハーミルの青年たちは、1948年4〜7月のころ、革命を志向し始めていた。PPA-MTLD[17]の政治局員、Hocine Aït Ahmedが、1948年12月、党の拡大中央委員会（le Comité Central Elargi）に提出した政治社会状況に関する報告書[18]（Rapport）からもその変化がわかる。すなわち、報告書は次のように述べる。

「実際に、革命のプロセスは、1945年5月のトラウマ的衝撃以来、組織された地域においては、大衆は「革命を」自覚し始めている。「穏やかな愛国主義」の声によって反対にあった他の地域でも、一瞬、足枷をはめられたが、この革命のプロセスは急速に拡大した。農村の愛国主義は、農村大衆がこうむった厳しい抑圧とともに、みなの中に広がった。

〝もはや我々に投票に行けなどと言うな！〟

〝我々に武器を与えよ！〟

〝私は、もう無駄に危険を冒すつもりはない〟

〝我々は、いつか、大事なことのために死んでもよいと思っている〟

この言葉は、平均的アルジェリア人の中に広がっている言葉である。これは、民衆には出口が見えない戦闘状況に思え、民衆の倦怠感を示すものである。絶望的な表現の中にもかかわらず、この表現は、歴史的に深い潮流の強化と飛躍を示している。この歴史的潮流を深化させるのは我々の義務である[19]」。

この報告書からは、当時のアルジェリアの政治社会状況が独立闘争へと向かっていることがわかるが、これは、党が行った戦略的、戦術的なレポートであって、当時の民衆の生の声ではない。また、政党やウラマー協会の機関誌や、政治家やウラマーなどのエリートや知識人が書き残した資料はある。しかし、それらとは異なり、*al-Rūḥ* 紙の執筆者は無名の青年たちであり、その論稿は、当時（１９４８年の4月から7月ころ）のアルジェリア民衆の生の声と当時の社会の空気を伝える稀な史料としてきわめて重要な価値を有している。

ザーウィヤの青年たちは、この悲惨な生活は、最低限のヒューマニズムさえも守らない植民地支配に由来するものと考えた。その結果、彼らは、人間として尊厳、名誉、固有の権利（ḥawza）、聖域（ḥurma）を回復するためには、植民地支配からの独立しかない、との結論に達した。こうして、彼らの意識は、「復讐」から、武装蜂起へと激化していく。*al-Rūḥ* 紙からは、植民地支配下でアルジェリア人民衆と社会の意識が、このように変化していった状況が読み取れる。

この変化は、アルジェリア人のフランス植民地支配に対する抵抗が文化的抵抗運動から始まり、政治的要求――最終的には政治的平等の要求――が植民地権力によって拒否され、また抗議行動が暴力的に鎮圧される事件の繰り返しを経て、文化的抵抗運動が独立を志向する政治的ナショナリズム運動へと変わっていった過程を示している。

【注】

（1）ザーウィヤ（Zāwiya）は、スーフィー教団の教育・修行施設をさすが、ハーミルのザーウィヤは、高等教育機能をも有するマドラサとほぼ同様の施設であった。

（2）al-Khalīl Qāsimī, 〝回想録 *Mudhakkirāt*（mémoires）〟。回想録は、その序文に、１９６２年10月20日の日付があるので、そのころに書かれたものであろう。その序文に *al-Rūḥ* 紙の刊行とその意図、内容についての記述がある。回想録は著者 al-Khalīl 氏の息子 Foued al-Qāsimī 氏の個人所有。

（3）R-vol.6 , “Jamʿīya al-hidāya（導きの協会：L'association de guide）” からは、カースィミー家の中で、シャイフたちと青年たちとの間で意見の対立があったこと、青年たちの武装闘争の志向と、それに対する反対意見があったことが窺える。

（4）'Abd al-Ṣamad は一人だけ30代である。しかし彼はカースィミー家の者ではなく、新聞の写字を介してこの仲間と関係をもった人なのでメンバーとは言い難く彼ははずして考える。

（5）筆者が、執筆者の一人で生存者の Muḥammad al-Qāsimī 氏に２０１１年2月28日、氏の Ain Boucif の自宅で行ったインタビューによれば、読者はカースィミー家の者で、その数は30人から50人くらいとのことであった。また、同じく筆者が執筆者でもう一人の生存者 Abū al-Qāsim に対して行ったインタビュー（２０１６年2月28日、ブーサーダの氏の自宅において）によれば、読者数は２００人くらいでカースィミー家以外の者も含まれ、同じ号は5部、作成されたという。当時のザーウィヤの生徒数が２００人くらいで、生徒はカースィミー家以外の青年の方が圧倒的に多いことを考えれば、Abū al-Qāsim の証言の方が妥当性は高いと思われる。なお、２００人という数は、非常に少ないが、彼らが得た情報が多くの人々に言葉で伝えられたことをも考慮に入れる必要がある。

（6）*al-Rūḥ* 第2号に、本紙刊行の5つの原則が書かれ、その第一が秘密であること（al-kutmān）と記されている。

（7）１９４５年5月8日に起こった衝突・殺害事件については、アルジェリア側では、虐殺（Massacre）という言葉が使われ、フランス側では、事件（un évènement）という言葉が使われるように、論戦的問題になっている。論争点については、Guy Pervillé が２００５年4月29日、ベルリンで行った報告を参照。"Le 8 mai 1945 et sa mémoire en Algérie et en France (2005)". http://guy.perville.free.fr/spip/article.php3?id_article=59（２０１６年6月24日参照）。

（8）たとえば、R-vol.8, "Māsāt ḥadīqatinā（我々の楽園の破局）"は、詩を含む物語であるが、内容は植民地支配に対する激しい批判となっている。

（9）al-Khalīl Qāsimī, *Mudhakkirāt*（回想録 Mémoires）.

（10）同上。*Mudhakkirāt*（回想録 Mémoires）.

（11）R-vol.8, "Māsāt ḥadīqatinā（我々の楽園の破局）": 植民地支配の狡猾さと、それを見抜けず、それに接近しようとする人たちに対する批判については、R-vol.4, "Dhikrā 8-Māy" でも叙述されている。

（12）R-vol.3, "Dhikrā Māy"; R-vol.5, "Dhikrā Māy" など。

（13）本名は、al-Azharī。彼は、一時、ＰＰＡ（Le Parti du Peuple Algérien）の党員であった。ＰＰＡの党首、メサリー・ハーッジュが１９４６年ごろ、ブーサーダを訪れ、ブーサーダにあったシャイフ Muṣṭafā の家でカースィミー家の人たちと会っており、その時のメサリー・ハーッジュとの出会いが彼の政治意識に強い影響を与えた可能性もある。

（14）al-Khalīl Qāsimī の〝回想録〟。

（15）Kaddache, Mahfoud; *Histoire du nationalisme algérien: question nationale et politique algérienne, 1919-1951*, Alger, Société nationale d'édition et de diffusion, 1980, vol.1, pp.542-543, vol.2, p.827. なおウラマー協会は、最後までＦＬＮの武装闘争への参加も協会の解散も正式には表明しなかった。このことについては、McDougall, James; *History and the Culture of Nationalism in Algeria,* Cambridge, Cambridge University Press, 2006,pp.140-141を参照。

（16）Archives d'Aix-en-Provence, 1CM55, no.70/4.

（17）PPA : Parti du Peuple Algérien ; MTLD : Mouvement pour le Triomphe des Libertés Démocratiques.

（18）“Rapport d'Aït Ahmad, Membre du Bureau Politique du PPA, au Comité Central Elargi ”(Décembre 1948, auteur : Hocine Aït Ahmed : source un participant à la réunion du Comité central de décembre 1948) in Mohammed Harbi, *Les archives de la révolution algérienne*, Paris, les éditions jeune afrique, 1981.

（19）同上。1981. Mohammed Harbi, p.26.

第6章 悠久の過去を操る
――古代エジプトをめぐる歴史観の変遷

三代川　寛子

Ⅰ　はじめに

現在中東と呼ばれる地域は、エジプト文明やメソポタミア文明をはじめとするいくつもの古代文明が栄えた地域である。ギザのピラミッド群やスフィンクス像、エジプト各地に残る神殿やオベリスクなどの石造建築物は、時の流れによる変化を受け付けないかのように、今もその場にたたずんでその存在感を示している。エジプトに限らず、こうした悠久の歴史を背負った建築物やその他の遺物は、ある時は聖性を帯びた存在として崇敬の対象とされ、またある時は邪教の象徴として破壊され、さらには文化財として保護されたり、「偉大なる祖先」が築いた高度な文明の証拠として国威発揚に利用されたり、あるいは観光資源として利用されたり、商品として合法・非合法に取引されたりするなど、時代を通じてさまざまな意味と価値を与えられてきた(1)。

イスラームの教えに基づく歴史観では、イスラームが啓示される以前の時代はジャーヒリーヤの時代とみなされてきた。また、これらの遺物に残された古代の神々の姿や伝承は、その時代が多神教かつ偶像崇拝の時代であったことを如実に示しており、イスラーム的な価値観とは相容れない。そのため、イスラームが受容された後、中東の多くの地域において、その土地のイスラーム以前の歴史をそれ以後の時代と連続性のあるものとして捉えるのには困難が伴った。こうした事情はイスラーム以前の文明の遺物の捉え方にも影響を与え、イスラーム王朝期を通して、一部の学者を除けば古代の遺物に関心を持つ者は少なく、時には多神教と偶像崇拝の象徴として破壊される場合すらあった［野口・安倍 2015: 9］。

とはいえ、中東において、イスラームの到来以後、それ以前の歴史が完全に忘れ去られ、無視されるようになったわけではない。よく知られているように、ペルシアの詩人フィルダウスィー（９３４～１０２５年）は、サーサーン朝期（２２６～６５１年）に編纂されたペルシアの通史を基に、叙事詩『王書（*Shāh-nāmeh*）』を著した。同書は現在のイランを中心とするペルシア文化圏において広く読み継がれ、多くの写本が作成されるとともに、その中核をなす英雄ロスタムの武勇伝は一般の民衆の間でも語り継がれた(2)。さらにイランの国民国家形成期には、歴史教育に『王書』の内容が盛り込まれ、イランのナショナリズムに利用された［Vejdani 2015: 74-75］。

このように、19世紀以降、中東地域で国民国家の建設が進むにつれて、古代史および古代文明は各国のナショナル・アイデンティティ形成の一翼を担うものとして重要視されるようになっていった。

本稿では、古代エジプト文明揺籃の地であり、古代の建造物が多く残されたエジプトの例に焦点を当て、古代文明がそれ以後の時代にどのように捉えられてきたのか歴史観の変遷を追うとともに、古代文明がエジプトのナショナリズムにおいてどのように利用されてきたか示していきたい。

Ⅱ　古代エジプトの神殿の命運

よく知られているように、プトレマイオス朝のクレオパトラ7世の死（紀元前30年）によりエジプトの古代王朝時代は終焉を迎え、エジプトはローマ帝国の属州となった。以後、古代エジプトの宗教および文化は数世紀かけて徐々にその影響力を低下させていくことになる。

ローマ皇帝たちは、王を祭祀の中心に据える古代エジプトの宗教をエジプト支配に利用し、2世紀ごろまではローマ皇帝の名の下に古代エジプトの神々を祀る神殿の建設や装飾が行われていた。しかしその後、3世紀にはローマ帝国の財政難により神殿建築は規模・数ともに縮小した。さらに313年のミラノ勅令によりキリスト教が公認され、加えて392年のテッサロニキ勅令によりキリスト教が国教と位置付けられると、キリスト教を奉じるローマ帝国は古代エジプトの神々を祀る神殿の破壊を命じるようになる。また、キリスト教が公認されると、アレクサンドリア総主教のキュリロス（在位412～444年）などのようなキリスト教の指導者たちは、古代の宗教・思想を異端として排除するようになっていった。その一例として、総主教テオフィリス（在位385～412年）による391年のアレクサンドリアのセラピウム破壊がよく知られている。

ただし、「古代エジプトの神々に捧げられた神殿が、宗教迫害により破壊され、キリスト教の教会に変えられた」とする通説は、一部の例にしか該当しないようである。古代エジプトの神殿を中心とした宗教活動は既に3世紀ごろには凋落が始まり、5世紀ごろにほぼ衰退したものと考えられている。使用放棄された古代の神殿は、非宗教的な施設として、あるいは建材として再利用される場合も多く、一部には教会に変えられたものもあったが、それは多くの場合5世紀後半以降で、神殿として使用されなくなってから長期間が過ぎた後のことであった［Dijkstra 2011: 390-391］。

Ⅲ　中世における古代エジプト観

このように、古代エジプトの王朝時代が終焉を迎えた後、エジプトはローマ帝国の支配を受け、後にキリスト教化し、さらにその次の支配者はアラビア半島からイスラームをもたらしたアラブ人であった。そのため、イスラーム王朝期のエジプトでは、イスラーム以前の時代との歴史的連続性の意識は希薄だったとされている。さらに、冒頭に述べたように、イスラーム的歴史観からすると、古代エジプトは偶像崇拝、多神教の時代であり、その王ファラオは預言者ムーサーを迫害した暴君とされているため、非常に否定的なイメージが付与されていた。

しかし、ピラミッドやスフィンクス、オベリスク、神殿などの古代の建造物はエジプト各地に残されており、特にギザのピラミッドの威容は、中世の支配者および歴史家たちの関心を引き付けた［亀谷 2015：310-312］。クルアーンに基づいた歴史では、世界の歴史はアッラーによる天地創造に始まり、ノアの大洪水の後に古代エジプトを舞台とする預言者イブラーヒーム、ユースフ、ムーサーの物語が位置付けられている。そのため、中世の歴史家たちは、ギザのピラミッド群をノアの大洪水と関連のある建造物ではないかと考え、誰がどのような目的でそれを建てたのか解釈を試みたのであった。

Fodor［1970］によると、ピラミッドの起源について、11世紀ごろまでに3つの伝説が成立した。その中で最も重要なのがヘルメス・トリスメギストス（Hermes Trismegistos、3倍偉大なヘルメスの意）によるピラミッド建設伝説で、それによると、ヘルメス・トリスメギストスは大洪水を予知し、古代エジプトの英知を洪水から守るためにピラミッドを建設したとされている。ヘルメス・トリスメギストスとは、ヘルメス文書の著者とされる伝説上の賢者で、古代エジプトの知恵の神であるトト神の後継者とされ、さらにギリシアのヘルメス神、旧約聖書に登場する預言者エノク、クルアーンに登場する預言者イドリースと同一視された存在であった。

Cook［1983］は、このヘルメス・トリスメギストス伝説の検討を通して、エジプト土着の古代史観が中世のエジプトに受け継がれていたのか、そして中世のエジプトにおいて、古代エジプトとの歴史的連続性が意識されていたのかという点を検討した。その結果、ヘルメスの伝説にはイラクを中心とする東方の知的伝統を示す要素は見出されるものの、エジプト土着の要素が希薄なため、同伝説はエジプト土着の古代史観を反映したものではなく、むしろ10～11世紀ごろにイラクからエジプトにもたらされたものであろうと指摘した［Cook 1983: 95-99］。そして、中世イスラーム世界の歴史叙述において、このヘルメス伝説の他に古代エジプトに関する記述が乏しいことから、中世のエジプトにおいて、エジプト土着の古代史観は受け継がれておらず、古代エジプトとの歴史的連続性の意識も存在しなかったと結論付けている［Cook 1983: 100-103］。

一方、Fodorは、ヘルメス伝説の他にピラミッドの建設者を古代エジプトの王スーリードとするエジプト起源の伝説が存在すると指摘している［Fodor 1970: 350］。スーリード伝説は、12世紀以降のピラミッドに関する著作群において主要な説とみなされていく［亀谷 2015: 314］ことから、エジプト土着の古代史観が受け継がれなかったとするクックの結論には、まだ検討の余地が残されている可能性がある。

また、このスーリード伝説はエジプト土着のキリスト教徒であるコプトと関連付けられる傾向にあるが、コプトの人々の間に中世の段階で古代エジプトとの歴史的連続性の認識があったのか否かという点も見方によって判断が分かれる。7世紀初頭ごろに書かれたと推定されるコプト語によるカンビュセス2世のエジプト征服に関する物語（*the Cambyses Romance*）には、古代との歴史的連続性の認識が示されているとされるが、その後に書かれたもので同様の認識を示す文書は見つかっていない［Cook 1983: 102-103］。また、少なくとも11世紀ごろまでは土着のエジプト人の間でコプト語が日常語として使用されていたことから、エジプト人キリスト教徒の間に、アラビア語話者かつムスリムである外来の「アラブ人」とは文化的に異なるという自己認識は存在したであろうし、エジプトの「先住民」(3)という意識もあったと推測されるが、それは必ずしも古代王朝期のエジプトとの歴史的連続性の意識が存在したことと同義ではない。

一方、民衆の宗教実践の中には古代エジプト由来の要素が生き続けていた。Fodorは、13世紀においてもエジプトの農村で病気治癒、健康祈願のまじないにイシスとその子ホルスの像が使用されていた例を指摘している［Fodor 1992: 38］。また、13〜14世紀ごろには敬虔なスーフィーによってギザのスフィンクスが攻撃されたり一部破壊されたりしたが、それは近隣住民がスフィンクスに参拝し、香を焚き呪文を唱えて願掛けをするという、「イスラーム的でない」行為を行っていたことへの反応であった［Haarmann 1980: 62-63］。これらの民衆が、古代エジプトとの歴史的・文化的連続性を意識しつつこうした宗教行為を行っていたのかどうかは不明だが、古代の文化的影響の一端を垣間見ることができる例である。

Ⅳ　エジプト・ナショナリズムにおける古代エジプト

19世紀になると、エジプトの歴史における古代の位置付けは大きく変容を迎えた。リファーア・タフタ―ウィー（1801〜1873年）は、エジプトの近代化を推進したムハンマド・アリー（在位1805〜1849年）の下で翻訳局長を務め、ナポレオン法典をはじめとする多くのフランス語書籍をアラビア語に翻訳してエジプトに西洋の思想・制度を紹介した人物として知られている。そのタフターウィーが1868年に出版した『エジプトの出来事とイスマーイールの子孫たちの記録に関する栄えある成功の光（*Anwār Tawfīq al-Jalīl fī Akhbār Miṣr wa Tawthīq Banī Ismāʿīl*）』は、古代からイスラーム到来までのエジプトの歴史を一続きのものとして扱う初のアラビア語による歴史書であった。同書の古代史は、それまでのヘルメス伝説やスーリード伝説ではなくヨーロッパの考古学および文献学の成果に基づくものであったが、同時に、クルアーンの歴史に沿って、預言者ノアの孫でエジプト人の祖とされるミスラーイムを、初代のエジプト王とされるメネスと同定するものであった。タフターウィーはまた、古代エジプト人が、クルアーンで一神教の啓典の民として言及されるサービア教徒だったと主張しており、古代エジプト文明をエジプト史の中に位置付けつつも、それを当時のエジプト人が受け入れられるように工夫しつつ提示したのであった［Reid 2002: 110-111］。また、イスマーイール・パシャ（在位１８６３〜１８７９年）の下で教育大臣を務めたアリー・ムバーラク（１８２３〜１８９３年）も、１８８６〜１８８８年に全20巻の『エジプト新編地誌（*al-Khiṭaṭ al-Tawfīqīya al-Jadīda*）』を刊行し、その中で古代エジプトの歴史と地理に言及している。タフターウィーおよびムバーラクは、近代的なナショナル・アイデンティティを形成するためには、古代エジプト文明に誇りを持つことが必要であると考えていたのである［Reid 2002: 181］。

しかし、こうした努力にもかかわらず、当時一般のエジプト人の間では古代エジプト文明に関する関心が低く、それに関する知識も普及しなかった。その中で、アフマド・カマール（１８５１〜１９２３年）は、エジプト博物館附属のエジプト学の教育機関の校長（在任１８８１〜１８８６年）となり、長期にわたって同博物館に勤めるなど、エジプト人エジプト学者の草分けであった。カマールは、圧倒的に西洋人の学問であったエジプト学の世界でエジプト人の専門家としてキャリアを積み、同時に同胞たるエジプト人の間に古代エジプトへの関心を惹起させようと奮闘した［Reid 2015: 29］。

古代エジプト文明がエジプト・ナショナリズムの中で重要な意味を持つようになったのは、イギリス人考古学者のハワード・カーターが１９２２年にツタンカーメン王の墓を発見した後のことであった。エジプトはイギリスとの交渉の末、名目的とはいえ１９２２年２月に独立を果たしたが、偶然にも同年11月にツタンカーメンの墓がほぼ手つかずの状態で発見された。この発見は世界の注目と称賛を浴び、それを契機として、エジプトのナショナリストたちは古代エジプトをその語りに利用するようになった。ツタンカーメンが、古代の最も栄えた時代の一つとされる第18王朝の王で、かつ、少年王であったことも当時のナショナリストたちにとって重要な意味を持った。この若い王は、新生独立国家として歩みを始めたばかりのエジプトと重ねられ、エジプトの過去の栄光と未来の発展の両方を象徴する存在となったのである［Gershoni and Jankowski 1987: 168］。

以後、エジプトでは、１９３０年代前半ごろまで、古代エジプトをモチーフとした芸術作品が盛んに制作されるようになる。彫刻ではマフムード・ムフタールの「エジプトの覚醒（Nahdat Misr）」像（１９２８年除幕）、建築ではナショナリスト政党ワフド党の指導者であったサアド・ザグルール（１８５９〜１９２７年）の墓廟（１９３１年完成）、小説ではタウフィーク・ハキームの『魂の帰還（*'Awdat al-Rūh*）』（１９３３年出版）などがその代表例である。

しかし、１９３０年代に入ると、エジプトのナショナリズムは徐々にアラブ・イスラーム世界へのトランスナショナルな帰属意識を重視する方向へ向かい、エジプト一国型の領域的ナショナリズムおよびそれと親和性が高い古代エジプト文明を賞賛する動き（ファラオ主義）は勢いが衰えていった。その理由としては、１９２０〜１９３０年代の文脈ではファラオ主義がアラブ・イスラーム文明を劣等なものとみなすオリエンタリズムと表裏一体であったこと、そして一般のエジプト人にとっては唐突に思い出された遠い過去である古代エジプト文明よりも、アラブ・イスラーム文明への帰属意識の方がはるかに意味のあるものだったことが指摘されている［Coury 1992: 194-195, 199］。

Ｖ　現代のエジプトにおける古代エジプト

以上にみてきたように、古代エジプトはその後の時代のエジプト人たちによってさまざまに解釈され、その遺跡もさまざまに扱われてきた。それでは、現在のエジプトでは、古代エジプト文明に対してどのようなまなざしが向けられているのであろうか。

野口・安倍［2015: 8-10］が指摘するように、近年「イスラームの教義にもとづく偶像破壊」が大きく報じられて注目を集めており、実際にピラミッドやスフィンクスの破壊を呼びかけるイスラーム主義者も存在するが［Ahram Online 2016］、それは古代エジプトとその遺跡に対する態度としてはかなり極端なものと言えよう。

古代エジプトの遺跡群は現在、エジプト政府の管理下にあり、学術研究の対象であるのみならず主要な観光資源の一つとして重要視されている。かつては文化省の一部署である考古最高評議会が主な所轄官庁であったが、同評議会は２０１１年に考古担当国務省（the Ministry of State for Antiquities）として省に格上げされ、文化財の保護・管理、発掘調査の監督およびエジプト各地に存在する大小さまざまな博物館の管理などの職務にあたっている。

加えて、１９２０年代のエジプト大学（現カイロ大学、国立）をはじめとして、エジプトの複数の大学に考古学科が設立され、エジプト人のエジプト学者を養成している。さらに、１９７５年には国立のヘルワーン大学に観光学部が設置され、古代エジプトも含むエジプトの歴史と古代遺跡その他の観光名所に関する専門知識を身につけた観光ガイドが養成されるようになった。同じくヘルワーン大学の芸術学大学院には、２０１１年に古代エジプトの音楽復興のための国家プロジェクト（National Project for the Revival of Ancient Egyptian Music）を基にした修士課程が設置され、古代の音楽についての教育・研究活動が行われるとともに、同プロジェクトの楽団が復興された古代エジプトの音楽の演奏活動を行っている［Ahram Online 2011］。

他のエジプト政府による古代エジプト由来の象徴の利用の例としては、古代エジプトに起源を持つとされるシャム・ナスィーム祭(4)が挙げられ、同祭は１９２０年代から国民の祝日に制定されている。さらに、現在流通しているエジプトの貨幣には、ツタンカーメンやクレオパトラの図像があしらわれており、50ピアストル以上の紙幣にはすべての券種で表にモスク、裏に古代エジプトの神殿などがモチーフとして用いられている。この組み合わせは、エジプト政府による「ナショナル・アイデンティティの力強い表明」［Reid 2003: 295］と捉えられる。また、現行のエジプト国民の身分証明書およびパスポートにも、ピラミッドとスフィンクスの図像が使用されている。

一方、一般のエジプト人の間では、古代エジプトの遺物に対してどのようなまなざしが向けられているのであろうか。１９７０年代以降の観光業の成長により、一般のエジプト人の間では、観光ツアーの企画・運営者、広告業者、正規・非正規の観光ガイド、観光地の宿泊施設の従業員や運転手、土産物の製造者・販売者などとして、古代エジプトの遺跡や遺物に関係する仕事に従事する者が増大してきた。そうした人々の間では、古代エジプトの遺跡・遺物は、具体的に雇用を創出し経済的利益をもたらすものであるが、それにとどまらず、海外からの観光客も多いことから、自国に対する誇りをもたらすものとしても捉えられている可能性があるだろう。

また、古代遺跡の近隣住民にとっては、遺跡は他の目的にも利用可能な土地という資源であり、近隣住民が遺跡を農地、住宅、墓地建築のために占領したり破壊したりする例が後を絶たない［伏屋 2015: 145］。加えて、密売目的の盗掘や略奪も一部の住民によって行われているとされている。こうした例では、古代の遺跡・遺物を保護すべき文化財と捉える価値観の影は薄く、持続可能ではない形での経済的利益の追求が優先されている状況が読み取れる。

このような状況への対応として、大英博物館は、２０１６年以降「中部エジプトにおける都市開発と地域的アイデンティティ」と題する研究プロジェクトを行っている。そこでは、発掘調査などの学術的な活動のみならず、地元住民を対象とした遺跡・文化財の重要性に関する啓発活動が行われている。それとともに、地元住民を遺跡の保護に関与させ、彼らの発掘現場に関する利害と遺跡の保護を両立させる試みが行われている［The British Museum 2016］。

それに加えて、外国人ではなく一般のエジプト人によってフェースブック上で「文化遺産タスクフォース」という文化財保護活動が開始されたり、一般向けエジプト文化遺産専門誌『ラーウィー』が刊行されたりするなど［伏屋 2015: 149-151］、一般のエジプト人の間で古代エジプト文明とその遺産の保護に関心が高まりつつあることも指摘されている。

先に指摘した、古代エジプトのモチーフが通貨や身分証、嗜好品(5)などに使用されていることや、古代エジプトに関連する観光業従事者の増大に示されるように、古代エジプトは現代のエジプト人の日常生活に溶けこんでおり、もはや「突然思い出された遠い過去」ではなくなっている。古代エジプトの文化財や遺跡に関しては、これまでエジプト政府および国際機関や海外の学術機関などが主導権を握ってその保護と管理にあたってきたが、上述の「文化遺産タスクフォース」などのような一般市民の活動が生まれていることは、古代エジプトを自らの暮らす土地の歴史の一部と捉え、その遺跡や遺物は保護されるべき文化財であるという歴史観・価値観が一般のエジプト人の間にも根付きつつあることを示唆しているのである。

【注】

（1）過去が現在の需要に従ってさまざまに扱われるという点については［Lowenthal 2015］、文化遺産の構築性については［Smith 2006: 11-43］などを参照。

（2）ただし、Zia-Ebrahimi［2016: 位置 No. 1867］は、『王書』の読誦は中世の民衆にとって数ある娯楽の一つであり、イスラーム以前のイランの歴史に対する懐古の念を基に読み継がれていた可能性は低いと指摘している。

（3）Cook によると、中世のムスリムによる叙述では、宗教を問わず、イスラーム以前のエジプト人全般を指す語として「コプト」という語が使用される場合があり、例えば、預言者ムーサーを迫害したファラオは「タルマーという名のコプト」として言及されている［Cook 1983: 92］。

（4）コプト正教会の復活祭の翌日にあたる月曜日に祝われるが、宗教を問わずエジプト人全体の間で祝われる。この日は家族で公園やナイル川にピクニックに出かけ、発酵させた魚とネギを食べるなどの習慣がある。

（5）エジプト国産のタバコの銘柄として最も普及しているのは「クレオパトラ」であり、パッケージには古代の壁画風の絵が使用されている。

◉参考文献

亀谷学　２０１５「ピラミッドという驚異——中世イスラーム世界における認識とアプローチ」山中由里子編『〈驚異〉の文化史——中東とヨーロッパを中心に』名古屋大学出版会、３０７～３１７頁。

野口淳・安倍雅史編著　２０１５『イスラームと文化財』新泉社。

伏屋智美　２０１５「エジプト——『アラブの春』と文化財」野口淳・安倍雅史編著『イスラームと文化財』新泉社、１４０～１５２頁。

Cook, Michael. 1983. "Pharaonic History in Medieval Egypt." *Studia Islamica*. 57: 67–103.

Coury, Ralph M. 1992. "The Politics of the Funereal: The Tomb of Saad Zaghlul." *Journal of the American Research Center in Egypt*. 29: 191–200.

Daly, Okasha El. 2005. *Egyptology: The Missing Millennium: Ancient Egypt in Medieval Arabic Writings*. London: University College London Press.

Dijkstra, Jitse H. F. 2011. "The Fate of the Temples in Late Antique Egypt." *Late Antique Archaeology.* 7(1): 389-436.

Dykstra, Darrell. 1994. "Pyramids, Prophets, and Progress: Ancient Egypt in the Writings of ʿAlī Mubārak." *Journal of the American Oriental Society*. 114(1): 54–65.

Fodor, A. 1970. "The Origins of the Arabic Legends of the Pyramids." *Acta Orientalia Academiae Scientiarum Hungaricae.* 23(3): 335–363.

————. 1992. "Traces of the Isis Cult in an Arabic Love Spell from Egypt." In U. Luft ed., *The Intellectual Heritage of Egypt: Studies Presented to László Kákosy*. Budapest: Chaire d'Égyptologie de l'Université Loránd Eötvös. pp. 171–186.

Gershoni, I. and J. P. Jankowski. 1987. *Egypt, Islam, and the Arabs: The Search for Egyptian Nationhood, 1900-1930*. Oxford: Oxford University Press.

Haarmann, Ulrich. 1980. "Regional Sentiment in Medieval Islamic Egypt." *Bulletin of the School of Oriental and African Studies.* 43(1): 55–66.

————. 1996. "Medieval Muslim Perceptions of Pharaonic Egypt." In A. Loprieno ed., *Ancient Egyptian Literature: History and Forms*, Leiden: Brill. pp. 605–27.

Lowenthal, David. 2015. *The Past is a Foreign Country – Revisited*. Cambridge: Cambridge University Press.

Minas - Nerpel, Martina. 2012. "Egyptian Temples." In Christina Riggs ed., *The Oxford Handbook of Roman Egypt*. Oxford: Oxford University Press. pp. 362–381.

Rees, B. R. 1950. "Popular Religion in Graeco-Roman Egypt: II. The Transition to Christianity." *The Journal of Egyptian Archaeology,* 36: 86–100.

Reid, Donald M. 1985. "Indigenous Egyptology: The Decolonization of a Profession?" *Journal of the American Oriental Society*. 105(2): 233–246.

————. 2002. *Whose Pharaohs? Archaeology, Museums, and Egyptian National Identity from Napoleon to World War I*. Cairo: American University in Cairo Press.

————. 2015. *Contesting Antiquity in Egypt: Archaeologies, Museums, and the Struggle for Identities from World War I to Nasser*. Cairo: American University in Cairo Press.

Smith, Laurajane. 2006. *Uses of Heritage.* London: Routledge.

Stadler, Martin Andreas. 2012. "Egyptian Cult: Evidence from Temple Scriptoria and Christian Hagiographies." In Christina Riggs ed., *The Oxford Handbook of Roman Egypt*. Oxford: Oxford University Press. pp. 457-473.

Van Loon, Hans. 2014. "Violence in the Early Years of Cyril of Alexandria's Episcopate." In Albert Geljon and Riemer Roukema eds., *Violence in*

Ancient Christianity: Victims and Perpetrators. Leiden: Brill. pp. 108–131.

Vejdani, Farzin. 2015. *Making History in Iran: Education, Nationalism, and Print Culture*. Oxford: Oxford University Press.

Vycichl, Werner. 1988. “Magic.” In Aziz Suryal Atiya ed., *The Coptic Encyclopedia*, vol. 5, NY: Macmillan. pp. 1499a–1509b.

Zia-Ebrahimi, Reza. 20016. *The Emergence of Iranian Nationalism: Race and the Politics of Dislocation.* NY: Columbia University Press. (kindle edition)

〈オンライン資料〉

Ahram Online. June 20, 2011. “Folk: Reviving Pharaonic Music.”

———— June 10, 2016. “Egyptian Islamic Authority Downplays IS Threat to Destroy Pyramids.”

The British Museum. 2016. “Urban Development and Regional Identities in Middle Egypt: A Deep History of the Asyut Region.”

第7章

アフガニスタンにおけるパシュトー文学史形成過程の一側面

——パシュトー詩人伝『隠された秘宝』の分析を中心に

登利谷 正人

I はじめに

アフガニスタンにおける近代化運動の過程において、支配的地位を占める多数派民族と位置づけられることとなったパシュトゥーンの言語であるパシュトー語を国家言語として推進する政策がザーヒル・シャー（Muḥammad Ẓāhir Shāh, 在位：１９３３～１９７３年）即位に前後して強力に推進された。[1] これに伴い、パシュトー語推進のための国家機関として１９３７年に文学協会[2]（Anjuma-i Adabī）が名称を変更する形でパシュトー・アカデミー（Paṣhto Ṭolanah）が創設され活発な活動を展開するとともに、アフガニスタン歴史協会[3]（Anjuman-i Tārīkh-i Afghānistān）においてもパシュトー文学や言語に関連する多数の論考が発表された。[4] この時期に発表されたパシュトー語とその文学を考察する上で特に重要な文献として、１９４４年に出版された『隠された秘宝（*Paṭah Khazānah*）』が挙げられる。これはパシュトー語詩人の事績とその作品を収めた詩人伝（Tazkirah）であり、１７２９年に南部の中心都市であるカンダハールを拠点にパシュトゥーン系ギルザイ族の支族であるホタク部が創設した王朝であるホタク朝（１７０９〜38年）宮廷にて成立したとされる。アフガン暦１３２２年［１９４３年］春にパシュトー文学や歴史研究における碩学であるハビービー（Habībī 'Abd al-Ḥay, １９１０〜１９８４年）がその写本をアフガニスタン南部の中心都市カンダハール近郊において「発見」し、１年後のアフガン暦１３２３年ハマル月［１９４４年３〜４月］にそのペルシア語翻訳と注釈などを付した上で初版が発行された。その後、版を重ねて第４版までが出版されるとともに現在も広く流通しており、パシュトー文学史上最もよく知られた作品の一つとなっている。(5)これを端的に示すように、激しい内戦などの影響で約10年間休刊を余儀なくされていたアフガニスタン科学アカデミー発行の雑誌『パシュトー』が２００２年春に発行再開した際には、「『隠された秘宝』の重要性」というタイトルによる長文の論考が掲載されており、アフガニスタン文学史におけるその重要性は今なお強く認識されていると考えられる。(6)

　同書をめぐっては、パシュトー・アカデミーによる言語・文化政策を反映している点に加えて、後述するようにテキストそのものの真正性をめぐり論争が生じていることから、アフガニスタンにおける文芸や歴史認識、さらには言語政策など多様な側面を検討する上で多くの論点が含まれていると言える。しかし、管見の限り現在までの議論においては、個別のテキスト内容の正誤確認や微細な言語学的議論に終始している。そこで、本章では改めて『隠された秘宝』がどのような特徴を持つ作品であるのかについて確認した上で、同作品の真正性をめぐる問題について写本を「発見」し公刊した前述のハビービーの経歴なども含めて詳述し、パシュトー文学史上どのような評価がなされたのかについて明らかにする。さらに、アフガニスタンの教科書上における『隠された秘宝』に関する記述を検討することによって、どのような文学史認識の普及と定着が行われているのかについて明らかにする。以上の分析を通じて、パシュトゥーンを核とした国家建設が推進されたアフガニスタンと、パシュトゥーンが少数派として国民統合政策の主軸とはならなかったパキスタンの両国パシュトゥーン間における文芸・歴史認識の差異が生じた過程を示し、先行研究で議論の中心となってきた、国境線による両国パシュトゥーンの政治的・経済的分析という側面からではなく、両者の社会的・文化的分断状況の一端についても明らかにする。

Ⅱ　『隠された秘宝』について

『隠された秘宝』はカンダハール出身のパシュトゥーンであるモハンマド・ホタクによって編纂された。同書中の編纂経緯に関する記述によれば、彼は以前よりパシュトー語詩人伝編纂を望んでいたが、サファヴィー朝統治下のグルジア人総督圧政下においては自らの意図する文芸活動を展開する暇がなかったと述べている［Hotak 1323Kh [1944]: 4］。その後、ミール・ワイスによる蜂起成功とホタク朝成立により新たな治世が開始されると「自分の心が平静を得た」ため執筆を始めた。後に、ホタク朝を創設したミール・ワイスの息子であり自身も詩人として知られる統治者であったシャー・ホセイン・ホタクによりカンダハール宮廷に招聘されるとともにパシュトー語詩人伝編纂を強く促されたため、過去30年にわたって集積した詩人や文人たちの情報に基づいて編纂を決意したと述べている［Hotak 1323Kh [1944]: 6］。さらに、巻末では自らの祖先と本人の出自および経歴について記しているが、それによるとヒジュラ暦１０８４年ラジャブ月13日［１６７３年10月24日］に生まれ、父の死後カンダハールに赴き、シャー・ホセイン・ホタクに対して自筆の医学書や弁論に関する書を献呈したと述べている［Hotak 1323Kh [1944]: 200］。

作品全体は３部構成となっており、「第一の秘宝」として過去の詩人21人、「第二の秘宝」として同時代の詩人21人、さらに「第三の秘宝」として女性詩人６人が各々取り上げられている。巻末の記述から、ヒジュラ暦１１４２年シャッワール月24日［１７３０年5月12日］に完成し、その後１２６５年ラビー・アッワル月10日［１８４９年2月3日］にヌール・モハンマド・ハローティーという人物によりサルダール・メフルデル・ハーン（１７９７～１８５５年）[7]に献呈するために書写され、さらに同写本がモハンマド・アッバースなる人物によって当時英領インド治下にあったバローチスターン州クエッタにおいて１３０３年［１８８５～86年］に急遽書き写されたことが読み取れる［Hotak 1323Kh [1944]: 202-204］。

「第一の秘宝」中で取り上げられている過去の詩人には、８世紀中期に活躍したとされるアミール・クロールの詩作と経歴が含まれているが［Hotak 1323Kh [1944]: 30-38］、前述のハビービーはこの記述に基づいて後に「最古のパシュトー詩人」という表題による論考を発表した［Habibi 1946］。このようなハビービーによる活動を通じてアミール・クロールはアフガニスタンにおいてはパシュトー文学史上の起点として位置づけられることとなった。同時に、ペルシア語詩の技巧的文体を取り入れることでパシュトー語表現を飛躍的に発展させるとともに、ムガル朝と激しく対立したことでも知られるホシュハール・ハーン・ハタク(8)やラフマーン・バーバーの名で知られ今なおスーフィー詩人として最高の評価を得ているアブドゥルラフマーン(9)といった17世紀から18世紀初頭の時期に現パキスタン領内で活動した高名な詩人・文人についても取り上げられている。ラフマーン・バーバーに関する記述箇所では、シャー・ホセイン・ホタクが語った逸話が記されている。それによると、ラフマーン・バーバーの詩は広く愛好されており、民衆の間でも占いに用いるなどされていたため、ミール・ワイスがサファヴィー朝のカンダハール総督に反旗をひるがえす際にも詩集による占いが行われたと述べている［Hotak 1323Kh [1944]: 94-96］。また、北インドのパシュトゥーン系王朝ローディー朝（１４５１〜１５２６年）の統治者であったバフロール・ローディー（在位：１４５１〜１４８９年）の詩作・経歴も取り上げられるなど、パシュトゥーンによる活動の歴史的意義が表象される内容となっている。さらに、「第二の秘宝」においては、シャー・ホセイン・ホタク自身を含めたカンダハール宮廷関係者たちの事績とその詩作も扱われており、文芸が篤く保護されていたと推測できる記述が確認できる。特にシャー・ホセイン・ホタクについてはその出自と即位に至る経緯が詳細に語られている。加えて、その治世については以下のように記されている。

世界を守護する王（シャー・ホセイン・ホタク）は、オレンジ宮と名付けたカンダハールの王城において、週に一度書庫において謁見を行っているが、そこにはウラマーたちが参集するとともに、詩人や知識人たちも一堂に会している。……（省略）……王は詩や文学について筆を用いて記し、詩集も編纂され、ある時はパシュトー語で詩を詠み、またある時はペルシア語にも興味を示した［Hotak 1323Kh [1944]: 112］。

この記述と彼の生い立ち、さらには治世全体に関する叙述からシャー・ホセイン・ホタク治下のカンダハール宮廷においては文芸が篤く保護され、王自らがパシュトー語やペルシア語の詩を詠むことを深く愛好していたことが読み取れる［Hotak 1323Kh [1944]: 108-114］。「第三の秘宝」においては、ホタク朝を創設し現在も「祖父（Nīkah）」の称号を付して呼ばれるミール・ワイスの母親とされる人物や、前述のホシュハール・ハーン・ハタクの娘などが取り上げられており、パシュトー文学史における女性の役割を想起させるという意味で極めて重要な意味を持つ部分である［Hotak 1323Kh [1944]: 176-196］。

Ⅲ　『隠された秘宝』の真正性をめぐる議論

『隠された秘宝』はパシュトー文学史に対する認識を根本から変化させるとともに、パシュトー語をアフガニスタンにおける唯一の「国語」とするための言語政策を強力に推進し国内における普及と定着を図っていた当時の政府の方針を後押しすることにもつながった。(10) 実は本書出版３年前のアフガン暦１３１９年［１９４０～41年］版『カーブル年鑑』においても、ハビービーは11世紀にソレイマーン・マークーという人物によって記された詩作の断片が「発見」されたとして、「発見」された断片８ページを写真テキストを付す形で紹介している。(11) このように、わずか数年間に相次いだパシュトー文学史を大幅に古い時代にまで遡る文献写本の発見は、ほとんど全てがハビービーによる功績であった。

ハビービーは１９１０年カンダハールに生まれ、１９３１年からパシュトー語新聞『アフガンの日の出（*Tulūʻ-i Afghān*）』の編集長を務めていた。この時期、インド・ムスリム知識人を代表する人物であるイクバール（Muḥammad Iqbāl, １８７７～１９３８年）、ナドウィー（Sayd Sulaimān Nadvī, １８８４～１９５３年）、ラース・マスウード（Sayd Rās Masʻūd, １８８９～１９３７年）がアフガニスタンを訪問しているが、その際の記録であるナドウィーによるウルドゥー語旅行記『アフガニスタンの旅（*Sair-i Afghānistān*）』の中には以下のような記述が確認できる。

我々が到着した後、（カンダハール）市の優れた人物数名と面会したが、その中で語るに値する人物は2名であった。……（省略）……当地文学協会の責任者でパシュトー雑誌 *Risālah*『アフガンの日の出』編集長（ハビービー・）アブドゥル・ハイィ・ハーンである。……（省略）……アブドゥル・ハイィ・ハーンはインドにおいて、おそらくスィンドとカラチ港にしばらく居住していた経験があるため、ウルドゥー語をかなり話す。彼はアフガン人たちの民族語であるパシュトー語を発展させ、この地の教育、知識、さらに公的言語を創出することにおいて先頭に立っている人物である。彼は我々のもとを訪れるとイクバール博士にこのことについて話を始めた［Nadvī 2008: 104-105］。

この記述から、ハビービーがイクバールら一行と直接面会して議論を交わしたことと、1930年代前半の時点で彼がすでにパシュトー語推進運動家として活発に活躍していたことが窺い知れる。1937年に教育相に就任したモハンマド・ナイーム・ハーン(12)は、自らが協会長を務めるアフガニスタン文学協会の組織と役割を刷新し、さらにその名称を「パシュトー・アカデミー（Paṣhto Ṭolanah）」に変更したが、これと同時に出版局（Riyāsat-i Mustaqill-i Maṭbūʻāt）の創設も行い1940年に活動を開始した［Rishtiyā 1992(?): 25-30］。出版局創設直後にその副局長とパシュトー・アカデミー局長を兼務するという任にハビービーが抜擢されたが、これは当時の出版局関係者にとって異例の人事であり、モハンマド・ナイーム・ハーンによる肝入りの人選であった［Rishtiyā 1992(?): 30-31］。その翌年から1944年までハビービーは教育省の顧問を務め、後にカーブル大学文学部長にも就任するなど、教育省との密接な人的関係に基づいて同省が管轄する各機関で活躍の場を得た。『隠された秘宝』の出版についても、モハンマド・ナイーム・ハーンが直ちに出版するように強く後援したことが同書前文に明記されているが、実際に前述の教育省管轄である出版局から発行されたこともこのことを裏付けている。したがって、パシュトー語をペルシア語に替わる公用語として普及と定着を図る政策に学術面で貢献する成果が、実に良い頃合いに発表されたと言える。

このように、政府の政策と合致する形で『隠された秘宝』をはじめとする写本が相次いで「発見」・公刊されたことなどから、写本の真正性そのものについての疑義が研究者から提示されるに至った。著名なイラン言語学者であるモルゲンスティールネ（１８９２～１９７８年）はその代表的研究者である。彼がイスラーム百科事典に記した記述を確認してみる。

近年に至るまで、17世紀以前のパシュトー文学作品は出版されてこなかった。しかし、『カーブル年鑑　アフガン暦１３１９年［１９４０～41年］』において、アブドゥル・ハイィ・ハビービーがスレイマーン・マークーの『聖者伝（*Tazhkirat-i Awliya*）』の断片を公表し、そこには11世紀にまで遡ると言われる詩作が含まれていた。さらに、カンダハールで編纂され１７２９年に完成したと言われ8世紀から編者の時代にまで至る（詩人とその詩作について記された）パシュトー語詩人伝である、モハンマド・ホタクの『隠された秘宝』もカーブルで出版された。しかし、（収録された）これらの作品は多くの重大な言語学的・歴史的問題を提起し、それらの真正性という問題は写本テキストが文献学的調査のため用いられることが可能になるまでは最終的に解決されていない。さらに、仮に『隠された秘宝』の真正性が認められたとしても、モハンマド・ホタクが記すところの最も古い詩作年代は誤りであろう。ラヴァティーによれば、シェイフ・マリーという人物が１４１７年にユースフザイ族の歴史を記したとされるが、同作品についても（執筆されたという情報）の他は何も知られていないのである。(13)

同様に、アメリカの著名なアフガニスタン研究者であったデュプリも、『隠された秘宝』の真正性に疑問を呈するとともに、17世紀に至るまでパシュトー文学作品は現れず、その後20世紀にかけてゆっくりと発展したとする見解を示している［Dupree 1973: 83］。批判の中には、本文中のパシュトー語表記や文体などに基づいた批判も含まれていたため、写本に対する信頼は一層揺らぐ結果となった。これら一連のテキスト自体への批判に対し、ハビービーは１９７７年に出版された第４版においてテキストと合わせて反駁文を掲載し、自らの主張を展開している。(14)以下で、前述のモルゲンスティールネに対する反論の一部分について確認してみる。

著名な研究者（モルゲンスティールネ）は『隠された秘宝』が言語学的・歴史学的に評価されるべきであると述べている。これは正しいが、誰がそのような評価を行うべきであろうか。そのような評価は母語がパシュトー語で、かつ近代文献学と語源学に精通している者によって行われれば意義深いであろう。さらにその者がアフガニスタンとパシュトゥーンの歴史を完全に理解し、中央アジア諸言語の発展に幅広い見識を有しているべきである。著名なオリエンタリストである彼は叙述の中で、ラヴァティーの記述を根拠に最古のパシュトー文学書はシェイフ・マリーによるものであると述べている。モハンマド・ホタクが9世紀以前に遡るパシュトー語作品について記しているが故に、同書の真正性に関する疑問を呈しているのである［Habibi 1997: 22-23］。

ハビービーの反駁においては、ラヴァティーに代表される欧米の研究者・オリエンタリストによる見解が、十分な学術的検討を経ないままに定説として認知されるにもかかわらず、自らの実績については学術的根拠が不足しているとして否定する傾向を批判するとともに、パシュトー文芸については母語話者である点も学術的評価を行う上で重要であるという点を主張している。しかし、この後パキスタンでもパシュトー詩人・文人であるカランダル・モーマンド（1930～2003年）などにより『隠された秘宝』に関する内容的な誤りなどを含めたテキストの真正性に対して強い疑問が呈されたことで、パキスタン国内でのパシュトー文学研究においては『隠された秘宝』はハビービーによる創作・捏造であるという考えが定着した［Momand 2008: 161-170］。他方、アフガニスタンではハビービーの最も代表的な著書である『パシュトー文学史』第2巻が1974年に発行されたが、同書中で『隠された秘宝』の真正性に疑問の余地はないという前提でパシュトー文学史について詳述された［Ḥabībī 1384Kh [2005]］。ハビービーによる文学史認識の影響は非常に強く、例えば著名な文人・作家であるハビーブッラー・ラフィーが『過去の記憶』と題する自らの詩集において、アミール・クロールを含めた『隠された秘宝』のみに記されている過去の詩人の偉大さを礼賛する詩を記すなど、アフガニスタンの文人や知識人の間ではパシュトー文学史を代表する作品としての評価が固まることとなった［Rafī' 1354Kh [1975-76]: 6-9, 14-18］。

Ⅳ　教科書中における『隠された秘宝』に関する記述

前述の通り、パキスタンにおけるパシュトー文学史研究においては『隠された秘宝』は多分に問題を包含する作品として認識されたため、研究のみならず教育対象から外された。実際にペシャーワル大学パシュトー・アカデミーのメンバーによって編纂と監修が実施されているハイバル・パフトゥーンフワー州（旧北西辺境州）教科書局発行のパシュトー語教科書においては、同作品に関連する記述は全く存在しない。[15] しかし、アフガニスタン側では大きく事情が異なり、現在使用されている教科書中にも関連する記述が多数確認できる。そこで、本節ではアフガニスタンの教科書中記述において『隠された秘宝』の記述が確認できる教科である「パシュトー語」と「歴史」の二教科に見られる記述内容を確認し、同国におけるパシュトー文学史に対する教育指針の一端を明らかにする。[16] まずは「パシュトー語」の教科書記述を学年ごとに順を追って確認してみる。最初に第８学年[17]において「カンダハール」という項目中に、この地で記されたパシュトー語の著名な書籍として『隠された秘宝』が冒頭で取り上げられている［DPV 8: 21］。さらに第９学年では「隠された秘宝」という表題で個別項目が設けられている。当該項目ではその冒頭で実際の書籍表紙写真が掲載された上で、学習目的について以下のように記されている。

あなた方は『隠された秘宝』という名前を聞いたことがあるだろうか。あるいは、この本を読んだことがあるだろうか。パシュトー語は古い言語で、その文学も大変古い歴史を有している。残念ながら、パシュトー語や文学の中でもかなり昔に書かれた作品は時代の災禍の中で散逸したため、現在多くの作品を我々は有していない。現在我々に伝わっている詩のいくつかの古い作品、それは、『隠された秘宝』と名付けられている大変貴重な文学書の中に保存され、我々のもとに伝えられている。この学習では貴重なこの文学書について紹介していく

[DPV 9: 111]。

このように、パシュトー語やその文学が長い歴史を有していることの証として、古い詩作が記されている『隠された秘宝』が重要な文学書である点が強調されている。さらに、本文内の記述についても以下でその一部で記す。

『隠された秘宝』はパシュトー文学の古い文献であり、ヒジュラ暦12世紀（ヒジュラ太陰暦1141～42年）にモハンマド・ホタクによってカンダハールで執筆された。著者は本書を自分と同時代人で文化保護を行った王であるシャー・ホセイン・ホタクの命令と要望によって編纂した。本書の写本は1322年［1943～44年］に入手され、その後パシュトー・アカデミーが1323年［1944～45年］に初めて出版した。……（省略）……『隠された秘宝』の著者は自ら編纂した本書を3部に分け、各々の部分に「秘宝」という名を冠した。第一の秘宝においては著者の時代以前の時代に関連するパシュトー詩人たちが紹介されている。……（省略）……第二の秘宝において自身と同時代である文人と詩人たちを我々に紹介している……（省略）……第三の秘宝において編者は女性詩人たちを我々に紹介している［DPV 9: 112-113］。

この部分の記述では編纂の経緯や内容について簡潔に述べられた上で、実際に取り上げられている詩人・文人の具体的名前も複数挙げられている。続いて第10学年ではパシュトー文学が時代別に古代期、中期（古典期とも言う）、近現代の三つに分類される点が述べられ、特に古代期に関して記されている［DPV 9: 89-98］。その中では以下のような記述が確認できる。

パシュトー文学の古代期はアミール・クロール・スーリーによる詩から始まる。……（省略）……この詩はモハンマド・ホタクの『隠された秘宝』を通じて我々に伝わってきた［DPV 10: 90］。

この記述から、パシュトー文学史において確認できる最古の詩人がアミール・クロールという人物であり、この人物の詩作とその事績は『隠された秘宝』の記述によって現在に伝承されている点が明示されている。さらにアミール・クロールの後にアブー・モハンマド・ハーシェムという詩人が存在したことについても触れられているが、この人物も『隠された秘宝』に取り上げられており、教科書中の記述においてもこのことが明記されている。つまり、古代期のパシュトー詩人たちについてはもっぱら『隠された秘宝』の記述に依拠しており、同書の記述に基づいてパシュトー文学史の時代区分が成り立っているということが教科書中の記述から確認できるのである。

続く第11学年においては中期パシュトー文学についての項目が存在する。中期についてはアフガニスタンの他、パフトゥーンフワー[(18)]（Pashtūnkhwā）、インドなどでアラビア語、ペルシア語、ヒンドゥスターニー語などの影響を受けつつ、宗教やスーフィー関連文学が発達したと述べられている一方で、カンダハールに「パシュトゥーンの国家」であるホタク朝が成立し、その宮廷で文芸活動が振興された側面も強調されている［DPV 11: 63-72］。さらに続けて、以下のように述べられている。

『隠された秘宝』はこの時代の貴重な書物であり、三つの「秘宝」が含まれ、古代と当時における数多くのパシュトゥーンの男女の文人・詩人と彼らによる書物の痕跡を我々に伝えている［DPV 11: 67］。

加えて、シャー・ホセイン・ホタクについても別項目が存在し、冒頭部分で彼の肖像画と並んで『隠された秘宝』の刊本表紙写真が掲載されている。この項目においても、概ね政治的実績よりも彼の文芸振興と宮廷における文人や詩人たちの活動について具体的な人名も挙げつつ数多く取り上げるという姿勢が取られており［DPV 11: 97-100］、その文化的功績と『隠された秘宝』の価値と編纂の重要性が結びつけられている。第12学年においては、パシュトー文学の一分野として詩人伝が取り上げられており、その中でも『隠された秘宝』の重要性について記述されている［DPV 12: 77-82］。

歴史教科書においても間接的に関連する記述が確認できる。第11学年の「ホタク朝期の経済と文化」という項目において、『隠された秘宝』の書名自体は記載されていないものの、同書中に登場する同時代の文人やシャー・ホセイン・ホタクの事績について記し、この時期が文芸保護の時代であるという点が強調されている［VMA: 77-78］。

以上のように、アフガニスタンの教科書記述からは『隠された秘宝』を古い時代の詩人や作品を収録していること、および文学史の時代区分を可能にしたという点からパシュトー文学史上きわめて重要な作品と位置付けていることが読み取れる。加えて、同作品の編纂を命じたシャー・ホセイン治世を文芸活動隆盛期と設定し、この認識を広く教育によって普及しようとしている意図も確認できた。

Ⅴ　おわりに

本稿ではパシュトー詩人伝『隠された秘宝』を取り上げ、同作品の構成と内容に見るパシュトー文学史への影響、さらには同作品の真正性をめぐる議論について確認した上で、教科書記述を通じた文学史認識についてどのような公的見解が広く定説として普及・定着に促されているのかという点についても検討した。この結果、ハビービーが「発見」し公刊された『隠された秘宝』は、パシュトー文学が8世紀より古い時代にまで遡ることができる文芸伝統を有するという認識を促すとともに、パシュトー文学史の時代区分形成にも強い影響を与えるなど、非常に価値の高い作品と認識されるようになった点が明らかになった。また、同作品の真正性をめぐる議論が提起されたものの、アフガニスタンにおいてはその真正性についてはほとんど問題視されず、むしろ知識人のみならず教科書を通じて広く一般にも文学史上重要な作品としての認識が共有されるようになっている点についても指摘した。ただ、同じくパシュトー語話者が多く居住しその研究拠点ともなっている隣国パキスタンにおいては、同作品はテキスト自体の真正性に強い疑義を持って受け止められていることから、結果的に文学認識に対する両国間での大きな差異を生み出すことにつながり、ひいては研究分野のみならず一般的な文芸伝統に関する認識においても修復困難とも言える分断を招いている。パシュトー語と政治権力との結びつきによる両国の分断という点については、19世紀末から1930年代に至るまでの政治情勢を中心とした分析からの分断という側面についての研究も近年発表されているが［Wide 2013］、文芸活動というより文化的な側面においても分断傾向が顕著となっていったことが明らかとなった。

このように様々な条件が重層的に積み重なった形での分断を解消するためには、政治・経済に関する深い洞察に加え、現地社会の基層を成す文化に関する学術研究の発展による対立の根本原因究明とその解消に向けた議論の前提となる知見獲得が必須である。アフガニスタンを中心とした地域に関しても、同様の本質的理解のための社会・文化に関する研究を実施していくことは今後必要不可欠であると考えられる。

【注】

（1）アフガニスタンにおいては歴史的に文学や政治的公用語としての長い伝統を有するペルシア語（アフガニスタンではイランとの差別化を図るため、1964年アフガニスタン政府により公式にはダリー語と呼称される）が文語として用いられてきた。19世紀後半になると支配階層であるパシュトゥーンの言語であるパシュトー語による公文書作成のための書記官 Pashto Navīs 任命や出版物の発行など、徐々に文語としての機能も高まりつつあった。しかし、20世紀を通じてペルシア語は文語としての確固たる地位を保ち続けた。

（2）1930年にナーデル・シャー（Muḥammad Nādir Shāh, 在位：1929～1933年）によって設立された国立研究機関。著名な詩人、文学者、研究者が参加するとともに、文芸雑誌『カーブル（*Kābul*）』や『カーブル年鑑（*Kābul Kalanay*）』を発行するなどアフガニスタンにおける文芸発展に大きな影響を与えた。

（3）1941年に国王ザーヒル・シャーによる提言で設立されたアフガニスタンの歴史研究機関。その起源は1933年に文学協会中の一部局として活動に確認されるが、後に本稿で後述する出版局、さらには教育省と所属機関を転々としたが、程なく独自の研究機関として設置された。

（4）19世紀後半から現在に至るまでのアフガニスタンにおける文芸活動の概要については［Green 2013］を参照。
（5）1978年4月27日、アフガン暦1357年サウル月7日に発生した「サウル革命」と呼称されるアフガニスタン人民民主党による共産革命クーデター後、パシュトー・アカデミーはアフガニスタン科学アカデミーへと名称変更された。
（6）［Shindandi 1381Kh[2002]］を参照。なお、発行が開催された『パシュトー』には当時の暫定行政機構議長のハーミド・カルザイ（のちに大統領）が祝辞を寄せている。
（7）メフルデル・ハーンはバーラクザイ朝（1826〜1973年）を創設したドースト・モハンマド・ハーンの母違いの兄弟であり、同じ同母兄弟である5人兄弟と共同でカンダハールを中心とした地域で勢力を誇り、ドースト・モハンマドと対抗共同統治したことでも知られる。また、母はモハンマド・ホタクと同じパシュトゥーンのギルザイ族のホタク部であった［小牧 2006: 147-152］。
（8）ホシュハール・ハーンの文学史上の特色とその後の影響については［Khatak 1989: 154-338］参照。
（9）17世紀には数多くのスーフィー詩人がアラビア語やペルシア語などの語彙・用法を融合させつつ多くの優れた作品を残したが、これらの詩人や作品などについては［Khatak 2009］を参照。
（10）パシュトー語の推進政策については、古い文献となるが［小川 1941; 勝藤 1964］が簡潔にまとめられている。
（11）［PT 1319Kh [1940-41]］の174頁と175頁の間に写真テキストとその翻字が掲載されている。なお、この写真テキストは後にハビービーによる解説などを付した上で出版された［Mākū 2000］。
（12）モハンマド・ナイーム・ハーンはザーヒル・シャー国王の従兄弟にあたり、1973年の共和革命によって大統領に就任したモハンマド・ダーウード・ハーン（1909〜78年）の弟に当たる。1978年、サウル革命と呼称されるアフガニスタン人民民主党による共産革命において、ダーウードとともに一族全員が殺害された。
（13）［Morgenstierne 1960: 220］。ラヴァティーのパシュトー文学史について論考は［Raverty 1860: XV-XVI］を参照したものであると推測される。
（14）『隠された秘宝』第4版については原文の入手が困難であったため、同版に基づいた英語翻訳版を参照した［Habibi 1997］。
（15）本稿で参照した教科書は州名が北西辺境州であった2009年に同州教科書局発行のものを用いた。
（16）本稿で用いた教科書はアフガン暦1390年［2011〜12年］版のものである。また、パシュトー語の教科書はパシュトー語、歴史の教科書はペルシア語（ダリー語）を用いてそれぞれ記されている。
（17）アフガニスタンの教育過程は初等教育から日本の高等学校過程に相当するまでを一括して第1学年から第12学年までに区分す

る。したがって、教科書もこれに対応する形で発行されている。

(18) パフトゥーンフワーは現在ではパキスタン北西部のハイバル・パフトゥーンフワー州（旧北西辺境州）としてその名が知られているが、概ねパシュトゥーンの分布する地域を指す地域概念である。この地域概念の歴史的経緯については［Mandūkhel 2009(?)］を参照。

◉参考文献

〈教科書と年鑑（略号）〉

（1）パシュトー語教科書

DPV 8: Da Pohanī Vizārat. 1390Kh [2011-12]. Paṣhto: 8 Ṭolgay（パシュトー語：第８学年）, Kabul: Da Pohane Vizārat.

DPV 9: Da Pohanī Vizārat. 1390Kh [2011-12]. Paṣhto: 9 Ṭolgay（パシュトー語：第９学年）, Kabul: Da Pohane Vizārat.

DPV 10: Da Pohanī Vizārat. 1390Kh [2011-12]. Paṣhto: 10 Ṭolgay（パシュトー語：第10学年）, Kabul: Da Pohane Vizārat.

DPV 11: Da Pohanī Vizārat. 1390Kh [2011-12]. Paṣhto: 11 Ṭolgay（パシュトー語：第11学年）, Kabul: Da Pohane Vizārat.

DPV 12: Da Pohanī Vizārat. 1390Kh [2011-12]. Paṣhto: 12 Ṭolgay（パシュトー語：第12学年）, Kabul: Da Pohane Vizārat.

（2）歴史教科書

VMA: Vizārat-i M‘ārif-i Afghānistān. 1390Kh [2011-12]. Tārīkh: Ṣinf-i 11（歴史：第11学年）, Kabul: Vizārat-i M‘ārif.

（3）年鑑

PT: Paṣhto Ṭolanah. 1319Kh [1940-41]. Da Kābul Kalanay 1319Kh [1940-41]（カーブル年鑑１３１９年）. Kabul: Paṣhto Ṭolanah.

〈その他の史資料文献〉

Dupree, Louis. 1973. *Afghanistan*. Princeton: Princeton University Press.

Green, Nile. 2013. "Introduction: Afghan Literature between Diaspora and Nation." In *Afghanistan in Ink: Literature between Diaspora and*

Nation. ed. Green, Nile and Arbabzadah, Nushin. 1-30. London: Hurst & Company.
Ḥabībī, 'Abd al-Ḥayy. 1384Kh [2007-8] *Da Paṣhto Adabīyāto Tārīkh Vol.1-2*（パシュトー文学史）, Peshawar: Dānish Khparandavīya Ṭolanah.
Habibi, A. H. 1946. "Le Plus Ancien Poete Pachto: Amir Koror Djahan Pahlawan Souri（最古のパシュトー詩人：アミール・クロール・ジャハーン・ハフラワーン・スーリー）." *Afghanistan: Historical and Cultural Quarterly / Historical and Literary Society of the Afghan Academy* 1(1): 8-14.
Hotak, Muḥammad. 1323Kh [1944]. *Paṭah Khazānah* (Second Edition in 1339Kh)（隠された秘宝）. Kabul: Da Pohanī Vizārat da Dār al-Ta'līf Riyāsat.
Khaṭak, Rāj Walī Shāh. 1989. *Da Paṣhto Adabī Taḥrīkūnah*（パシュトー文学運動）. Peshawar: Pashto Academy Peshawar University.
Khaṭak, Yār Muḥammad Maghmūm. 2009. *Ṣūfīyānah Shā'irī aw da Ma'āshirī Iṣlāḥ*（スーフィー詩人と社会改革）. Peshawar: University Book Agency.
Mākū, Sulaymān. 2000. *Tazkirat al-Awliyā'*（聖者伝）. Kabul(?): Da 'Allāmah Ḥabībī da Ṣerano Markaz.
Mandūkhel, A. 2009(?). *Pashtūnkhvā Kiyoṇ Nahīṇ*（パシュトゥーンフワーはなぜ実現しないのか）. Peshawar(?).
Momand, Qalandar. 2008. *Mīzān*（天秤）. Peshawar: University Book Agency.
Morgenstierne, Georg. 1960. "Afghān," In *Encyclopaedia of Islam* (2nd edition).
Nadvī, Sayyd Sulaimān. 2008. *Sair-i Afghānistān*（アフガニスタンの旅）. Lahore: Sang-e-Meel Publications.
Shindandi, Amir Mohammad. 1381Kh [2002]. "The Importance of Pata Khazana." *Paṣhto*, 1(1): 41-71.
Raverty, H. G. 1860. *A Dictionary of Puk'hto, Pus'hto or Language of the Afghāns*. London: Longman.
Rishtiyā, Sayyd Qāsim. 1992(?). *Khāṭirāt-i Siyāsī-yi Sayyd Qāsim Rishtiyā 1311(1932) tā 1371 (1992)*. Kabul (?).
Wide, Thomas. 2013. "Demarcating Pashto: Cross-Border Pashto Literature and Afghan State, 1880-1930." In *Afghanistan in Ink: Literature between Diaspora and Nation*. ed. Green, Nile and Arbabzadah, Nushin. 91-112. London: Hurst & Company.
小川亮作　１９４１「アフガニスタンの國語パシトゥ語について」『新亜細亜』第3巻8月號、南満洲鐵道株式會社東亜経済調査局、88～95頁。
勝藤猛　１９６４「アフガニスタンのパシュトゥン族とパシュトゥ語」『東方学』（34）２９９～３２６頁。
小牧昌平　２００６「ドースト・モハンマド・ハーン・モハンマドザーイーとその生涯」鈴木均編『アフガニスタンの対周辺国関係――ターリバーン敗走から4年間の変容』アジア経済研究所、１４７～１５５頁。

第Ⅲ部
いまを映す研究課題

第8章 現代トルコにおけるイスラーム・世俗主義・軍

岩坂 将充

Ⅰ　トルコにおける「国家」とイスラーム

トルコは、中東イスラーム世界において、政治的に2つの特徴を持っていると考えられている。1つは、制度的な意味において民主政治が一定の水準で存続・機能してきたということ、そしてもう1つは、ムスリムが国民の大多数を占めるにもかかわらず、「国家」による宗教の管理や「国家」からの宗教の排除を目指す世俗主義（laiklik）を掲げてきたということである。この2つの特徴は、トルコ共和国という体制のもとで長らく表裏一体であると考えられ、それゆえトルコでは宗教（すなわちイスラーム）を「国家」や政治の場に持ち込むことは「正しくない」とされてきた。

そして、この2つの特徴を担保する代表的な存在であったのが、軍である。とりわけ、1980年クーデタとその後の軍政期に成立した現行の1982年憲法のもとでは、軍は世俗主義を重要な一要素とするアタテュルク主義[1]（Atatürkçülük）の擁護者を自認し、彼らが独占的に規定するアタテュルク主義に反したと見なされた政府には、軍首脳らが出席する国家安全保障会議（Millî Güvenlik Kurulu, MGK）などの場で「民主政治を守るため」公然と圧力をかけた。１９９７年に生じた、親イスラーム的[2]と評された福祉党（Refah Partisi, RP）を首班とする連立政権を総辞職に追い込んだ出来事は、こうした軍の役割を強く印象づけるものであった。

もちろん、このような軍の行動自体が民主政治に反していることに議論の余地はなく、それゆえ２０００年代前半に公正発展党（Adalet ve Kalkınma Partisi, AKP）の単独政権のもとで「民主化」が進められたことによって、軍の政治的影響力は大きく縮小されることとなった。しかし、ＲＰと同様に親イスラーム的と見なされることもあるＡＫＰ政権のもとで、トルコ共和国という国家のあり方が大きく変化しつつある２０１７年現在において、今一度、ＡＫＰ政権以前のトルコにおいて権威を持っていたイスラーム観（と表裏一体の世俗主義観）を確認しておく必要があるだろう。

そこで本章では、１９８０年代以降においてトルコの「公的な」イスラーム観／世俗主義観を規定してきた軍の見解を、それ以前の社会情勢をふまえつつ、軍事政府や軍参謀本部の出版物を手掛かりに、明らかにしたい。より具体的には、１９８０年クーデタ軍事政府による『9月12日――それ以前とそれ以後（*12 Eylül: Öncesi ve Sonrası*）』、そして軍参謀本部による三巻本『アタテュルク主義（*Atatürkçülük*）』を分析する。そのうえで、軍の見解は、親イスラーム勢力の体制との思想面での対立よりも、あくまでも社会不安や治安の悪化への影響といった側面を重視するものであったことを明らかにするものである。そして、１９８０年クーデタ以降のトルコ政治を、従来描かれてきた「親イスラーム対世俗主義」の構図を超えて、より正確に理解するための背景の提示を試みる。

Ⅱ　１９７０年代における社会の分断

まず、１９８０年クーデタ前のトルコの政治・社会状況を確認しておきたい。当時は、１９６０年クーデタ後に成立した、トルコ共和国史上もっとも「リベラル」と評される１９６１年憲法のもと、多様な政治勢力の存在を認める政治的自由が比較的保障された状況にあった。くわえて、冷戦という時代背景もあり、１９６０〜１９７０年代は社会主義を掲げる組織が勢力を拡大し、それに呼応するかたちでトルコ民族主義を標榜する組織も力を持っていた。主要政党もこれらとの連携を公然／非公然を問わず深め、いくつかの組織は武装をともなうかたちで先鋭化していった。とくに、１９７０年代後半には、中道左派の共和人民党（Cumhuriyet Halk Partisi, CHP）とトルコ民族主義的な民族主義者行動党（Milliyetçi Hareket Partisi, MHP）の支持者同士が衝突したことを１つの契機に、両陣営の対立はいわゆる極左・極右勢力間の限定的な武力衝突から無差別テロへと変化し、全国に拡大していった［Hale 1977: 192; Ahmad 1977: 351-354; Birand 1984: 44-46］。

テロの中心となったのは、左派ではトルコ人民解放軍（Türkiye Halk Kurtuluş Ordusu, THKO）やトルコ革命家青年連合（Türkiye Devrimci Gençlik Federasyonu, Dev-Genç）、右派ではＭＨＰ系列の組織である「灰色の狼（Bozkurtlar）」や理想主義青年協会（Ülkücü Gençlik Derneği, Ülkücüler）であった［Harris 1980: 37; Landau 1982: 594-595; Millî Güvenlik Konseyi 1981: 217-219］。また、宗教マイノリティーであるアレヴィー派を右派武装勢力が襲撃する事件も相次ぎ、１９７８年12月には地中海地方東部のカフラマンマラシュで１００人以上が死亡し２００人以上が負傷、１９８０年７月には黒海地方中部のチョルムで18人が死亡し、アレヴィー派が町を脱出するという深刻な事態も生じた［Birand 1984: 68, 216; Evren 1994: 38-39, 172-173; 新井2001: 279］。さらに、マルクス・レーニン主義とクルド民族主義を掲げるクルディスタン労働者党（Partiya Karkerên Kurdistan, PKK）も武装闘争を激化させ、１９７８〜１９８０年には２４３人が犠牲となったとされている［Van Bruinessen 1984: 10-11］。

これらの組織が起こした武力衝突やテロにより、１９７７年には２３１人が死亡したとされ、その数字は翌１９７８年には８３２人、１９７８年12月〜79年９月には８９８人、１９７９年９月〜80年９月には２８１２人にまで急激に増加した[3]［Harris 1980: 36-38］。ここに表れているもの以外にも、強盗や誘拐、負傷事件なども著しく増加した。

このような事態においても、文民政府は不安定な連立政権が続き、さらには政権にしばしば参加していたＭＨＰ

の系列組織が武力衝突をおこなっていたため、テロや暴力の抑制に十分に対処する能力が欠如していた(4)。また官僚組織も、政権交代の度に前政権支持者が追放され、大幅に人員の入れ替えがおこなわれるなど、機能が麻痺していた［Özbudun 2000: 36］。さらには警察機構さえも、左派の警察協会（Polis Derneği, Pol-Der）と右派の警察連合協会（Polis Birliği Derneği, Pol-Bir）に事実上分裂し、テロを鎮圧するだけの訓練・装備も有していなかったことから、治安維持能力を持つ組織は軍しか残されていないという状況であった［Demirel 2003: 257］。１９７８年5月には、エヴレン参謀総長（Kenan Evren）がＭＧＫにおいてテロ対策や警察の政治化を抑制できていない現状を批判するなど、政府に圧力をかけて事態の打開を求めたが、実際にはこの時点で軍が講じうる措置はほとんど残されていなかったといえる(5)。

このように、１９８０年クーデタ直前には左右両陣営によるテロと極度の社会不安という状況が存在したが、こうしたなかで、親イスラーム勢力はどのような位置づけであったのだろうか。そのためにはまず、主要な親イスラーム政党であった国民救済党（Millî Selamet Partisi, MSP）について確認する必要がある。

Ⅲ　国民救済党と『9月12日』

ＭＳＰは、トルコの親イスラーム政党の嚆矢ともいえる国民秩序党（Millî Nizam Partisi, MNP; １９７１年5月閉鎖）を設立し党首を務めたエルバカンと同党幹部によって、１９７２年10月に設立された。ＭＳＰは１９７３年総選挙において11・8％の得票率で下院４５０議席中48議席を獲得、１９７７年総選挙でも8・6％の得票率で24議席を確保し、ともに議会第3党となった。これによって、当時二大勢力でありながらも単独政権を樹立できなかったＣＨＰと公正党（Adalet Partisi, AP）の間でキャスティング・ボートを握ることとなり、１９７０年代に計3回連立政権に参加した。

とくに、１９７４年1月に発足した連立政権では、約10か月間しか継続しなかったものの、元来親イスラーム勢力に否定的であったＣＨＰがＭＳＰをパートナーとして受け入れ、またエルバカン自身も副首相に任命されたことなどから、当時のトルコ政治において親イスラーム政党がある程度許容されていたことが理解できる。その後も、MSPはAPを中心とした連立政権に2度にわたって参加するなど（第1次国民戦線内閣1975年3月～1977年6月：第2次国民戦線内閣1977年7月～1978年1月）、議席数以上の存在感を示していた。さらに、左派や右派と同様に、600以上の支部を持つ青年組織「アクンジュラル[6]（Akıncılar Derneği）」や、系列の労働組合としてトルコ正義労働組合連合（Hak İşçi Sendikaları Konfederasyonu, Hak-İş）も有していたことも、注目に値する［Toprak 1984: 128］。

しかし、このようなエルバカンやMSPの動きそのものが、1980年クーデタの直接かつ第一の要因となったとは考えにくい。トルコ政治研究者のKarpat［1981］は、こうした親イスラーム勢力の伸長を、Jenkins［2001］はさらにクルド民族主義の興隆を、クーデタの重要な要因として挙げているが、あくまでも治安や経済の著しい悪化と文民政府の対応能力の欠如が大きな要因であり、親イスラーム勢力の存在は二次的なものであったと評価することが妥当だろう。

事実、クーデタを1つの可能性として模索していた軍は、1979年12月下旬には、エヴレンらはイスタンブルの第1軍司令部で会合を開き、コルテュルク大統領宛てに各政党党首に事態収拾のための協力を要請する書簡を送ることで合意したが、その内容でも最大の焦点は左右両派の対立に起因する治安の悪化であった[7]［Birand 1984: 132-136; Evren 1994: 328-330］。具体的には、以下のように言及されている。

……我々の国家の継続、国民の一体性の確保、人々の資産と生命の安全を保障するため、無政府テロや分離主義に対し、議会制民主主義体制の内において憲法に認められた組織、とくに政党が、アタテュルク主義的な国民の視座をもってともに措置や解決案を模索することが不可避な義務であると思われる［Evren 1994: 330］。

エヴレンは、コルテュルクにCHPとAPによる大連立が不可欠であるとの見解を述べており［Evren 1994: 333］、それに関係してエルバカン（つまりMSP）を不安定要素の1つと見なしていたが、これもその親イスラーム性ではなくキャスティング・ボートとしての立場を懸念しての発言であった。

また、1980年クーデタ後に軍事政府が刊行した『9月12日』においても、親イスラーム勢力に対する憂慮が述べられているが、軍事政府が危険視したのはその思想以上に、治安を脅かすテロ活動との関連であった。同書では、クーデタの直前である1980年9月6日に、中央アナトリア地方南部のコンヤでエルバカンらが「イェルサレム解放の日」と名付けられたデモをおこなったことやそこでの言動について非難がなされているが、イスラームを称揚し既存の共和国体制を攻撃する発言よりも、これらが体制との武装闘争を扇動するような発言に批判を集中させている。たとえば、エルバカンらは「宗教を搾取し、それを政治の道具とすること」をトルコ国内だけではなく、外国（とくにドイツ）に住むトルコ人の間でもおこなっているということ、そして彼らはこうした運動の支持者に武装闘争のための訓練を施し、「宗教の名のもとでの死や殺害を許容する思想」を広めている、とした［Millî Güvenlik Konseyi 1981: 187-188］。また、エルバカンらが刊行していた書籍・雑誌には「君たちはイスラームにおいて連帯し、トルコの不信心者の世俗主義体制を破壊すべきだ」といった内容が書かれているとし、こうした書籍・雑誌やテープなどの販売は、市民の宗教心を搾取するものであり、テロ活動の財源となっていると指摘した［Millî Güvenlik Konseyi 1981: 188］。

このように、クーデタの要因としては、軍は治安の悪化を重視していた。エルバカンやＭＳＰをはじめとする親イスラーム勢力も、『9月12日』などによるとその一部としてとらえられていたことがわかる(8)。その意味において、軍にとっての親イスラーム勢力の最大の問題点は、「宗教の搾取／政治利用」に基づくテロ活動の危険性や社会不安の増大ということができるだろう。

Ⅳ　1982年憲法と「アタテュルク主義」

1980年クーデタは、9月12日午前4時に、エヴレンが「国内任務法に則り」軍が全権を掌握したとの声明を発し、全土に戒厳令を布告するかたちで迅速に進められた［Evren 1994: 546-547］。これによりクーデタは全国民の知るところとなった。大規模な部隊の出動はなく、軍首脳部の主導によって周到に準備された完全にヒエラルキー内での作戦であったため、事実上、遂行すべきなのは政党党首の拘束のみであった。ＣＨＰ・ＡＰ・ＭＨＰ・ＭＳＰの各党党首は、それぞれ派遣された将校らによって順次拘束された(9)。拘束された党首らはアンカラの空港に連行され、そこから軍の保養施設のあるダーダネルス海峡沿岸のハムザコイに移送されたうえで、約1か月軟禁状態に置かれることとなった。

左右両派の対立・テロによって国民の一体性が著しく損なわれたと考えていたクーデタ軍事政府は、アタテュルク主義を中心にすえた国家再建を目指し、自らを「アタテュルク主義の擁護者」と位置づけて諸改革を実施した。そして、アタテュルク主義の重要な一要素である世俗主義についても、彼らなりの解釈を与え、社会への浸透を図ったのである。

こうした軍事政府の方針は、クーデタ声明でのアタテュルク主義への言及や(10)［Evren 1994: 546-547］、新憲法である１９８２年憲法においても色濃く反映されている。１９８２年憲法では、「アタテュルク」ないし「アタテュルクの原則（Atatürk ilkeleri）」に言及した箇所は、前文・第2条（共和国の性質）・第42条（教育・学習の権利および義務）・第58条（青年の保護）・第81条（大国民議会議員の宣誓）・第１０３条（大統領の宣誓）・第１３４条（アタテュルク文化・言語・歴史高等機構の設置）、および暫定条項第2条の計8箇所におよんだ。とくに前文においては、以下のようにアタテュルク主義の国家における中心的な位置づけが強調されている。

……（前略）トルコ共和国の創設者、永遠の指導者ならびに比類なき英雄であるアタテュルクが示した国民主義の理解と彼の改革および諸原則に従って、（中略）……
トルコ国民の利益やトルコの存続、国家と国土の一体性の原則、トルコ民族の歴史的精神的価値観、アタテュルクの国民主義・原則・改革および文明主義に反するいかなる思想も擁護されず、世俗主義の原則に則り、神聖

なる宗教的感情を国務および政治に決して関与させてはならない……（後略）

また、軍事政府のアタテュルク主義や世俗主義に関する理解は、アタテュルクの没後50周年を記念して参謀本部が刊行した『アタテュルク主義』でも確認することができる。思想としてのアタテュルク主義については、三巻本として刊行された本書のうち、とくに第3巻『アタテュルク主義の思想体系（*Atatürkçü Düşünce Sistemi*）』において多く触れられているが、とりわけ第5章「宗教（din）」は、宗教（イスラーム）や世俗主義を単独で扱った点で重要である。当該章によると、宗教は「社会の基本的な制度の1つ」であり、「知識の境界の先にある真実を人々が理解し、触れ、合致するよう生きる努力」である。そのため、宗教の基本的な責務は「人間が個人としてそれぞれ偉大な存在である神に結びつくことを保障すること」とされた［Genelkurmay Başkanlığı 1983: 221］。つまり、宗教は個人の問題であるという主張が、ここではなされているのである。

さらにこの章では、預言者ムハンマドやアタテュルクの言葉にも言及し、イスラームは良心の自由を重視しており、そして世俗的な秩序において国家は宗教と分かれて運営されうると述べられている［Genelkurmay Başkanlığı 1983: 221-222］。そして国家は、「宗教的制度が宗教の基本的責務をおこなうかたちで活動するよう制御し、宗教的制度以外のすべての制度が宗教を悪用しようと宗教から力を得ることを妨げる」とされた［Genelkurmay Başkanlığı 1983: 228］。

こうした観点は、前述のような、軍事政府が親イスラーム勢力について問題視していた「宗教の搾取／政治利用」、およびそれに基づくテロ活動とのつながりを、強く否定するものであるといえる。宗教を個人のものとしつつ国家が管理する方針を打ち出したことに、１９７０年代にみられたような社会不安を生じさせないという軍の姿勢が、明確に現れているといえよう。社会的亀裂を防ぐ国民の一体性の醸成には、宗教や宗派の違いを問わない世俗主義が求められるのである［Genelkurmay Başkanlığı 1983: 31］。

このような軍の姿勢は、前述の１９９７年の政治介入とＲＰ連立政権の崩壊においても踏襲され、実行に移された。

そして現在、しばしば親イスラーム的と見なされるＡＫＰ政権は、軍の基準に抵触しないようなかたちで、また時には宗教と個人のつながりを強調するようなかたちで政権運営をおこなってきた。従来禁止されてきた国立大学での女子学生のスカーフ着用を、「学ぶ権利」や「信教の自由」といった観点から認めさせてきたことなどが、その例である。そしてその過程で、ＡＫＰ政権は「民主化」を一定程度実現し、軍の政治介入の抑制にも成功してきた[11]。

　しかし近年、ＡＫＰ政権は次第に強権化の傾向が目立つようになり、共和国建国以来継続してきた議院内閣制から大統領制への移行の動きなど、これまで踏み入れてこなかった領域にまで変革を進めている。今後、こうした変革によって社会不安が増大した場合、果たして軍はどのような対応を見せるのだろうか。また、その際にトルコの政治・社会における世俗主義観は軍のそれと対立するのか、あるいは合致するのだろうか。トルコの未来を考えるため、引き続きイスラームや世俗主義のあり方を、社会的亀裂や国家の一体性の観点から注視する必要があるだろう。

【注】

(1) アタテュルク主義は、初代大統領アタテュルク（Mustafa Kemal Atatürk）が掲げた近代化理念を指すとされる。明確な定義は存在しないが、「6本の矢（altı ok）」と呼ばれる、国民主義（milliyetçilik）、世俗主義（laiklik）、共和主義（cumhuriyetçilik）、国家（経済）主義（devletçilik）、人民主義（halkçılık）、改革主義（inkılâpçılık）、そして「現代文明水準への到達」や「国家の一体性」が一般に重要な要素と見なされている。

(2) ここでは、厳格な世俗主義を建国理念の1つとするトルコにおいて、しばしばそれを超える範囲でイスラーム的な主張をおこなう傾向を指すものとする。

(3) 新井［2001: 278-279］は、1977年は230人、1978年には1000人、1979年には1500人が死亡したとしている。また Özbudun［2000: 35］は、1975〜1980年には5000人以上が死亡し、その3倍以上が負傷したと述べている。

(4) デミレルは、連立政権に参加していたＭＨＰを擁護するため、「私に右派や民族主義者が殺人を犯しているといわせることはできない」と発言するなど、極右テロを事実上容認する姿勢を見せていた［Cizre 1993: 150］。

（5）また同時に、経済状況も著しく悪化していたことに注意が必要である。インフレ率は１９８０年には１００％を超えており、対外債務も１９７７年に１１４億ドル、１９７９年には１４６億ドルと膨らんでいた。
（6）アクンジュラルは、オスマン帝国時代の非正規の騎兵隊に由来する名称で、直訳すると「略奪兵」となるが、「先鋒隊」や「急襲隊」といった意味も含まれる。
（7）書簡の内容については、Evren［1994: 330-332］。
（8）『9月12日』における親イスラーム勢力に関する記述が、ここで取り上げたもの以外にほとんどないことも、注目すべき点である。
（9）テュルケシュ・MHP党首のみ逃亡中であったため、拘束は他3名よりも数日遅れた［Evren 1994: 547-548］。
（10）また、クーデタ当日にエヴレンが国営放送にて発表した声明では、「次第に影響力を減退させられたアタテュルクの原則に再び活力をもたらすこと」もクーデタの目的として挙げられている［İnsel 2001: 680-684］。
（11）岩坂［2014］などを参照のこと。

◉参考文献

新井政美　２００１『トルコ近現代史――イスラム国家から国民国家へ』みすず書房。
岩坂将充　２０１４「トルコにおける『民主化』の手法――文民化過程にみる『制度』と『思想』の相互作用」『国際政治』１７８号。
Ahmad, Feroz. 1977. *The Turkish Experiment in Democracy 1950-1975*. London: C.Hurst and Company.（民主主義におけるトルコの実験――１９５０～１９７５年）
Birand, Mehmet Ali. 1984. *12 Eylül, Saat: 04.00*. İstanbul: Karacan Yayınları.（9月12日、午前4時）
Cizre, Ümit. 1993. *AP-Oru İlişkileri: Bir İkilemin Anatomisi*. İstanbul: İletişim Yayınları.（公正党＝軍関係――あるジレンマの分析）
Demirel, Tanel. 2003. "The Turkish Military's Decision to Intervene: 12 September 1980." *Armed Forces and Society* 9(2).（トルコ軍の介入の決断――１９８０年9月12日）
Evren, Kenan. 1994. *Zorlu Yıllarım, 1.Cilt*. İstanbul: Milliyet Yayınları.（私の困難な時代
Genelkurmay Başkanlığı. 1983. *Atatürkçülük (Üçüncü Kitap): Atatürkçü Düşünce Sistemi*. Ankara: Genelkurmay Basımevi.（アタテュルク主義

（第3巻）――アタテュルク主義の思想体系）

Hale, William. 1977. "Turkish Democracy in Travail: The Case of the State Security Courts." *World Today* 33.（トルコの民主主義の生みの苦しみ――国家安全保障裁判所の事例）

Harris, George S. 1980. "The Left in Turkey." *Problems of Communism* 29.（トルコにおける左派）

İnsel, Ahmet. ed. 2001. *Modern Türkiye'de Siyasi Düşünce, Cilt 2: Kemalizm*. İstanbul: İletişim Yayınları.（現代トルコにおける政治思想（第2巻）――ケマリズム）

Jenkins, Gareth. 2001. *Context and Circumstance: The Turkish Military and Politics*. London: Oxford University Press.（状況と環境――トルコにおける軍と政治）

Karpat, Kemal H. 1981. "Turkish Democracy at Impasse: Ideology, Party Politics and the Third Military Intervention." *International Journal of Turkish Politics* 2(1).（難局にあるトルコの民主主義―イデオロギー、政党政治、および三度目の軍の政治介入）

Landau, Jacob M. 1982. "The Nationalist Action Party in Turkey." *Journal of Contemporary History* 17.（トルコの民族主義者行動党）

Millî Güvenlik Konseyi. 1981. *12 Eylül: Öncesi ve Sonrası*. Ankara: Türk Tarih Kurumu Basimevi.（9月12日――それ以前とそれ以後）

Toprak, Binnaz. 1984. "Politicization of Islam in a Secular State: The National Salvation Party in Turkey." In *From Nationalism to Revolutionary Islam*. ed. Said Arjomand. London: Macmillan.（世俗主義国家におけるイスラームの政治化―トルコの国民救済党）

Özbudun, Ergun. 2000. *Contemporary Turkish Politics: Challenges to Democratic Consolidation*. Boulder and London: Lynne Rienner.（現代トルコ政治――民主主義定着への挑戦）

Van Bruinessen, Martin. 1984. "The Kurds in Turkey." *Merip Reports* (121).（トルコにおけるクルド）

第9章

エジプトにおける「アラブの春」の抗議運動

――発生、動員、帰結の研究動向

金谷 美紗

I 問題の所在――ユーフォリアから失望へ、失われた抗議運動の「その後」への関心

2011年春、アラブ諸国に民衆抗議運動と自由への溢れんばかりの期待感が広がった。今、アラブの人々、ジャーナリスト、研究者は、あの出来事は一過性の「騒ぎ」であったと見ている。なぜなら、民衆抗議運動が民主化をもたらしたのはチュニジアだけで、その他の国々では市民的・政治的自由を抑圧する権威主義体制が存続し、国家による暴力、武装組織による暴力が拡大しているからである。悪化する治安、混乱する経済のなかで暮らす人々は、「アラブの春」は自分たちに苦しみを与えただけで、以前の独裁体制の頃のほうが安定した暮らしがあったと嘆き、自由ではなかった過去を懐かしむようになった。「アラブの春」に否定的な意味付けしかできないという意味で、アラブの人々のなかには心理的、感情的なトラウマが潜んでいるのではないだろうか［Aki 2017］。

われわれ研究者も、別の意味で、アラブの人々と同じように「アラブの春」を一面的に分析していないだろうか。

「アラブの春」における民衆抗議運動に関する研究の多くは、運動の発生から動員が拡大されていく過程の説明に集中し、抗議運動がアラブ諸国の政治にどのような帰結をもたらしたのかという問題には注目していない。それは、「アラブの春」が民主体制をもたらさなかったために、抗議運動がもたらした影響への知的関心が失われたかのようである。

この問いかけには、「アラブの春」後に権威主義体制が復活したという指摘が数多くなされているから適当ではない、との反論もあるだろう。しかし、これらの「権威主義体制復活論」には2つの問題点がある。第一に、民衆抗議運動が失敗した、つまり抗議運動が自由な政治体制を実現できなかったという事実と、旧体制エリートが政治的影響力を再び掌握した事実との間に因果関係を明示せずに、2つの要素がリンクされて論じられている。自由を求めた抗議運動は各国で弾圧に敗北し、動員能力を失ったが、なぜそれが旧体制エリートの復権に繋がったのか、抗議運動と体制の間に存在する相互作用を分析する必要がある。

第二に、権威主義体制の復活と言うものの、「アラブの春」以前の権威主義体制とまったく同じ政治体制であろうかという疑問がある。アラブ諸国は、体制成立以来最大規模の民衆動員によって体制の正統性を否定され、不満の表明を目の当たりにし、チュニジア、エジプト、リビア、イエメンでは大統領が権力の座から退く（または殺される）経験をした。こうした体制の危機を経験した国々が、「アラブの春」後も以前と同じ統治構造、支配者−被支配者関係を維持しながら人々を統治しているだろうか。危機を経験した政治体制は、体制を危機に追い詰めた「危険な要素」が再び政治の場に出現しないように、体制を脅威から守り、強化する対策を講じるであろう。しかし、「アラブの春」後の権威主義体制に関する議論の多くは、一部の研究を除き、権威主義体制が再び成立したということ以外にあまり多くを述べていない。

「アラブの春」がアラブ諸国の政治・社会・経済的実践に対する変革を要求する民衆抗議運動であったことを踏まえるならば、「アラブの春」における民衆抗議運動の研究は、人々が動員され運動が巨大化する過程だけでなく、運動がもたらした政治的帰結も考えなければならない。本稿はこのような問題意識にもとづき、エジプトを事例に「アラブの春」の抗議運動の研究状況や課題を明らかにしたい。特に、抗議運動の政治的帰結という研究課題について論じたい。

Ⅱ　1月25日革命と抗議運動の研究

エジプト国民も研究者も予想しなかったムバーラク体制の崩壊ののち、1月25日革命の発生を問う研究が量産された。しかし1月25日革命と抗議運動に関する研究の多くは大規模な民衆動員が起きた局面を説明するものであり、抗議運動がもたらした政治的帰結を論じた研究はとても少ない。本節では、はじめに1月25日革命に至るまでの抗議運動が拡大していく過程を概観し、それを踏まえたうえで、1月25日革命へ至る抗議運動についての先行研究を整理してみたい。

(1)　1月25日革命に至るまでの抗議運動

エジプトにおける2011年の革命は、2006年頃からの労働運動と2008年に結成された4月6日運動が作った抗議運動の高まりの延長線上に起きたといえるだろう。ナイル川下流のデルタ地方にある工業都市マハッラ・クブラーで、国営紡績工場の労働者2万人が賃上げや労働条件の改善を求めるストライキを行い、同様の要求を掲げる労働争議がデルタ地方やカイロの国営企業に広がった。この過程で、2008年4月6日に、労働者の抗議に連帯を示す若者グループが、国に蔓延する腐敗や自由の抑圧に反対を叫ぶよう国民にゼネストを呼びかけ、これを機に民主化を求める若者団体「4月6日運動」が結成された。また2009年には、税務局従業員が、官製労組の「エジプト労働組合総連盟」(ETUF)による統制から抜け出し、独自の労働組合を結成することに成功した。このように、2006年からの労働争議の増加は、民主化という政治的要求を掲げる若者市民グループ「4月6日運動」の結成、国家による統制に反対する独立労組の結成を促し、国家による市民活動の統制・支配に対して市民社会が公然と異議を唱える空間は広がった［金谷 2012］。また、こうした出来事が政府系・野党系メディアで報道されたことにより、抗議運動の存在は市民に広く認知されるようになった。

そして、この後に起きたいくつかの偶然の出来事が、エジプトにおける抗議運動を２０１１年１月の大規模な大衆動員に導いた。第一は、２０１０年６月、アレキサンドリアでハーリド・サイードという青年が警察の拷問によって死亡した事件である。拷問死した青年の遺体画像がインターネットに出回り、警察の市民に対する日常的な嫌がらせや拷問行為に対する怒りがＳＮＳ上で叫ばれた。フェイスブックで匿名の若者たちが「われわれは皆ハーリド・サイード」というグループを作り、カイロやアレキサンドリアなどで、非常事態宣言の解除や政治的自由を要求する抗議運動を行った。

第二の出来事は、２０１０年11～12月に実施された人民議会（下院）選挙である。与党・国民民主党（ＮＤＰ）は、前回選挙（２００５年）で比較的自由な選挙を行った結果、ムスリム同胞団に多くの議席を与えてしまった苦い経験を踏まえ、２０１０年は大規模であからさまな不正を行うことで9割以上の議席を確保した。ＮＤＰは４２０議席、ムスリム同胞団はわずか1議席という結果だった[1]。野党や抗議運動はこの操作された選挙結果に強く抗議し、「変化のための国民連合」（エルバラダイ元ＩＡＥＡ事務局長を代表とする市民団体）、4月6日運動、野党は、「影の内閣」を結成する動きを開始した[2]。

こうした流れのなかで、第三の出来事であるチュニジアでの体制崩壊が起きた。シーディー・ブージードでの青年の焼身自殺は、エジプト社会の大多数の人々が抱える問題と同様の社会経済問題を反映していた。チュニジア全土に広がった抗議運動、ベン・アリー大統領の国外逃亡、体制崩壊を受けて、エジプトでは、「警察の日」にあたる1月25日に抗議運動が呼びかけられた。最初に呼びかけをした人物は無名の若者であったが、この呼びかけはＳＮＳを通じて多くの一般の若者に広がり、4月6日運動、「われわれは皆ハーリド・サイード」などの政治的運動の賛同を得た。

1月25日、多くのエジプト人は、これまでの抗議運動と同じように、せいぜい数百人程度の活動家が集結し、デモは治安部隊によって強制的に解散させられるだろうと予想していた。しかし、カイロの各所で数百人規模の若者が街頭でデモを行っている様子が衛星放送やＳＮＳで報じられると、抗議運動は瞬く間にカイロ以外の都市部に広がり、参加人数が膨れ上がった。やがて野党が抗議運動に参加し、ムスリム同胞団が支持基盤の一斉動員をかけ、労働者たちがゼネストを開始し、エジプトの政治・経済は完全に麻痺した。2月11日にムバーラク大統領の辞任が発表されるまでの18日間、死者は８４６名、負傷者は６４００名以上に上った（政府公式発表[3]）。

（2）抗議運動の発生要因への集中

先述したように、先行研究の大部分は大規模な民衆動員がどのように実現したのかという問いを扱っている。その中でも、1月25日革命が労働運動の活発化によってもたらされたことから、革命における労働運動の役割を論じた研究は多い。Clément［2009］、al-Mahdy［2010］、al-Shūbaky［2010］、Bishara［2014］は、２００６年のマハッラ・クブラー市でのストライキが労働争議の拡大に及ぼした影響、公的部門における最低賃金の引き上げ要求が労働者全体に共有された過程、独立労働組合が結成された要因などを論じている。Alexander and Bassiouny［2014］はマルクス主義的な性格が強い研究ではあるものの、20世紀初頭から革命後までの労働運動の変遷を詳述している。

また、キファーヤ運動や4月6日運動、変化のための国民連合、われわれは皆ハーリド・サイードなどの民主化運動については、al-Sayyid［2009］、al-Shūrbagy［2010］、Shihāta［2010］、Shehata［2014］が、各団体の結成過程からメンバーの属性、活動、野党との関係、動員方法などを分析している。金谷［2012］は、労働運動と民主化運動の関係の説明において抗議の対象となった「不正」概念の変化に注目し、労働運動が打倒対象とした経済的不正を4月6日運動が政治的不正にまで拡大し、より広い層の支持者の獲得に成功したと論じた。

ムスリム同胞団と革命までの抗議運動の関係については、Wickham［2013］が詳しい。1月25日に抗議運動が始まった当初は、体制による弾圧と組織の非合法化を恐れて抗議への参加には慎重姿勢だったが、抗議への参加と積極的な動員に方針を切り替える過程が、同胞団内部の戦略的決定過程として描かれている。

革命に参加した人々の政治意識に注目した研究も存在する。加藤・岩崎［2013］は、経済構造、貧困、人口構造、都市・地方間格差といった指標の分析、エジプト国民に対する意識調査のデータ分析から、革命前のエジプト社会・経済の構造、国民の不満の所在、政治意識の変化を明らかにした。抗議運動との関連で興味深い指摘は、２００８年から２０１０年の間に経済生活への不満、政治的自由の抑圧に対する不満が高まっていたこと、若者層で政治的関心が高まっていたことである。また、革命後の意識調査からは、政治的権利の意識の高まり、生活の安定を求める傾向の高まり、体制批判の高まり、無党派層の増加、情報収集手段としてマスメディアへの依存度の高まり、国民意識の高揚を明らかにしている。

他方、「アラブの春」では、抗議運動で人々がＳＮＳを活用したり、アル＝ジャジーラなどの衛星放送が積極的に「アラブの春」諸国の抗議運動を放送したりしたため、メディアが体制崩壊に与えた影響に社会的な注目が集まった。研究者の間では、抗議運動のどの場面にメディアが影響を及ぼしたのかを特定する方向で検証が行われている。Lynch［2014］はメディアが革命の発生をもたらしたのではなく、運動のアイデアや運動が行われている場面のイメージ（画像、映像）が拡散されることにより、抗議運動の影響力を強める役割があると指摘した。山本［2014］は、メディアの普及が単純に抗議運動をもたらすのではなく、フェイスブックやツイッターなどのソーシャルメディアが人々の間に弱いネットワークを構築し、思考と感情を「同期」させる機能を持ったと論じた。

以上から、エジプトにおける「アラブの春」に関連する抗議運動の発生に関する研究は、運動の外的環境（社会経済構造、情報技術の発達）、運動の内的要因（意識、戦略、参加者の属性）、そしてこれらが運動の動態に与えた影響に注目した研究が多いといえる。

Ⅲ　抗議運動の政治的帰結

これとは対照的に、エジプトにおける「アラブの春」に関連する抗議運動がどのような政治的帰結をもたらしたのか、という視点に立った研究は少ない。革命後に抗議運動が政策決定に及ぼす影響力が減少した失望感から、エジプトの人々の間でも研究者の間でも、抗議運動が自由や民主主義を実現できなかった理由をあえて追及する動機が失われたのかもしれない。革命後の政治において抗議運動という主体が周辺的存在になったがゆえに、公的秩序の変革を求めた抗議運動がどのような結果をもたらしたのかという重要な問題が考察されずにいる。

本節では、はじめに革命後政治において抗議運動がどのような意味で影響力を失ったのかを記し、こうした抗議運動の変化について研究の分野がどのような状態にあるのか示したい。

(1) 革命後政治における抗議運動の衰退

革命後、人々は、民意が代表される民主的政治が実現するものだと期待していた。しかし現実は、暴力と混乱に満ちた移行期政治、軍事クーデタ、反対派の弾圧という非民主的な政治の復活であった。

ムバーラクの辞任を目的に一致団結した様々な運動は、革命後、それぞれが異なる目的のために活動を続けた結果、暴力的衝突、動員力の弱体化、政策決定への影響力を著しく失うという結果になった。まず、ムスリム同胞団は革命後すぐに公式政治への参加を求め、暫定統治者となった軍最高評議会（ＳＣＡＦ）との協力に舵を切り、ＳＣＡＦを批判する4月6日運動や変化のための国民連合、その他多数の若者団体と対立するようになった。一方、これらの若者グループは、革命後も続く治安部隊によるデモ参加者に対する暴力的弾圧の停止、ＳＣＡＦによる暫定統治の早期停止と民主化移行を主張し、抗議運動を続けた。ムスリム同胞団のムルスィー政権が成立した後は、若者グループは同政権のイスラーム主義的な政策、シナイ半島のイスラーム過激派との関係を批判し、たびたび同胞団支持者と暴力的に衝突した。

ムルスィー政権に対する若者グループによる強い反発の中から、大統領の辞任を求める「タマッルド運動」（反乱運動）が結成された。同運動は2013年6月30日から数日間、カイロなどの大都市で幹線道路を埋め尽くす大規模な民衆動員に成功し、軍のクーデタという形での支援を得て、ムルスィー大統領の辞任を実現してしまった。タマッルドはその後、軍の影響力を強く受けた暫定政権によるムスリム同胞団に対する徹底弾圧を支持したため、弾圧を批判した4月6日運動などの若者団体と対立した。またタマッルド内部でも分裂が生まれ、やがて組織としての活動は失われた。4月6日運動は、革命後から一貫して権威当局による自由の弾圧に反対してきたが、暴力で抗議運動を弾圧するスィースィー政権下で支持者を動員することができず、ついには「公共の秩序、治安を乱す」という理由で政府によって非合法化された。

他方で、公式政治に参加した若者グループもいる。反ムルスィー運動に参加していた学生運動のリーダーが、クーデタを率いたスィースィーを大統領に推す運動を開始し、のちに「国民未来党」を結成し、2015年に議会進出を果たした。しかし、2015年の選挙で成立した議会はスィースィー支持派の議員で埋め尽くされ、体制翼賛的な機能しか持ち得ていない。そのため国民未来党は、他の政府支持派の政党や議員と同様に政策決定への影響力を弱めていった。

こうして革命後の抗議運動団体は、政府との関係をめぐる立場の違い（支持、対立）を原因として2013年まで暴力的に対立しつづけた。このような暴力の継続は運動への支持者を減少させる効果をもたらした。暴力的な抗議運動が続くにつれて、国民の優先事項は自由や民主主義の実現よりも革命によって悪化した経済状況を一刻も早く立て直し、生活に安定を取り戻すことに変化した。支持者を失った運動は治安当局の弾圧に脆弱になり、政治過程から周辺化された。一方、政府を支持する立場を選択した運動は、権威主義体制という政治的環境において政府に「取り込まれる」結果となり、政策決定への影響力を失った。

（2）抗議運動の帰結――政治過程、政治体制への影響

さて、Ⅰ節で述べたように、本稿は、「アラブの春」がアラブ諸国の政治・社会・経済的実践に対する変革を要求する抗議運動であったのならば、「アラブの春」における抗議運動の研究は、抗議の動員拡大過程だけでなく、運動がもたらした政治的帰結も考えなければならない、との立場をとる。「アラブの春」という特定の歴史に限定せずとも、抗議運動は社会の既存の秩序に変化をもたらすことを目的とするため、運動の研究は本来的には運動の帰結まで含まれるべきである。

１月25日革命に参加した様々な運動団体は、ムバーラク大統領の辞任、自由や民主主義の実現、社会的公正の実現、労働条件の改善など、それぞれの目的を持って抗議運動に参加した。タマッルド運動はムルスィー大統領の辞任を要求した。結果として、これらの運動はムバーラク大統領とムルスィー大統領の辞任を達成できたが、なぜそれ以外の目的――自由、民主主義、社会的公正など――は達成できなかったのだろうか。

先行研究はこの問いについて、因果関係ではなく曖昧な描写しか提供していない。革命後のＳＣＡＦ政権が治安組織を動員して抗議運動を弾圧した、革命後に国民は自由や民主主義よりも安定を望んだ（すなわち抗議の継続を望まなかった）――こうした事実を運動の目的達成の失敗と関連づけて語っている。抗議運動の研究という点からは、権威当局はなぜ抗議運動に対して弾圧という選択をとったのか、革命後の抗議運動のいかなる戦略が目的達成の失敗に影響したのか、などの因果関係が問われるべきだろう。Abdalla［2016］は、若者運動が革命後政治の変わりゆく政治的文脈によって戦略を変化させたことに注目した。戦略の変化（街頭抗議、公式政治への参加、政治エリートとの協力関係の形成）によって若者運動が特定の結果（ムルスィー大統領の辞任）を獲得した一方で、政治エリートに継続的影響を与えることには失敗したと分析し、運動の帰結にまで分析範囲を広げた。政策決定過程への影響力を持てなかったという運動の帰結については、運動の組織的特徴（組織力の弱さ）を要因とした。しかし、運動の帰結という従属変数の説明において運動側の要因しか示されておらず、運動を弾圧する権威当局（政治エリート、治安組織）の論理は捨象されている。運動による政治過程への影響を説明する際には、運動と権威当局による双方向の因果関係を分析に入れる

べきだろう［Asseburg and Wimmen 2016］。

運動の政治的帰結には、もうひとつ別の側面もある。上述した政治的帰結とは、運動が意識的に設定した目的を達成したか否かにかかわる帰結だが、現実には、運動が意図せざる結果をもたらす場合もある。エジプトの場合、1月25日革命に参加した様々な運動団体は社会的公正、自由、民主化を実現する政府の成立を目指したが、現実には権威主義体制が成立してしまった。ムルスィー政権の追放直後にムスリム同胞団はテロ組織に指定され、２０１４年には4月6日運動が非合法化された。スィースィー政権下では、治安部隊が抗議運動を弾圧できる抗議規制法や、政治的な反対派をテロリストとみなして逮捕・起訴できる対テロ法が成立し、多くの人権活動家が逮捕・起訴され、実刑判決を受けた。また治安当局は労働運動に対しても公共の秩序を乱したという理由で、ストライキを行った労働運動幹部を軍事裁判所に起訴している。反対勢力を徹底的に排除するこうした手法を批判する活動家は、しばしば治安当局によって逮捕令状なしに拉致され、投獄されている。運動参加者にとって、こうした現在の政治状況は意図せざる結果以外の何物でもない。

「アラブの春」が権威主義体制の復活をもたらした理由については、最近、政治学の立場から多くの研究者が取り組み始めているが[4]、抗議運動との関係から論じた研究は少ない。こうした傾向のなかでStacher［2015］は、「アラブの春」後に権威主義体制が復活したというより、新しい権威主義体制が成立したと見る方が適切であると指摘している。大規模な民衆抗議運動は治安組織、支配政党の組織、支配者連合の利益ネットワークを破壊し、損失を与えた。生き残った政治エリートたちは既得権益を守るため、これを攻撃する主体（民主化を要求する勢力）を国家が暴力で排除する政治体制「軍事化した権威主義体制」を構築したとStacherは論じた。この見方は、「アラブの春」後の権威主義体制が以前のそれと性質を異にするという指摘に加え、抗議運動による政治体制への影響――すなわち抗議運動の政治的帰結の分析に繋がる分析視角を提供している点で重要である。２０１１年から２０１３年まで続いた抗議運動は、ムバーラク時代の反対勢力取り込みのメカニズムを無効化し、統治者の支配の安定性に対して継続的に脅威を与えてきた。こうした不安定な政治過程において、統治者は政治生命と既得権益を守るため継続的な民衆動員を抑制する統治方法を導入した。Stacher はこれが国家による暴力であると指摘した。抗議運動が「アラブの春」後の統治構造にどのような影響を与えたかという問いは今後さらに追及されるべきであろう。

Ⅳ　おわりに

本稿は、エジプトにおける1月25日革命の抗議運動に関する研究動向について、抗議運動の発生と拡大の局面に関する研究は多いが、抗議運動の政治的帰結についての研究が少ないことを指摘した。抗議運動は2人の大統領の辞任に成功したものの、腐敗対策や社会的公正の実現に積極的ではなく、反対勢力を暴力で排除する新たな権威主義体制の成立をもたらした。この事実を重視するならば、抗議運動の政治的帰結、特に政治体制への影響を分析する意義はとても大きい。

本稿は、運動の政治的帰結を考察する際には、運動側の分析だけでなく権威当局の論理も分析に含めるべきと述べた。この研究視角に立ち、エジプトにおける抗議運動の政治的帰結、すなわち権威主義体制の成立という意図せざる結果を説明する場合、次のような仮の説明ができるのではないだろうか。

ＳＣＡＦ暫定統治時代、ムルスィー政権時代を通して抗議運動側がとった戦略は、政府との交渉ではなく街頭抗議だった。加えて、イスラーム過激派によるテロ事件がシナイ半島で増加するようになった。民主的変化を求める抗議運動もイスラーム過激派も、ＳＣＡＦやムルスィー政権の統治の正統性を否定するため街頭抗議や暴力という方法を使い、治安組織と繰り返し衝突した。このような「下」からの突き上げや暴力に直面したＳＣＡＦおよびムルスィー政権は、Stacher が指摘したように、同じく暴力という手段で対応することを選んだ。

これは、革命後の政府は、挑戦行動をとる勢力を懐柔する戦略を使用できなかったためではないだろうか。ムバーラク時代は、反対勢力に一定の政治参加を許可することで彼らが公然と反政府活動を行わないよう仕向け、権威主義体制を維持していた［Lust-Okar 2005］。しかし大規模な民衆抗議運動はこうした政府と反対勢力の関係を崩し、反対勢力は公然と政府の正統性を批判し、抗議行動や暴力行為に訴えるようになった。横田［2014］が指摘するように、1月25日と6月30日の2つの革命は、「制度外」政治（抗議運動）の「制度内」政治（議会政治）に対する優越性をもたらしたのである。

そこで、軍は国家を長年にわたり守り続けてきた名誉や社会・経済的な権益基盤を守るため、またムルスィー政権の場合は民主的に選出された政権の正統性を守るため、暴力という手段で対応せざるをえなかった。その結果、スィースィーが大統領に就任すると、反対勢力にある程度の自由を許可して「取り込む」タイプの、ムバーラク時代のような権威主義体制ではなく、暴力による統制を主たる戦略とする、「取り込み」なき権威主義体制が成立した(5)。特にムバーラク、ムルスィーという2人の大統領が抗議運動によって追放された経験は、スィースィー政権に「取り込み」よりも暴力という強硬な手段をとらせる誘因になっているのではないだろうか。

したがって、スィースィー政権下では、抗議行動を行うにはリスクが大きい政治的環境がつくりだされたといえる。しかし問題は、現在、国民の政治的・経済的な不満が溜まりつつありながらも、国民がそれを表明する有効な手段を持ちえていないことである。スィースィー政権は、テロとの戦い、低迷する経済の回復を政策目標に掲げて国民からの圧倒的な支持を得て成立したが、いずれの目標も達成できていない。特にＩＭＦとの融資合意に基づき決定された変動相場制への移行後、物価高騰が著しく、国民は苦しい生活を強いられている。スィースィー政権下で、この不満をすくい取るような抗議運動が結成され、人々を動員するような展開が見られるとは考えにくい。しかし、何らかの偶発的事件によって、人々の不満が暴動という形で爆発的に表明される可能性は十分に考えられる。その場合、政府は暴力で対応するだろう。その帰結は少なからず流血をともなう事態であろう。1月25日革命から続く一連の抗議運動がもたらした新しい権威主義体制は、暴力による反対勢力の排除によって公式の政治過程に安定を取り戻したが、実は不満の懐柔や「取り込み」の機能を欠くために、抗議運動には脆弱な体制であるといえるのかもしれない。

【注】

（1）２００５年の議会選挙において、ムスリム同胞団は選出議席総数４４４のうち88議席を獲得した。これは、１９７６年以降、エジプトで複数政党による議会選挙が行われてきた歴史のなかで、野党が獲得した議席としては最多であった。

（2）"Back to the shadow," *Al-Ahram Weekly,* 16-22 December, 2010.

（3）"Egypt unrest: 846 killed in protests - official toll," *BBC*, 11 April, 2011.

（4）「アラブの春」が異なる帰結（民主化、権威主義体制の持続、内戦）をもたらした理由を説明した諸研究のなかでも、Brownlee, Masoud, and Reynolds［2015］は、「アラブの春」の帰結を左右した要因は抗議運動を弾圧する役割を担った治安機構にあるとして、石油レントと世襲制度が体制の弾圧能力に及ぼした影響を実証した興味深い研究である。

（5）スィースィー政権が「取り込み」戦略を使わず、弾圧や排除によって政権基盤を強化しようと試みていることは、Brown［2017］も指摘している。

◉参考文献

加藤博・岩崎えり奈２０１３『現代アラブ社会――「アラブの春」とエジプト革命』東洋経済新報社。

金谷美紗２０１２「２０００年代後半における抗議運動と１・25革命――労働運動と民主化運動の発展過程に注目して」伊能武次・土屋一樹編『エジプト動乱――１・25革命の背景』アジ研選書№32、アジア経済研究所、63～89頁。

山本達也２０１４『革命と騒乱のエジプト――ソーシャルメディアとピークオイルの政治学』慶應義塾大学出版会。

横田貴之２０１４「エジプト――二つの『革命』がもたらした虚像の再考」青山弘之編『「アラブの心臓」に何が起きているのか――現代中東の実像』岩波書店、１～28頁。

Abdalla, Nadine. 2016. "Youth Movements in the Egyptian Transformation: Strategies and Repertoires of Political Participation," *Mediterranean Politics*, Vol. 21, No. 1, 44-63.

Akl, Ziad. 2017. "On Arab Spring's Post-revolutionary Trauma," *Ahram Online*, 2 Feb. http://english.ahram.org.eg/News/257358.aspx

Asseburg, Muriel and Heiko Wimmen. 2016. "Dynamics of Transformation, Elite Change and New Social Mobilization in the Arab World,"

Mediterranean Politics, Vol. 21, No. 1, 1-22.

Bishara, Dina. 2014. "The Power of Workers in Egypt's 2011 Uprising," in *Arab Spring in Egypt: Revolution and Beyond.* ed. Korany, Bahgat and Rabab El-Mahdi, 83-103, Cairo: American University in Cairo Press.

Brown, Nathan. 2017. "A Dispensable Dictator?" *Diwan*, 5 May. http://carnegie-mec.org/diwan/68791?lang=en

Brownlee, Jason, Tarek Masoud, and Andrew Reynolds. 2015. *The Arab Spring: Pathways of Repression and Reform*. New York: Oxford University Press.

Clément, Françoise. 2009. "Worker Protests under Economic Liberalization in Egypt," in *Political and Social Protest in Egypt*. Cairo Papers in Social Science 29 (2/3). ed. Hopkins, Nicholas S., 100-116.

Lynch, Marc. 2014. "Media, Old and New," in *The Arab Uprisings Explained: New Contentious Politics in the Middle East*. ed. Lynch, Marc, 93-109, New York: Columbia University Press.

al-Mahdy, Rabāb. 2010. " 'Ummāl al-Maḥalla: Inṭilāq Ḥaraka 'Ummālīya Jadīda（マハッラの労働者：新しい労働運動の始まり）," in *'Auda al-Siyāsa: Al-Ḥarakāt al-Iḥtijājīya al-Jadīda fi Miṣr*（政治の復活：エジプトの新しい社会運動）. ed. Shahāta, Dīnā, 143-170, Cairo: Markaz al-Ahrām lil-Dirāsāt al-Siyāsīya wa al-Istirātījīya（アハラーム政治戦略研究所）.

al-Sayyid, Mustapha Kamel. 2009. "Kefaya at a Turning Point," in *Political and Social Protest in Egypt*. Cairo Papers in Social Science 29 (2/3). ed. Hopkins, Nicholas S., 45-59.

Shehata, Dina. 2014. "Youth Movements and the 25 January Revolution," in *Arab Spring in Egypt: Revolution and Beyond.* ed. Korany, Bahgat and Rabab El-Mahdi, 105-124, Cairo: American University in Cairo Press.

Shahāta, Dīnā. 2010. "al-Ḥarakāt al-Iḥtijājīya al-Shabābīya: Shabāb min 'Ajl al-Taghyīr wa Ḥaraka Taḍāmun wa Shabāb 6 'Abrīl（若者の抗議運動：変化のための若者、連帯運動、4月6日若者運動）," in *'Auda al-Siyāsa: Al-Ḥarakāt al-Iḥtijājīya al-Jadīda fi Miṣr*（政治の復活：エジプトの新しい社会運動）. ed. Shahāta, Dīnā, 21-48, Cairo: Markaz al-Ahrām lil-Dirāsāt al-Siyāsīya wa al-Istirātījīya（アハラーム政治戦略研究所）.

al-Shūbaky, 'Amru. 2010. "Iḥtijājīyāt Muwaẓẓafy al-Ḍarā'ib al-'Aqāriya（固定資産税局職員の抗議）," in *'Auda al-Siyāsa: Al-Ḥarakāt al-Iḥtijājīya al-Jadīda fi Miṣr*（政治の復活：エジプトの新しい社会運動）. ed. Shahāta, Dīnā, 171-211, Cairo: Markaz al-Ahrām lil-Dirāsāt al-Siyāsīya wa al-Istirātījīya（アハラーム政治戦略研究所）.

al-Shūrbagy, Manār. 2010. "Kifāya: 'I'āda Ta'rīf al-Siyāsa fī Miṣr（キファーヤ：エジプトにおける政治の再定義）," in *'Auda al-Siyāsa: Al-*

Ḥarakāt al-Iḥtijājīya al-Jadīda fi Miṣr（政治の復活：エジプトの新しい社会運動）. ed. Shahāta, Dīnā, 111-141, Cairo: Markaz al-Ahrām lil-Dirāsāt al-Siyāsīya wa al-Istirātījīya（アハラーム政治戦略研究所）.

Stacher, Joshua. 2015. “Fragmenting States, New Regimes: Militarized State Violence and Transition in the Middle East,” *Democratization*, Vol. 22, No.2, 259-275.

Wickham, Carrie Rosefsky. 2013. *The Muslim Brotherhood: Evolution of an Islamist Movement*. Princeton: Princeton University Press.

〈新聞〉

Ahram Online

Al-Ahram Weekly

BBC

第10章

現代アメリカのムスリム社会とスーフィー聖者

——ムハンマド・ナーズィム・アーディル・ハッカーニーの聖者伝の分析から

高橋　圭

Ⅰ　はじめに

特定の人々を神に選ばれた聖者とみなし、その優れた資質や超越的な力に現世利益や来世での救済を期待する聖者崇敬は、ムスリム社会に広く見られる信仰の形態である。聖墓参詣など聖者崇敬に関わるいくつかの実践が時にムスリム学者たちの厳しい批判の対象となることはあったものの、聖者の存在自体は、クルアーンにもその根拠となる章句が見出され(1)、大多数の学者たちはこれを教義的にも認める立場を取った。聖者の美徳や奇跡を描く聖者伝はイスラームの伝記文学の一端をなすジャンルをなし、現在に至るまで多くの聖者伝が生み出されている。

歴史的に見ると、聖者崇敬は特にスーフィズムと密接に結びついて発展してきた。一般に「イスラーム神秘主義」という訳語をあてられるスーフィズムは、神との霊的な合一を目指す神秘主義を核として形成されたが、やがてより広く内面的な信仰を深める運動として一般のムスリムの間にも普及していった。そしてこの過程で、聖者崇敬は神秘家とムスリム社会をつなぐ触媒的な機能を担うことになる。神との合一を果たした——と信じられた——スーフィーたちは、神から特別な資質や超越的な力を与えられた聖者とみなされ、人々の崇敬を集めたのである。

20世紀に入るとスーフィズムは欧米への拡大を果たすが、そこでも聖者崇敬が重要な役割を果たした。スーフィズム拡大を担った導師たちの多くは際立ったカリスマを備えた人物であり、欧米に暮らすムスリムやまたしばしば非ムスリムをも、その圧倒的な魅力によって惹きつけていったのである。(2) そして、それ以前のスーフィーたちと同様に、導師たちの優れた資質や超越的な力を描く聖者伝が、弟子たちの手によって書かれてきた。(3)

これらの現代の聖者伝においても、従来の作品と同様に、聖者の超人的な能力や奇跡が描かれるが、このような聖者の存在は果たして欧米社会に暮らすムスリムにとってどのような意味を持つのだろうか。本章では、特に社会的・政治的な文脈に目を配りながら、スーフィー聖者が欧米のムスリムを惹きつけてきた要因を考察してみたい。具体的には、世界各地にネットワークを拡大するナクシュバンディー・ハッカーニー教団（以下ハッカーニー教団）の開祖ムハンマド・ナーズィム・アーディル・ハッカーニー（1922～2014年）（以下ナーズィム）に注目し、特にアメリカの信徒たちが描く彼の聖者像を明らかにしていく。

Ⅱ　ナクシュバンディー・ハッカーニー教団の歴史的展開

本論に入る前に、まずはナクシュバンディー教団の誕生からハッカーニー教団のアメリカへの拡大に至る歴史的な流れを確認しておこう。

ナクシュバンディー教団は13世紀初頭にブハラに誕生したホージャガーン教団を起源とし、その第7代目導師バハーウッディーン・ナクシュバンド（1318～1389年）を開祖として誕生したスーフィー教団である。シャリーアの厳格な遵守を説くスンナ派主義の教団であり、また社会や政治への積極的な関与や沈黙のズィクルといった特徴的な教義や実践でも知られている。

ナクシュバンディー教団は間もなく中央アジア全域に拡大し、16世紀以降はアナトリア、インド、東トルキスタン、中国などにも勢力を広げていく。17世紀に入るとインドでアフマド・スィルヒンディー（1564〜1624年）を開祖とする分派ムジャッディディー教団が誕生し、インド、中央アジア、アナトリアなどに拡大を果たす。さらに、19世紀には、クルディスタン出身のハーリド・バグダーディー（1779〜1827年）がインドでムジャッディディー教団導師に学び、これを持ち帰って新たな流派であるハーリディー教団を創設する。この教団は最終的にオスマン帝国のエリート層に支持者を獲得し、帝国全域に勢力を拡大していった。

ハーリディー教団はバグダーディーの弟子の一人イスマーイール・ムハンマド・シルヴァーニー（1787〜1840年）を通じてダゲスタンにももたらされた。ハッカーニー教団が伝えるスィルスィラ（道統）によれば、ダゲスタンに伝えられたハーリディー教団の系譜はアブドゥッラー・ダゲスターニー（1891〜1973年）に受け継がれ、その後継者のナーズィムによってハッカーニー教団として生まれ変わることになる。

ナーズィムはキプロス・ラルナカ出身のトルコ系キプロス人である。彼の一族はハサンとフサインの両者に連なる預言者の血筋を引いており、加えて父方はアブドゥルカーディル・ジーラーニーの血統に、母方はジャラールッディーン・メヴラーナー（一般にルーミーとして知られる）の血統に連なるスーフィーの家系でもあった。幼少時より宗教教育を施されるが、同時に世俗教育も受け、高校卒業後はイスタンブル大学に進学する。大学では化学工学を学んだものの、卒業後は世俗的なキャリアを捨て、スーフィーの道に専心するようになった。イスタンブルで師事したナクシュバンディー教団導師の紹介で当時ダマスカスに住んでいたダゲスターニーに弟子入りを果たし、その後継者に任じられる。以後故郷のキプロスと師の住むダマスカスの二つの拠点を行き来しながら、シリア、レバノン、ヨルダン、エジプトなど東地中海沿岸地域で活動を行った。なおこの時期にレバノンで、最高ムフティーも輩出した名家カッバーニー家の兄弟ムハンマド・ヒシャーム（以後ヒシャーム）とアドナーン・ムハンマドが愛弟子となる。このうち、ナーズィムの娘と結婚したヒシャームは、後にアメリカでの教団拡大に重要な役割を果たすことになる。

1973年に師のダゲスターニーが亡くなると、ナーズィムはロンドンを拠点にヨーロッパでの活動を開始する。以後彼はキプロス・レフケの自宅とロンドンの修行場の2か所を活動拠点に定め、双方を行き来しつつ世界各地への教宣に本格的に乗り出す。1980年代に入ると南アジアと東南アジアに、1990年代以降はロシア、ダゲスタン、ウズベキスタンといった旧ソ連邦圏にも足をのばし、それぞれの地域で信奉者を獲得した(4)。

アメリカへの教宣は1990年に高弟のヒシャームがカリフォルニアに移住してから本格化する。翌91年にはナーズィム自身も訪米を果たし、アメリカでの教団の拡大の礎を築いた。ヒシャームは北米（アメリカとカナダ）におけるナーズィムのハリーファ（後継者・代理人）に任じられ、その後ミシガンに拠点を構えて北米ハッカーニー教団の統括・運営を担う。北米ハッカーニー教団は2000年代半ばまでには全米各地に20以上の拠点を持つ大規模な組織へと成長し、またスーフィズムに関する多数の出版物やオンライン・メディアを駆使した活発な情報発信を通じて、アメリカのムスリムの間に着実に支持を広げていった(5)。

Ⅲ　スンナ派伝統主義

ここで、ハッカーニー教団の基本的な性格や教義を確認しておこう。まず、教団側の見解では、ナーズィムの教えは師ダゲスターニーから受け継いだナクシュバンディー教団の教えそのものであるとされており、従ってハッカーニー教団は、スンナ派主義、シャリーアの遵守、積極的な社会参加といったナクシュバンディー教団の特徴をそのまま受け継ぐ「伝統的な」スーフィー教団であると自らを定義している(6)。ただしズィクルに関しては、沈黙のズィクルではなく有声のズィクルが一般に行われており、この点でハッカーニー教団の実践がナクシュバンディー教団本来の儀礼に忠実ではないという批判も存在する(7)。

一方、教団独特の教えとして終末論を挙げることができる。終末論自体はイスラームを含む一神教の伝統に由来する思想であるが、特にナーズィムの終末論では、2000年問題や第三次世界大戦といった今日的なテーマと関連づけながら、終末到来の時期や経過が極めて具体的に描写されている点が特徴的である。(8)

このように一部独創的な教義は見られるものの、全体として、ハッカーニー教団の教えや性格はナクシュバンディー教団の特徴をそのまま引き継いでおり、そこに特段に革新性や欧米社会に親和的な要素があるわけではない。例えば、ハッカーニー教団の欧米人信徒には女性が多く含まれており、また彼女たちが教団内で重要な役割を果たしていることが知られているが、ナーズィム自身の提示するジェンダー観は女性の役割を家庭に限定する極めて保守的なものである。(9)

それでは、教義的には保守的な立場を取るハッカーニー教団が、多くの改宗者を含むアメリカのムスリムを惹きつける理由はどこにあるのだろうか。端的に言えば、その最大の要因はナーズィム個人のカリスマに求められる。弟子たちの証言からは、彼ら／彼女たちの多くがナーズィムとの最初の対面で彼の魅力に圧倒され、スーフィーの道を歩む決断をするに至ったことが明らかとなっている。(10)では、特にナーズィムのどのような魅力がアメリカのムスリムを惹きつけてきたのだろうか。以下、信徒たちの描くナーズィム像の分析を通じてこの疑問を解明していこう。

Ⅳ　公式聖者伝

まずは、ヒシャームが著したナーズィム伝から検討してみよう。この伝記は、1995年に出版された『ナクシュバンディー・スーフィー道』（以下『スーフィー道』）に収録されたナーズィムの半生をまとめた伝記である。(11)『スーフィー道』はハッカーニー教団の視点からナクシュバンディー教団の歴史、教義、実践、そして歴代の導師たちの伝記をまとめた教団の公式ガイドブックであり、従ってそこに収められたナーズィム伝もまた教団の公式聖者伝と位置づけることができる。(12)

さて、公式聖者伝の記述を詳細に検討すると、そこには大きく二つの特徴を見て取ることができる。一つ目の特徴として、ナーズィムの経歴や活動に明示的にはイスラーム的な意味づけがなされていない、あるいは少なくともその記述においてイスラーム的な表現が極力用いられていない点を指摘できる。

以下、彼の世界各地での教宣に関する記述を例にこの特徴を具体的に見ていこう。伝記は、ナーズィムが1974年のロンドン訪問をかわきりに、ヨーロッパ、南アジア、東南アジア、アメリカ、中央アジアでの教宣に取り組んだ様子を多くの写真を交えて伝えている。彼は行く先々で一般の人々のみならず現地の宗教指導者や政治家たちにも歓迎され、その多くをナクシュバンディー教団に入会させたという。写真には彼が世界各国を訪問し、大勢の信奉者たちに歓迎される様子や、各地の貴人や著名人たちと交流を深める様子が収められている。

さて、ここで注目すべきは、伝記が、ナーズィムのこうした活動をあくまでもナクシュバンディー教団の拡大として説明する一方で、そこにイスラームの教宣としての意義があったことにほとんど触れていないという点である。全体として、記述が多く割かれているのは欧米よりもむしろ南アジアと東南アジアでの教宣であり、そこではナーズィムが現地の人々から偉大なスーフィー導師として迎えられた事実に焦点が当てられている[13]。なお、写真で紹介されるナーズィムの訪問先の大部分もムスリムが歴史的に多数派を占めてきた地域であり、また彼が交流を深めた著名人として写真に収められている人物のほとんども――改宗者ではなく――ムスリムとして生まれ育った人々である。

このように伝記は欧米でのイスラーム教宣にはほとんど触れていないが、現実にはハッカーニー教団に入会した欧米人信徒の多くはイスラームに改宗している。そしてこの事実は本来ならば彼の教宣の主要な成果とみなすべきものである。そして実際に、アドナーンが著したアラビア語の伝記ではヨーロッパで多くの改宗者を獲得した事実が、ナーズィムの成し遂げた偉業の一つとして強調されている[14]。以上を踏まえれば、むしろ改宗に触れないことがかえって不自然であり、従って公式聖者伝はナーズィムの教宣に「イスラーム的な」意義づけを行うことをあえて避けていると解釈することができる。

さて、イスラーム的な意義づけをしない代わりに、伝記の中で繰り返し参照されているのがスーフィズムの伝統、あるいはスーフィー的な表現である。これが公式聖者伝の二つ目の特徴となる。伝記では、ナーズィムはまず何よりもナクシュバンディー教団の伝統を忠実に受け継ぎ、それを現代世界に体現するスーフィー導師として描かれている。これを如実に示すのが、ナーズィムをナクシュバンディー教団の4番目のムジャッディド（再興者）[15]として評価する記述である。そこでナーズィムは、ブハラにおける再興者であるバハーウッディーン・ナクシュバンド、二千年紀の再興者であるアフマド・スィルヒンディー、中東における再興者であるハーリド・バグダーディーに続く、「科学技術と物質的進歩の時代の再興者」と位置づけられている[16]。ここでは、バハーウッディーンからナーズィムまでの4人の導師たちを時系列的に並置することで、ナクシュバンディー教団の歴史的展開を単線的に描き出し、またその系譜があたかもナーズィム一人に収斂されているかのような印象づけがなされていることに注目したい。なおこのようなナクシュバンディー教団の伝統の単線的な描写は、伝記全体、さらにはそれを収めた『スーフィー道』全体に見られる特徴である。

また、ナーズィムとスーフィズムの伝統とのつながりを権威づけるために、彼と過去の著名なスーフィーたちとの結びつきが至る所で強調されている。この結びつきは、まずはナーズィムの血統や彼が受け継ぐナクシュバンディー教団の道統によって示されるが、より重視されているのが霊的な結びつきである。伝記では、ナーズィムが現実世界と並行して霊的世界に身を置き、そこで日常的に預言者ムハンマドや過去のスーフィーたちから霊的な知識を授かっていた様子が随所に描かれている。例えば、彼がバグダードのアブドゥルカーディル・ジーラーニー廟でお籠りを行った際には、ジーラーニー本人が、預言者ムハンマドとバハーウッディーン・ナクシュバンドと共に現れ、後者二人を証人として直々にナーズィムをカーディリー教団に入会させたという[17]。

以上、公式聖者伝は、ナーズィムの霊性にもっぱら焦点を当て、それをスーフィズム、特にナクシュバンディー教団の伝統によって権威づけることで、彼を「霊的世界に生きる伝統的なスーフィー」として描き出している。他方で、そこではスーフィズム以外のイスラーム伝統への言及がほとんど見られないことが特徴的である。

V　信徒たちの語り

次に、一般の信徒たちの語りに表現されるナーズィムの聖者像を検討してみよう。本節では、アメリカのムスリムのライフストーリーを収めた資料[18]を参照し、そこに収録されたハッカーニー教団信徒たちの経歴や証言をもとに、彼ら／彼女たちがどのような経緯を経てナーズィムとの出会いを果たしたのか、また具体的にナーズィムのどのような個性に惹かれて教団への入会を決心したのかの二点にテーマを絞って考察を進める。

まずは、信徒たちがどのような経緯でハッカーニー教団の存在を知り、その導師との出会いに至ったのか、1979年にロンドンでナーズィムに弟子入りした改宗ムスリムのヴィクター・クランボの経歴を追いながら検討していこう[19]。

クランボはカトリックの家庭に生まれたドイツ系アメリカ人であったが、大学を卒業した1971年にイスラームに改宗する。しかし彼はその後出会った移民ムスリムたちから生活態度を厳しく糾弾されたり、またこうしたムスリムたちが絶えずキリスト教徒やユダヤ教徒を激しく非難したりする様子を目の当たりにするといった経験をする。移民ムスリムたちの言動に嫌気がさした彼は、その後イスラームへの別のアプローチを求めて様々なモスクやムスリムの集まりなどを訪ね歩くようになった。最終的にクランボは同じく改宗ムスリムでハッカーニー教団の信徒であった人物と出会い、その人物の導きでロンドンのナーズィムを訪ねることになる。

さて、クランボのように、移民ムスリムの偏狭な態度に反発を感じ、より居心地のよいコミュニティを探し求める中でハッカーニー教団に出会う、という展開は多くの信徒たちの経歴に共通して見られるパターンである。例えば、同じく改宗ムスリムであり、アフリカ系アメリカ人のモスクで働いていたアリヤは、時折モスクを訪問する移民ムスリムが彼女たちアフリカ系アメリカ人改宗者に尊大な態度で接してくることに常日頃から反発を感じていた。しかしある時モスクを訪れたハッカーニー教団の信徒夫婦は優しく慈愛の精神に溢れており、この夫婦と親しくなった彼女は、その自宅に招かれてナーズィムの説教やズィクルの様子を撮影したビデオを見せてもらうことになる。(20)

なお、移民ムスリムのコミュニティに対する反発は改宗者に限られた経験ではない。例えばイラン系アメリカ人のヘダーヤはもともと信仰にはあまり熱心ではなかったが、ある時期に人生に虚しさを感じてモスクに通い始めた。しかし彼女はモスクの指導者たちが他の宗教コミュニティに対する競争意識や嫉妬心を露わにする状況に困惑を覚える。そんな中彼女は兄からハッカーニー教団の存在を知らされる。(21)

次に信徒たちが惹かれたナーズィムの個性を検討しよう。ロンドンでナーズィムと対面を果たしたクランボがまず感銘を受けたのは、どんな人間も拒むことなく優しく迎え入れる導師の寛容な人柄であった。この寛容さは、信徒たちが口を揃えて強調するナーズィムの美徳であり、これがアメリカの信徒たちを惹きつけた最大の魅力であったことは間違いない。ただし、ナーズィムの寛容さが弟子入りを決断させる決定的な要因となり得た背景には、これまでに見てきたように、信徒たちが移民を主体とする既存のムスリム・コミュニティに馴染めずに、自分を受け入れてくれる居場所を探し求めていたという事情があったことを考慮する必要がある。すなわち信徒たちの側には、始めからナーズィムを積極的に受け入れる下地があったのである。

例えば、ナーズィムとの対面について、クランボは、「私はすぐに、本当に必要とする安全と信頼のある場所にたどり着いたのだと実感した」「私はそこで重荷を下ろすことができた」(22)といった言葉でその時の気持ちを表現しているが、そこには長いこと探し求めていた居場所をようやく見つけることができた喜びが表現されている。アリヤもまたナーズィムとの出会いを通じて「それまでの小さなコミュニティで教えられてきた、イスラームのある種の無味乾燥さという重荷を下ろすことができた」と述べ、クランボと同様にムスリムとしての居場所にたどり着いた実感を伝えている。(23)

さて、アリヤがここで述べた「イスラームの無味乾燥さ（dryness）」という言葉は、アメリカの信徒たちがナーズィムに惹きつけられたもう一つの魅力と関わる重要な表現である。彼ら／彼女たちの多くは、移民ムスリムの態度に反発を感じただけではなく、既存のコミュニティで教わるイスラームの内容自体にも満足しておらず、それがアリヤの言う「無味乾燥さ」という表現に集約されている。

なお既存のイスラーム理解がどのようなものであったのか、その具体的な内容は資料では語られていないが、後述のように90年代までのアメリカのムスリム社会は全般的にイスラーム主義の影響が強く、多くのコミュニティでサラフィー主義的なイスラーム理解が浸透していたと考えられる。

こうした既存のイスラーム理解に不満を感じていた信徒たちは、ナーズィムがそれまで彼らが教わってきたのとは全く異なるイスラームを体現していることに驚き、感銘を受ける。ナーズィムが体現するのは、言うなれば「無味乾燥さ」とは対照的な「生き生きとした」イスラームとでも表現されるものである。アリヤは、「ナーズィムのもとに集まる人々は神の宗教が死に絶えていないことを理解して喜んだ」と描写し、彼のイスラームが「生きる」宗教であることを強調している(24)。

この点をより雄弁に語っているのが改宗ムスリムのホダーである。彼女はナーズィムから学んだスーフィズムの魅力を次のように説明する。

> 私にとって、私の師（ナーズィム）のスーフィズムは、神の意志への服従を同時代性を備えた現実（reality）とする（実践）である。……（教団への）入信儀礼を巧みに利用することで、預言者ムハンマドの生や働きが、単なる博物館に収められた作品、信仰の遺物、あるいは乾いた井戸ではなくなり、まさに今ここで聖なる理解に到達するための生きる道筋となるのである(25)。

すなわち、ナーズィムの説くスーフィズムとは、ホダーによれば、人々にイスラームを「現実（reality）」として実感させるための方法論と定義されるものであった。

一方クランボは「大シャイフのナーズィムやシャイフ・ヒシャームと共に座っていると、（自分が今）預言者ムハンマドの教友、キリストの弟子たち、あるいはモーセの弟子たちに近い体験をしていると感じる」[26]と述べるが、これもまた、自らの導師との交流を過去の預言者たちとの交流になぞらえることで、ナーズィムが、宗教の伝統を現代に生きる「現実」として弟子たちに体感させる力を持った人物であることを示す表現である。

以上、一般の信徒たちの証言からは、「どんな人間でも迎え入れる寛容な導師」「イスラームを現代に生きる宗教として体現する宗教者」といったナーズィムの姿が浮かび上がる。なお、このようなナーズィム像が、移民ムスリムとの軋轢や既存のイスラーム解釈への違和感といった、信徒たちがアメリカのムスリム社会で直面していた問題を背景に生み出されたものであったことは重要である。すなわち、実際にナーズィムに上述の個性や魅力があったことを疑う理由はないものの、その聖者像には多かれ少なかれ信徒たちの側の問題意識が投影されていたと考えられるのである。

Ⅵ　現代アメリカのムスリム社会とスーフィー教団

最後に、アメリカのムスリム社会の歴史を確認しながら、ナーズィムの聖者像に込められた政治的・社会的な意味を考察していこう。

アメリカとイスラームとの関わりは奴隷貿易時代以来の長い歴史があり、またスーフィズムも早くも20世紀初頭には上陸を果たしているが、現代アメリカのムスリム社会を構成する諸条件が出揃うのは１９６５年の移民法改正以後となる。この改正によってヨーロッパ諸国以外からの移民に対する制限が撤廃され、アジア・アフリカ諸国からのムスリム移民が急増した。そして、こうした移民たちは、アフリカ系アメリカ人改宗者たちと並んで、アメリカのムスリム社会の中核を担うようになっていった。また、ムスリム移民の出身地は多様であり、その多様性を反映して、アメリカにはエスニシティや文化ごとに互いに異なる性格を備えたローカルなムスリム・コミュニティが形成されていく。すなわち、60年代後半から、アメリカのムスリム社会は急激な規模の拡大と多様化を経験することになる[27]。

また60年代後半以降、移民の流入と並行してムスリム留学生の増加も見られた。この時期に渡米した留学生の多くは本国でイスラーム主義の洗礼を受け、ムスリム同胞団やジャマーアテ・イスラーミーといった組織に参加した経験を持っていた。彼ら／彼女たちはアメリカでのイスラームの教宣やムスリム・コミュニティの組織化に積極的であり、やがて北米イスラーム協会（ISNA）を始めとする全国規模のイスラーム団体を立ち上げるようになる。このようにしてアメリカに成立したイスラーム全国団体の多くは、従ってイスラーム主義的な性格を強く備え、また当初はサウジアラビアなど外部のイスラーム主義勢力からの資金援助も受けていた。そして、こうした団体が、ローカルなムスリム・コミュニティを横断する形で、全米のムスリムの意思を代弁する組織としての機能を果たすようになっていく。90年代までには、これらの全国団体がアメリカ・ムスリム社会を代表する「主流派」として強い存在感を持つようになっていた。

一方、ムスリム移民の流入はスーフィズムの発展も促した。70年代以降アジア・アフリカ地域から多くのスーフィー教団がもたらされ、これらの教団がアメリカのムスリム社会を構成する第三の勢力として、文化やエスニシティごとにまとまるローカルのムスリム・コミュニティにも、あるいはイスラーム主義系の全国団体のどちらにも窮屈さを感じていたムスリムたちを惹きつけていったのである[28]。クランボを始めとする、ハッカーニー教団の信徒たちが経験した移民ムスリムとの軋轢は、まさにこのようなアメリカのムスリム社会の多様化と、イスラーム主義系の全国団体の台頭を背景とした反応であったと言えるだろう。

さて、イスラーム主義系の全国団体がアメリカ・ムスリム社会の「主流派」として台頭する状況下で、スーフィー教団の多くはムスリム社会の周縁に位置づけられていくことになる。その中で、北米ハッカーニー教団を率いるヒシャームは、スンナ派伝統に基づく「真正な」イスラーム理解の普及を掲げ、アメリカ・ムスリム社会の「主流派」の地位を獲得すべく積極的な政治・社会活動を展開していった。しかしながら、彼のこうした政治的な動きは、「主流派」の全国団体からは疎まれることになり、また特にヒシャームが政権との結びつきを深めていったことも背景となって、90年代末までには両者の対立が顕在化していく[29]。

こうした社会的・政治的文脈からナーズィムの聖者像の特徴を改めて見ると、そこにはこの対立関係が色濃く反映されていることが分かる。これまで見てきたように、聖者伝や信徒たちの語りでは、ナーズィムには霊性、伝統、誰でも受け入れる寛容さ、そして「生きる」宗教の実感、といった属性が付与されているが、こうした属性は、形式面や規範面の重視、革新的な解釈、そして他の――特に伝統的な――イスラーム解釈への批判といった、一般にイスラーム主義を特徴づける属性と見事に対照させられている。そして、公式聖者伝はあえてイスラームの形式面への言及を避けることで、また信徒たちの語りでは「無味乾燥さ」といった否定的な表現を用いて、こうしたイスラーム主義的な属性が徹底して無視・排除されていると解釈することができる。

ただし、ナーズィムの弟子たちはイスラームの形式や規範を不要なものとして排除していたわけではない。すでに見たように、シャリーアの遵守を説くナクシュバンディー教団ではむしろこの側面は重視されており、これはハッカーニー教団も例外ではない。ナーズィムの聖者像の特徴は、そこで霊性に圧倒的な重要性が認められる一方で、形式性や規範性が霊性に付随する従属的な位置づけをされている点にある。つまり、ナーズィムが規範を遵守する敬虔なムスリムであったことは自明のこととしたうえで、より重要な点はこうした規範的な側面ではなく霊的な側面であるというメッセージがその聖者像に込められていると考えることができる。そして、スーフィズムをイスラームの根幹と捉える理解は、実際にハッカーニー教団のスーフィーたちが共有するイスラーム観でもある。例えばホダーは、クルアーンとスンナを霊的に解釈することで、シャリーアの遵守が「自発的で、あえて努力をすることなく、常に新鮮で全くもって自然な」実践となると述べるが[30]、ここに信徒たちの理解する霊性と規範との関係が明確に表現されている。すなわち、霊性を深めればおのずと規範も内面化され、特別な意識を払わずとも自然にシャリーアを遵守することができるようになるのである。

以上、これまでの議論をまとめて、アメリカの信徒たちが描くナーズィムの聖者像に込められた意味を考えてみよう。

もっぱら導師の霊的な側面のみに注目する公式聖者伝や信徒たちの語りは、基本的にはスーフィズムをイスラームの根幹とする理解に基づき、ナーズィムを正統派のムスリム宗教指導者として描きだすものであった。しかし同時に、そこにはアメリカのムスリム社会において、イスラーム主義勢力が「主流派」をなしていた状況に対するハッカーニー教団信徒たちの不満や危機感が強く投影されていたことも重要である。すなわち、ナーズィムの聖者像には、スーフィズムの伝統を用いて自分たちハッカーニー教団のイスラーム的正統性を権威づけつつ、規範や形式に一義的な価値を置く「主流派」のイスラーム理解を批判するという「政治的な」意図が込められていたと考えることができる。そして、興味深いことに、こうした政治的な文脈に置いてみると、霊性や寛容さといった、それ自体は一見政治性とは対極に位置づけられる聖者の資質が、結果的にはイスラーム主義勢力を牽制する「武器」として強い政治性を帯びることになるのである。

【注】

（1）よく知られるのが10章62～63節「まことに神の友（ワリー）には本当に恐れもなく、憂いもないであろう。彼らは神を信じ、畏れていた者たち」であり、ここでの「神の友」が神に選ばれた特別な人間（聖者）を指すとされている。

（2）なお欧米ではイスラーム的な要素を排し、非ムスリムの欧米人たちが主な担い手となって発展したスーフィズムの潮流も存在するが、ムスリム社会とスーフィズムとの関係に焦点を当てる本章ではこの潮流については扱わない。

（3）ただし今や聖者伝は紙媒体に限定されず、ホームページ、ブログ、ＳＮＳ、動画共有サービスといったオンライン・メディアを通じて拡散・再生産されている。メディア革新は伝達手段のみならず伝達内容や発信者と受容者との関係などを含め広範囲にわたる変化をもたらし、これが聖者伝そのもののあり方にも大きな影響を与えていると考えられるが、本章ではこの問題には立ち入らない。

（4）ナーズィムが訪問した地域についてはMuhammad Hisham Kabbani, 2004. *Classical Islam and the Naqshbandi Sufi Tradition*, Fenton: Islamic Supreme Council of America, 494-510を参照。

（5）なおヒシャーム率いる北米ハッカーニー教団は、現在はヒシャームを開祖とするナクシュバンディー・ナーズィミー教団を名乗っている（http://naqshbandi.org/the-tariqa/about/ ２０１７年5月31日最終閲覧）。しかしながらこの名称はまだ定着しているとは言い難く、混乱を避けるために本章では「北米ハッカーニー教団」の名称を用いることにする。

（6）例えば、北米ハッカーニー教団の公式ホームページのトップページには「重要な告知」として、この教団が「シャリーア、聖クルアーン、預言者のスンナ、ナクシュバンディーのスィルスィラに連なる尊敬すべき高貴な教師たちの本来の教えに厳格に従う」教団であることが明記されている（http://naqshbandi.org/ ２０１７年5月31日最終閲覧）。

（7）なおこの疑問・批判には教団側も自覚的であり、それに対する反論や説明もなされている。cf. http://eshaykh.com/sufism/about-dhikr/; http://eshaykh.com/sufism/about-dhikr-2/; http://eshaykh.com/sufism/loud-silent-dhikr-disagreements-naqshbandi/（２０１７年６月３日最終閲覧）

（8）ハッカーニー教団の終末論については以下の文献を参照。Ron Geaves, 2001. "The Haqqani Naqshbandis: A Study of Apocalyptic Millennialism within Islam," Stanley E. Porter, Michael A. Hayes and David Tombs eds., *Faith in the Millennium*, Sheffield: Sheffield Academic Press; Jorgen S. Nielsen, Mustafa Draper and Galina Yemelianova, 2006. "Transnational Sufism: The Haqqaniyya," Jamal Malik and John Hinnels eds., *Sufism in the West*, London & New York: Routledge.

（9）Sheikh Nazim Adil al-Qaqqānī al-Qubrūsī, *Mercy Oceans*, Book Two, PDF edition, n.p.: The Cyprus Library Center for the Registration of Books and Serials, n.d., 46-47; Annabelle Böttcher, 2006. "Religious Authority in Transnational Sufi Networks: Shaykh Nāzim al-Qubrusī al-Haqqānī al-Naqshbandī," Gudrun Krämer & Sabine Schmidtke eds., *Speaking for Islam: Religious Authorities in Muslim Societies*, Leiden: Brill, 263.

（10）Böttcher, "Religious Authority," 251. また本章第Ⅴ節も参照。

（11）Muhammad Hisham Kabbani, 1995. *The Naqshbandi Sufi Way: History and Guidebook of the Saints of the Golden Chain*, Collector's edition, Chicago: KAZI Publications.

（12）なお北米ハッカーニー教団ホームページに掲載されたナーズィムの伝記も本書からの転載である。http://naqshbandi.org/living-masters/shaykh-muhammad-nazim/（２０１７年６月３日最終閲覧）

（13）*The Naqshbandi Sufi Way*, 396.

（14）ʻAdnān Muḥammad Qabbānī, 1995. *Al-futūḥāt al-ḥaqqāniyya: fī manāqib ajlā' al-silsila al-dhahabiyya li-l-ṭarīqa al-Naqshbandiyya al-ʻaliyya*, Tarābulus: n.p., 333-334.

（15）ムジャッディドとは、毎世紀初めにイスラームの教えを再興させるために地上に現れるとされる宗教指導者である。

（16）*The Naqshbandi Sufi Way*, 396.

（17）*The Naqshbandi Sufi Way*, 396-398. なお、物理的な接触を経ずに、霊的な交流を通じて現存しない過去の導師から教えを授かることうした神秘的な知の伝達はウワイスィー伝統と呼ばれ、この伝達様式自体も開祖のバハーウッディーン・ナクシュバンド以来歴代の導師たちに代々受け継がれてきたナクシュバンディー教団の伝統の一部を構成している。

（18）Laleh Bakhtiar, 2006. *Sufi Women of America: Angels in the Making*, Chicago: KAZI Publications, 1996; Paul M. Barrett, *American Islam: The Struggle for the Soul of a Religion*, New York: Picador.

（19）クランボの経歴は Barrett, *American Islam*, 179-215 を参照。

（20）Bakhtiar, *Sufi Women*, 46-47.

（21）Barrett, *American Islam*, 193-194.

（22）Barrett, *American Islam*, 182.

（23）Bakhtiar, *Sufi Women*, 47.

（24）Bakhtiar, *Sufi Women*, 79.

（25）Bakhtiar, *Sufi Women*, 85.

（26）Barrett, *American Islam*, 193.

（27）20世紀後半のアメリカのムスリム社会の歴史的展開については、Edward E. Curtis IV, 2010. *Muslims in America: A Short History*, Oxford: Oxford University Press, 2009, 72-94; Kambiz GhaneaBassiri, *A History of Islam in America: From the New World to the New World Order*, Cambridge: Cambridge University Press, pp262-336 などが詳しい。

（28）Gisela Webb, 2006. "Third-wave Sufism in America and the Bawa Muhaiyaddeen Fellowship," Jamal Malik and John Hinnels eds., *Sufism in the West*, London & New York: Routledge, 87.

（29）なおこの対立は、１９９９年の国務省の公開討論会で、ヒシャームが全米のモスクやイスラーム団体のほとんどが急進主義（extremism）のイデオロギーに染まっていると発言したことを契機に決定的なものとなり、これにより北米ハッカーニー教団と主要な全米イスラーム団体との関係は完全に決裂した。この騒動については David W. Damrel, 2006. "Aspects of Naqshbandi-Haqqani Order in North America," Jamal Malik and John Hinnels eds., *Sufism in the West*, London & New York: Routledge, pp 120-121 を参照。

（30）Bakhtiar, *Sufi Women*, 67.

第11章

タイ深南部「パタニ紛争」の要因と特徴

堀場明子

Ⅰ　はじめに

東南アジアには、分離独立を求めて武力闘争を続けている地域がいくつも存在する。ミャンマーの少数民族問題、ミンダナオ島、スル諸島などを含むフィリピン南部、マレーシアとの国境に近いタイ南部、インドネシアの西パプアなどがあげられる。どの地域も、植民地支配によって人為的に引かれた国境線に収まりきらないネットワークを持ち、生活を営んできた民族がいるにもかかわらず、強制的に特定の国家に組み込まれていった。国民国家形成のプロセスの中で、民族や宗教の違いから周縁化され、政治的な権利を奪われ、抑圧された経験をしてきた人々が、自決権を求めて分離独立運動を展開しているのである。

その一つ、今も紛争が続いているタイ南部について考えてみたい。タイとマレーシアの国境付近のパタニ県、ナラティワート県、ヤラー県そしてソンクラー県の一部を指す地域は、マレー系のムスリムが多く住む地域である。住民

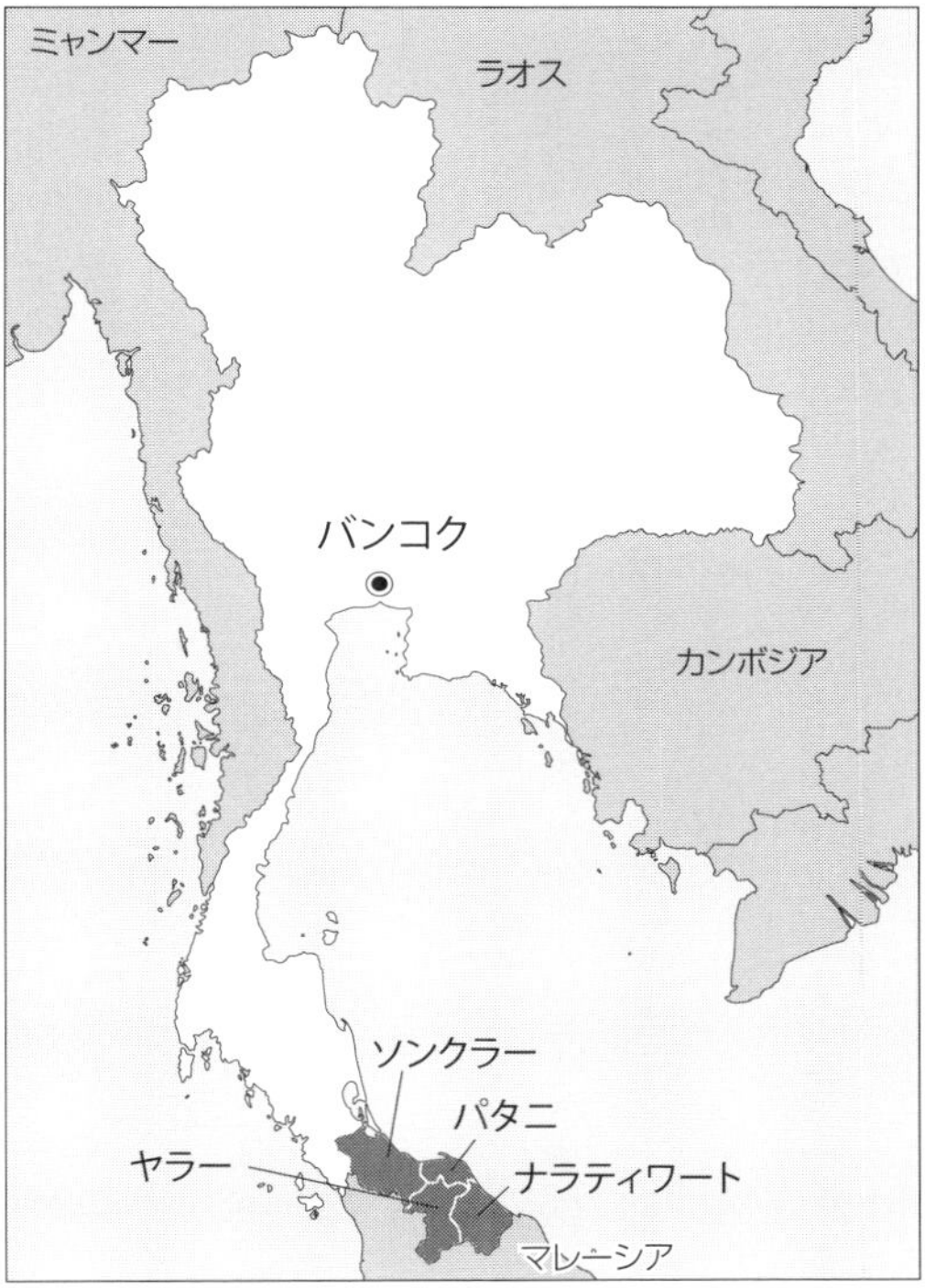

はこの一帯を「パタニ」[1]と呼び、タイでは「深南部」「南部国境県」と呼ばれている。

そもそも、この地域は、14世紀から19世紀にかけて、マレー系のイスラーム王国「パタニ・スルタン王国」が統治していた地域である。パタニ王国は、マレー半島の東西交易中継港市の一つとして17世紀に最盛期を迎え、イスラーム知識人（ウラマー）を多数輩出し、東南アジアにおけるイスラーム教育・知識の中心地として知られていた。しかし、１７８９年のラーマ１世によるパタニ地域の平定後からシャム（タイ）による支配が始まり、徐々に力をなくしていったパタニ王国は、19世紀に入るとシャムの中央政府の直轄統治下に置かれ、１９０２年にはスルタン制も廃止となった。さらに、１９０９年にマレー半島を植民地支配していた英国と、シャムの間で「イギリス・シャム通商航海条約」が結ばれ、タイとマレーシアの現在の国境が確定した。宗主国は現地の意向は無視し国境線を引いたため、文化も宗教も違うパタニ・マレーの人々がタイ王国という国民国家に組み込まれ、タイの南部国境地域にマレー系のムスリムが多数住む今の状況が生まれたのである。

２００４年１月に紛争が再燃してから、現在も、約６万人規模の治安部隊が駐留し、非常事態宣言と戒厳令が敷かれ、重装備の治安部隊が至る所で24時間警備をし、時に戦車が走っている。この異常な光景がタイとマレーシアの国境沿いの４県では当たり前の風景となって早13年が過ぎようとしている。武装化した分離独立運動組織によって、タイによる支配の象徴である公立学校が焼かれ、治安部隊がターゲットになった爆弾事件や襲撃事件が後を絶たない中、逮捕状なしで尋問され、分離独立運動組織と関係がなくても拘束され、時には拷問もされるという経験を持ったたくさんの若者がいる。また、暴力事件に巻き込まれ家族や友人を失った人は増える一方である。２００４年からの犠牲者は７０００人以上に達するが、これは、１か月で45～50人位が爆弾事件や銃撃事件などで命を落としている計算になる。１回の爆弾事件での死者数が少ないこと、首都や観光地から離れた経済的に重要拠点ではない地域であり、タイ国内的にも国際社会のコンテクストでも影響が小さいことなどから、メディアの関心が低いのが現状である。

本章は、「報道されない紛争」である「タイ深南部紛争」もしくは「パタニ紛争」(2)について、その全体像を示すものである。まず、その歴史的背景を整理し、紛争の経緯と要因について論じると共に、現在行われている和平対話の現状についても考察する。また、東南アジアの他の地域で分離独立運動を同じように展開していたインドネシアの「アチェ自由運動（ＧＡＭ）」、フィリピン南部の「モロ・イスラーム解放戦線（ＭＩＬＦ）」の両組織と、タイにおけるマレー系ムスリムの闘争の主要な組織である「パタニ解放戦線（ＢＲＮ）」を比較することで、「パタニ紛争」の特徴を分析したい。

Ⅱ　パタニ紛争の歴史的背景と紛争の経緯(3)

「タイ深南部」や「パタニ」と呼ばれている地域の人口は約２００万人、75～80％がムスリムである。タイ全体の人口が約６５００万人、そのうちムスリムが約４％を占めている状況から考えると、深南部地域にムスリムが集中して多いということがわかる。タイのムスリムは、例えばリゾート観光で有名なプーケットを例にとると、人口の25％以上がムスリムであり、その先祖は、現在のマレーシアのランカウイ島やペナン島からやってきたマレー系の人であると話すが、マレーとしてのアイデンティティはなく、タイ語を話し、タイ人としてのアイデンティティを持っていると答えている。(4) 一方、深南部地域の人々はバンコクやプーケットをはじめタイの別の地域に住むムスリムとは異なり、マレー語の方言を話す「パタニ・マレー」と呼ぶ独自のアイデンティティを持つ。17世紀に最盛期を迎えたパタニ王国の栄光の歴史とタイ王国の統合政策による抑圧の経験が、「パタニ・マレー」としてのアイデンティティを生み、タイ深南部に住むムスリムの特異性を作り上げている。

多くのパタニの人々は、1902年にスルタン制が廃止に追いやられて以降、タイ政府によって自由と尊厳が奪われていると語るが、1932年に、絶対王政から立憲君主制へと体制転換を図り、現代タイの「国家」が形作られる中で「タイ化」がすすんだことがパタニの人々の反発を引き起こしてきたようだ。1938年、タイ陸軍プレーク・ピブーンソンクラーム（ピブーン）元帥が実権を握り、1939年、国名をシャムからタイに変更、国家体制確立キャンペーンの一環としてナショナリズム強化を掲げ、タイ国内の文化統合政策を実施しはじめてから、深南部地域は劇的な変化を強要された。まず、パタニの人々は、マレー語やアラビア語の名前を名乗ることが許されず、マレーの民族服サロンの着用が禁じられた。また、教育言語と行政機関での公用語としてタイ語の使用が義務づけられた。中でも、タイ語の国語化の徹底が、特にポノ（パタニ語）もしくはポンドック（マレー語）と呼ばれるイスラーム学校に大きな衝撃をもたらした。さらに、イスラーム婚姻法、相続法などは、タイの法律と整合性を持つ形に体系化された。

彼らの「パタニ・マレー」アイデンティティが危機に直面したことを受け、数々の激しい反発が起きた。中でも1947年に起きたムハンマド・スロン・ビン・アブドゥルカディル・ビン・ムハンマド・アルファトニ（ハジ・スロン）をめぐる一連の事件が今なお語り継がれている。カリスマ的なウラマーであったハジ・スロンが、タイ政府に対し7項目の要求を行った。①南部4県を同一の行政区とし、ムスリムを中心とした官僚体制に変更して人事権を移譲すること。②初等教育7年生までのカリキュラムにマラユー語（マレー語）を含めること。③南部4県の納税額については、南部4県にのみ充てること。④南部4県の地方行政官の8割は現地マレー人から登用すること。⑤公用語としてタイ語とマレー語を併用すること。⑥県のイスラーム評議会に南部4県のイスラームの実践に関しての権限を任せること。⑦マレー系ムスリム住民の司法制度については、イスラーム法の適用に変更すること。の7つである[5]［奏 2010: 167］。熱狂的な支持を集めていたハジ・スロンの動きを警戒したタイ当局が彼を投獄したため、翌年に「ドゥスン・ニョールの反乱」と呼ばれる暴動がナラティワート県で発生、400人以上の死者を出し、多くがマラヤ（現マレーシア）に逃亡した。ハジ・スロンは1954年に釈放されたが、息子と共に行方不明となった。これには、タイ警察の関与が疑われている［黒田2012: 155］。武力を使わず正式に要望を示したにもかかわらず、ハジ・スロンを投獄、行方不明にしたタイ政府による不当な対応は、現在も抑圧の象徴として語り継がれている。それ以降、タイ政府はこの地域に対する支配体制を一層強化して、パタニ・マレーをタイの文化とアイデンティティに同化させるための政策を押しつけた。その後のサリット・タナラット（サリット）政権では、国家統合の求心力として「国王」が担ぎ出され、「国王を元首とする民主主義」いわゆるタイ式民主主義が導入され、現在のタイの政治、経済体制の枠組みが築かれた。よって、パタニでも国王の写真が至る所で掲げられ、朝と夕方の国旗の掲揚・降納に合わせて国歌が大音量で流れ、立ち止まって敬意を示さねばならないという行為は、タイへの反発を強めるパタニの人々にとって、またムスリムの彼らにとって受けいれがたい行為であったという[6]。

その後、1957年の英領マラヤが正式にマラヤ連邦として独立、1963年のマレーシア成立を受け、マレー・ナショナリズムの高揚もあり、1960年代から1970年代にかけてBNPP（Barisan Islam Pembebasan Patani：パタニイスラーム解放戦線）、BRN（Barisan Revolusi National Patani：パタニ革命戦線）、PULO（Patani United Liberation Organization：パタニ統一解放機構）などの組織が生まれ、タイからの分離独立運動の活動が本格化した。特に1975年のパタニ中央モスク前で起きたデモは、タイ政府の武力による抑圧を見せつけ、多くの若者が分離独立運動組織メンバーに加わるきっかけとなったといわれている。また、中東やインドネシアの留学中にリクルートされ、分離独立運動組織の活動に参加した若者も多かった。その中でもPULOは、IOC（イスラーム協力機構、現OIC）を中心にパタニの現状を訴えるロビー活動を行うと同時に、各地での爆破事件だけでなく、バンコクのドーンムアン空港爆破、ヤラーでの国王襲撃事件にまでエスカレートし、分離独立運動組織の武力闘争は活発化していった［橋本1987:

238］。結果、取り締まりの中で、タイにいることができなくなったパタニの人々は、隣国マレーシアだけではなく、中東、スウェーデンやドイツなどヨーロッパ諸国にも亡命していった。

しかし、１９８０年代以降は、タイ政府の様々な懐柔政策により暴力的な分離独立運動は下火になっていく。１９８０年に陸軍司令官のまま首相に任命されたプレーム・ティンスーラーノン（プレム）氏の功績が大きいといわれる。プレム首相は、密林で武力闘争を続けていた共産主義・民主化勢力に対して、対話を通じた政治的説得を重視し、投降者には恩赦を約束して社会復帰を促したことで、83年頃までにほとんど消滅させることに成功した［高橋 2016: 101］。深南部に対しては、１９８１年に設置された治安、政治、経済などの社会問題を調整する機関としてのＳＢＰＡＣ（Southern Border Province Administrative Center：南部国境県行政調整センター）と、文民・警察・軍人からなる情報機関であるＣＰＭ43（Civil-Police-Military Joint Command：43期合同市民・警察・軍隊コマンド）を中心に行われた投降と恩赦政策が功を奏したからだといわれている［西井 2012: 127］。ＳＢＰＡＣの創設後、インフラ整備などの開発事業、パタニ・マレー住民の公務員採用、「投降と恩赦」作戦[7]などの治安維持のための対策により、暴力事件は減り、治安の回復に一定の効果が見られた。タイ化の基本方針は変わらなかったが、多文化主義的な教育政策、公教育やテレビの普及でタイ語を理解する人が増え、トラブルが減ったことも一因である。プレムは、88年に首相を退いてからも国王の諮問機関である枢密院で、国王の側近として影響力を保ち続け、出身地であるソンクラー県も含む深南部に関しては、知事の人事、ＳＰＢＡＣの長官人事、陸軍第4管区の将校人事など長きにわたって深く関与してきた。プレム氏の采配が一定の安定に貢献していたといえる。

下火となっていた分離独立運動であるが、２００１年にタクシン・チナワット（タクシン）氏が政権につくと状況が一変する。深南部地域において20年にわたって機能してきたＳＢＰＡＣとＣＰＭ43は、南部の政治問題に関心を寄せている王室と枢密院を中心とするネットワーク、南部に強い基盤を置く民主党との関係、宗教指導者、地元パタニの住民との人脈などを通して微妙なバランスの上で開発と治安維持を担ってきた［奏2010: 162］。にもかかわらず、タクシン政権は、２００１年に政権の座につき、軍から警察への権限移譲などを通して、プレム氏を筆頭にした政治勢力の深南部における政治基盤の切り崩しを図った。このタクシン政権のやり方が、紛争再発の引き金要因となったと分析する見方がある［Dancan 2004］。2001年9月11日のアメリカ同時多発テロ事件を受け、タイ政府はテロ防止宣言を採択する中で、ムスリムということでテロと分離独立運動とは何ら関係がないにもかかわらず、パタニの人々をイスラーム過激派・テロ組織のネットワークにつながる危険性があると疑ったことや、2003年から行った「麻薬撲滅」キャンペーンによりタイ国内で約2500人が当局によって殺害されるという強硬策で深南部統治に臨んだことも状況悪化につながった。そして、2004年1月に起きた陸軍基地の襲撃事件(8)とその実行犯の弁護にあたったソムチャイ・ニラパイジット弁護士の拉致事件（警察によって暗殺されたと疑われている）、さらにクルセ・モスク事件(9)、タクバイ事件(10)として記憶されている二つの象徴的な事件が、深南部の治安をさらに悪化させることになった。98年から枢密院議長であるプレム氏によるタクシン首相の対応に対する批判などがあり、国民和解委員会を発足させたものの、タクシン首相は聞く耳を持たず、2005年7月、非常事態宣言を発令し、治安部隊による逮捕状なしの身柄拘束、警備の際の武器使用、報道規制などの強権が発動できる状況となり、力による制圧を続けていた。

2006年9月にクーデターによってタクシン政権が倒れた後、発足した暫定政権は、過去のタイ政府による深南部における高圧的な対応について謝罪を表明し、SBPACを復活させるなどの対応を行った。しかし、非常事態宣言は継続、治安部隊による人権侵害事件が多発する中で、武装化した分離独立運動組織による爆弾事件や襲撃事件も続き、治安状況の改善は見られなかった。

暴力事件を引き起こしている主要な分離独立運動組織はBRNといわれているが、そのBRNのターゲットは、タイの治安部隊だけではなく、公立学校や役所に勤務するムスリムにも及んだ。パタニ・マレーのムスリムであってもタイ側に加担した裏切り者であるとの判断からBRNの銃撃のターゲットになっていた。最近は、教員や公務員への銃撃事件はなくなってきたが、治安部隊を狙った爆弾事件は多発している。爆弾事件には料理にも使われる20~25キロ位のガスボンベが用いられている。携帯電話と連動させて爆破する仕組みのガスボンベを道路沿いに仕掛け、遠隔操作で治安部隊のトラックが通ったら爆破させるという手法だ(11)。また、治安部隊の武器庫を襲撃、もしくは、銃撃戦により治安部隊から武器を奪うなどして、武器の調達は身近なところで行っている。また、筆者の現地調査で、タイ政府・国軍関係者、現地ＮＧＯやイスラーム宗教指導者からのヒアリングからは、当初心配されていたＪＩ（Jemaah Islamiyah）やAl-Qaeda、またＩＳＩＬ（Islamic State in Iraq and the Levant）といった国際テロ組織といわれている団体とＢＲＮの関係性は今のところ全くないといわれている。

また、これらの暴力事件や爆弾事件は、ＢＲＮが行ったもののほか、タイ治安部隊が自作自演で行ったものもある。銃撃事件の後、犠牲者の手に武器を握らせて分離独立運動組織の犯行に仕立てようとする治安部隊の陰謀的行為も見られる。治安部隊がマレー系の14歳の少年を誤って銃殺した際、その手に銃を握らせ、ＢＲＮには子供の兵士もいるとして、国際社会の分離独立運動組織のイメージを悪くさせようと図ったケースもあるという(12)。また、麻薬取引や石油や違法伐採の木材を扱う不法ビジネスに絡んだ犯罪事件も多発しており、誰による犯行なのか明確な見分けがすぐにはつかないのが、この紛争の解決を遅らせているといえる。

大きな問題として、民兵の数の多さと武器の拡散が指摘されている。ＩＣＧの２００７年のレポートでは、陸軍のレンジャー部隊、内務省管轄の組織、王室が後押しする組織など、数多くの民兵組織が４万～５万人ともいわれる規模で活動していると報告されている。多くの仕事がない若者が、短時間の訓練の後、武器を持ってチェックポイントでの監視・警備をすることで、規律のない態度で人々を怒らせ問題になっていたり、手にした武器を使って個人的な恨みによる犯罪が起きたりと、民兵の存在は社会問題になっている。特に深南部に住む仏教徒に対し武器を供与し自警させている状況も深刻な問題を引き起こしている。深南部において共存していた少数派の仏教徒は、紛争再発後、多くの住民が他地域に転出したことで、残された仏教徒たちはますます危機感を高めており、中には過激な行動に出るグループも存在し、ムスリム襲撃事件も起きている。分離独立運動とは別に、宗教コミュニティ間の対立が生まれつつあり、紛争の長期化が懸念されている。

Ⅲ　和平にむけた動き

２００４年以降、いくつかのチャンネルで「対話」による解決を探る動きも試みられていた。マハティール・ビン・モハマド（マハティール）元マレーシア首相のイニシアティブによるランカウイ島での会談、インドネシア政府の仲介により行われたボゴールでの会談、スイスやフィンランドのＮＧＯによる仲介の試み、アピシット・ウェーチャチーワ（アピシット）政権中にも対話にむけた機運が盛り上がった。しかし、分離独立運動組織側のタイ政府への強い不信感だけではなく、タイ政府側の混乱や政治的解決への意志が弱く、秘密裏に対話は行われても、公式なものとはならず成果はなかった。そんな中、マレーシア政府の協力を取り付け、２０１２年に亡命中のタクシン元首相とマレーシアに住む分離独立運動組織との会合を経て、２０１３年2月28日に、タクシン元首相の妹であるインラック・シナワトラ（インラック）首相は、ＢＲＮと和平に向けての「対話」を開始すると発表した。そして、ＮＳＣ（国家安全保障委員会）のパラードーン・パタナターブット（パラードーン）長官とＢＲＮからの代表としてハサン・タイッブ氏を筆頭に、アフマッド・ザムザミン・ハシム（ザムザミン）マレーシア対外課報部元長官をファシリテーターとして、公式に和平対話が行われることとなった。和平に向けてタイ政府が分離独立運動組織を相手に対話のテーブルについたことは、歴史的な出来事であった。

そもそも準備不足であったため、対話はそう簡単には進展しなかった。深南部にいる分離独立運動組織のメンバーは、川をわたってすぐのマレーシアには頻繁に行き来しており、また、約20万人のパタニの人々がすでにマレーシアに移り住んでいるといわれている。マレーシア国籍で生活をしているＢＲＮの幹部は、マレーシア政府の指示に従わざるをえないという状況もあり、準備もなく、経験もないＢＲＮの一部リーダーがテーブルの席に座らされた格好だ。タイ政府も分離独立運動組織との和平対話など経験したこともなく、タイ語、マレー語、英語の３か国語での通訳を挟んだ会合は、終始、形式的なものであったという。3回のクアラルンプールでの会議の後、断食月ラマダン中の一部停戦の約束が破たんし、深南部では暴力事件が増加、そればかりか、バンコクにおけるタクシン派と反タクシン派の抗争が激化し、和平対話どころではなくなってしまった。インラック政権が2013年11月に事実上崩壊し、またしてもクーデターによって2014年5月に陸軍のプラユット・チャンオチャ（プラユット）将軍が全権を掌握した。それにより、NSCもSBPACの人事も変更となり、和平対話のテーブルについていたメンバーは、ISOC（国内治安維持部隊）のメンバーを除いて皆姿を消した。

軍事政権発足で和平対話の再開は絶望的と考えられていたが、プラユット首相はモハマド・ナジブ・ビン・トゥン・ハジ・アブドゥル・ラザク（ナジブ）首相との会談で2014年12月に和平対話を行う用意があることを表明、アクサラー・グートポン（アクサラー）将軍をトップとし、ISOCを事務局に、NSC、SBPAC、外務省、法務省、国家諜報局などが参加した和平対話チームが結成された。また、パタニの分離独立運動組織側も、それぞれの組織内で話し合いがもたれ、2015年5月にMARA Patani（Majelis Syura Patani：パタニ諮問評議会）を結成した。今回は、BRNだけではなく、すべての分離独立運動組織が一つになって和平対話に挑むべくBRNから3人、BIPPから1人、分裂したPULOからそれぞれ1人ずつ、GMIP（Gerakan Mujahidin Islam Patani：パタニ・イスラーム・ムジャヒディン運動）から1人がそれぞれ代表として和平対話のテーブルにつくことを、メディアを通じて発表した。インラック政権時と同じくマレーシアのナジブ首相の命を受けたザムザミン氏をファシリテーターとして、タイ和平対話チームとMARA Pataniメンバーとの接触が始まった。

タイ政府側は、①双方が合意するSafety Zoneの設置、②住民の希望に沿った開発、③双方が合意できる司法手続きについて話し合うことを提案、一方、MARA Patani側は、①南部国境県（深南部地域）の問題を国家のアジェンダとすること、②タイ政府がMARA Pataniを承認し、対話の相手として認めること、③MARA Pataniのメンバーに免責を与えること、の3点について求めている。和平対話の開始に向け、まずは付託条項（ToR）の合意に向けて議論されてきたが、MARA Patani側の要求を一つとしてタイ側は受け入れる用意がなく[13]、また、タイ側の誠意が感じられないという理由で、MARA Patani側も態度を硬化させていた。しかし、和平対話が一歩進むために、MARA Patani側が譲歩を見せ、ToRの合意がないまま、まずは、信頼醸成の一環として、Safety Zoneの設置にむけて話し合いがもたれている。2016年9月に、分離独立運動組織との和平対話の実施がタイ政府によって発表された。Safety Zoneは、単にタイ側もMARA Patani側も暴力行為をしないというだけのものではなく、Safety Zoneでの言論・集会の自由などが盛り込まれるよう交渉が続いているという(14)。

現在は、プラユット首相による軍事政権であり、中央集権的な統治が続いている中、深南部問題の政治的な解決を話し合うのは、つまり、自治や地方分権といった話をするのは、時期尚早であり、民主化し、国民に選ばれた政府になることを待つ必要があるといわれている。しかし、政府と治安部隊を率いるリーダーが同じであるため、国軍側に停戦の用意があれば話し合いは実効性があり、和平対話が一歩前進する可能性を秘めているという意見もある。現在続けられている和平対話の中で、双方が譲歩し、一定の停戦合意に至ることができるか、そこに関心が寄せられている。

一方、パタニでは、軍事政権下において、コミュニティラジオは禁止され、ソーシャルメディアも当初は政府によって監視され、政権に批判的な発言は、直接国軍から呼び出しがかかり注意を受けるなどの圧力が加わっている。プラユット政権以降、パタニに限ったことではなく、タイ全土でも同じような監視や禁止が起きている。和平対話の再開で今こそ議論が必要なパタニにおいて、集会を開くことも阻まれ、市民社会組織は手足を縛られたような状態である。また、和平対話のやり方に対してBRNの一部、特に武装派と呼ばれているグループから批判の声があがっているため(15)、MARA Pataniの正統性が問題視されている。MARA Pataniはまだ結成されたばかりであり、すべての分離独立運動組織の共通した政治組織として発言するには、まだまだ時間がかかるであろう。また、和平対話の席につくMARA Pataniの代表たちはパタニに住んでいない。その彼らがいったいどれだけ人々の声を代表し、交渉できるのか、パタニの人々の声を吸い上げる仕組み、市民社会との連携などが今後課題となってくる。

Ⅳ　紛争の社会経済的要因

タイ深南部紛争の要因は、紛争の経緯を概観する中で明らかとなっているように、強硬なタイ政府の同化政策による「パタニ・マレー」アイデンティティの喪失への懸念であり、タイ政府の対応からくる不正義とそれによる不信感である。

２００４年以降、パタニの多くの若者が経験しており、不満の源泉になっているのが、タイの治安部隊による彼らへの軽蔑や懐疑の目、さらには人として扱っていないかのような見下した態度からくる人権侵害である。パタニの若者はまず、パタニ人としての尊厳の回復と正義を訴える。武力によるアプローチが、結局は事態を悪化させている。非常事態宣言下において、法的にも治安部隊の権限を強化することにより、いわれのない拘束、往々にして行われる拷問がパタニの若者に怒りとタイ政府に対する不信感を植え付け、「タイからの解放を求めて戦っている」ＢＲＮの支援に回るのである。パタニの若者は、２００４年以降のタイ治安部隊からの抑圧を経験し、タイ政府の同化政策が厳しく二級市民として扱われてきたと感じてきた60年、70年代に若者だった世代と同じような経験、感覚を味わっている。

また、多くのパタニの特に年輩の方々が口にする問題の一つは、パタニ語消滅への危機感である。現在のパタニの若者は、家ではパタニ語、外ではタイ語を使用している。多くがタイ語で教育を受け、テレビやインターネット、ソーシャルメディアへのアクセスはほぼタイ語で行われている。パタニ語は、マレー系の言語ではあるが非常に強い方言であり、現在は、パタニ語を話す中で、タイ語の単語が多用されているため、マレーシア人やインドネシア人も理解が難しい。また、パタニでは昔ながらのアラビア語文字を使ってマレー語を表記しているジャウィ語が使用されているため、アルファベットを採用した隣国のマレー社会と書き言葉という観点からは接点が少ない。ポンドックでは教えられているが、ジャウィが書け、理解できる世代が少なくなってきているのも事実である。ハジ・スロンの7つの要求の中でも公教育でのタイ語とマレー語の併用を訴えてきたが、いまだに実現していないため、パタニ・マレーのアイデンティティの喪失に直結する問題として、言語は大きな懸念となっている。

パタニの人々が同じく口にするのは、教育問題である。深南部三県の子供たちの学業成績は他の地域よりも低い(16)[Melvin 2007: 18]。これは、10年以上に渡って続く紛争によって、優秀な先生や生徒たちが深南部地域から流出しているという問題もあるが、言葉の問題も大きいという。もちろん、マレーシアやインドネシアへの留学をする人、タイ語で教育を受けてバンコクの大学に進学する人も大勢いるが、中には、タイへの反発から積極的にタイ語を学ばせない家族もあるのが問題を複雑にさせている。パタニ語だけでは隣国では受け入れられず仕事に就けず、タイ語も流暢でない場合、タイでも就職できないため大きなジレンマを抱えている。17世紀は、周辺地域におけるイスラーム教育の中心地としてパタニ王国が存在していたのに、今ではタイの中で教育水準が最下位だと分離独立運動組織のメンバーが嘆いていた(17)。タイの教育システムの中にとどまっているから、このような事態になっているのだというのが、パタニの人々の問題意識である。

パタニ紛争に関しては、貧困問題という要素はそこまで色濃くない。一人当たりのＧＤＰを比較した場合、東北部や北部地域より高い数字が示される。また、所得も国内の他の地域と比較した場合、決して低い方ではない。深南部地域は、ゴムやパームヤシ、ドリアンといった果物などの換金作物の栽培が盛んであり、海に面している地域は漁業、マレーシアとのビジネスがあるなど、相対的には貧困の度合としては深刻であるとはいいがたい［奏2010: 165］。とはいえ、現在はゴムの値段が低く、現金収入の低下が生活を圧迫しているなど不安定要因もあり、また、紛争地であるため地理的利点を活かせないなど問題も多く、紛争の終結により、隣国とのビジネスの活性化が求められている。パタニ紛争の社会経済的要因は、パタニ・マレーのアイデンティティと深く関わり、タイ政府に対する不満と不信感が根幹にある。

V　パタニ紛争の特徴

上述してきたように、タイ深南部紛争、もしくはパタニ紛争は、ムスリム武装勢力とメディアでは記述されることが多いが、イスラームのアイデンティティで闘っているわけではない。他の東南アジア諸国の分離独立運動と同じように、国民国家形成の過程で、政府の掲げる中央集権的で、多様性を無視した同化政策などの政府のやり方に不満を抱き、最終手段として武力闘争を選んだ結果であると説明できる。また、多くがアイデンティティの喪失を懸念し、政治的権利を奪われ、自分たちのことを自分たちで決められないことに苛立ちを募らせている。また、国民国家の中で周縁化され、社会的、経済的に取り残されてきたこと、二級市民のような不当な扱いに対し、抗議しているのである。

ここでは、インドネシアのアチェの分離独立運動を行ってきたＧＡＭ（Gerakan Aceh Merdeka：自由アチェ運動）と、フィリピン南部の分離独立運動を現在もなお続けているＭＩＬＦ（Moro Islamic Liberation Front：モロ・イスラーム解放戦線）とタイ深南部の主要な分離独立運動組織であるＢＲＮ（Barisan Revolusi National Patani：パタニ解放戦線）を簡単に比較することでＢＲＮの特徴とそこから見えるパタニ紛争を考察したい。

分離独立運動という側面、中でも民族アイデンティティを強調しているという点や、国際テロリスト組織とのつながりはないという点で、ＢＲＮ、ＧＡＭ、ＭＩＬＦは似通っている。ＢＲＮは、パタニ・マレーというアイデンティティ、ＧＡＭはアチェというアイデンティティ、ＭＩＬＦはバンサモロというアイデンティティをそれぞれ主張しており、ムスリムではあるが、イスラーム過激派ではなく、それぞれの国から受けている不正義からの脱却を目指して闘う独立闘争として自らを位置づけている。

一方で、それぞれの組織には、大きな違いも見受けられる。パタニの紛争は、簡単にいうなれば都市部における

「ゲリラ戦」である。ＢＲＮのメンバーは、住民として生活を営んでいる。ＧＡＭやＭＩＬＦのように特定の軍事基地があるわけでも、森に潜んでいるわけでもない。また、すでに述べたように、武器はタイ治安部隊から奪ったものを使用し、爆弾はガスボンベを利用しているため、ＧＡＭやＭＩＬＦのように現地で武器の製造を行ったり、海外から調達したりすることはない。

政治的な側面から見ても、ＢＲＮは、ＧＡＭとＭＩＬＦとは大きな違いがある。ＧＡＭの場合、スウェーデンのストックホルムにＧＡＭの臨時政府を作り大臣を据え、公表していた。また、ＭＩＬＦは、政治部門が組織化されており、和平対話チームが存在し、ＭＩＬＦ内部で選ばれた代表がフィリピン政府と交渉にあたっている。一方で、ＢＲＮの政治部門は誰なのか、どのような組織なのかはっきりしていない。２０１３年の2月にインラック政権下で初めて和平対話の開始が宣言された際に、ＢＲＮからの代表としてハサン・タイップ氏が和平対話に参加したが、プラユット政権下で和平対話に臨んでいるMARA Pataniのメンバーとして BＲＮから参加しているのは別の人物であり、ＢＲＮの政治部門についてはメンバーが公にはなっていない。さらに、ＧＡＭと同じように、ＢＲＮの亡命者たちもスウェーデンやドイツにも亡命しているが、海外亡命者グループの政治的動きは、ＧＡＭに比べると、ロビー活動などといった点では活発とはいえない。また、マレーシアやインドネシアに亡命しているＢＲＮのメンバーも、国境をまたいですぐ隣のタイ深南部に住むメンバーと連携はしているものの、政治闘争という観点からは、表立って動いていない。

ＢＲＮはよくお化けのような組織とパタニで呼ばれている。目には見えないけれどもそばにいる「お化け」のような存在で、爆弾事件なども、タイミングや、場所などを分析するとタイ政府へのメッセージが読み取れ、会わなくても、伝えたいことは風が伝えてくれるという[18]。アンダーグラウンドでの活動に終始しているため、ＧＡＭやＭＩＬＦに比べ政治闘争、ＢＲＮの要求という側面が見えにくいということはいえる。今後、和平対話が進んでいくプロセスの中で、ＢＲＮが政治部門を育て、政治闘争を前面に位置付けないと、目に見えない「お化け」による武力闘争だけでは、解決できない問題のほうが多い。

いまだ謎が多いＢＲＮに対しては、ＧＡＭやＭＩＬＦとは別のアプローチが必要といえる。タイ政府は、ＢＲＮの特徴を知り、互いに武力によっては何も解決しないことを理解し、和平対話を継続する中で、現在の和平対話に反対している勢力も取り込みながら、解決に努めることが重要であろう。ＧＡＭによる闘争は、２００５年のヘルシンキ和平合意により大幅な自治が認められ現在収束している。ＭＩＬＦによる闘争は、２０１２年の最終的な和平に向けた枠組み合意に署名し、フィリピン南部の武力闘争の終結の入り口に立ったと思われたが、バンサモロ法がフィリピン議会で通過せず、振り出しに戻った状況である。ＧＡＭもＭＩＬＦも中央政府との武力衝突と和平交渉を30～40年にわたって繰り返してきた。ＢＲＮを筆頭とするパタニの分離独立運動組織は、まだ、和平対話の席についたばかりである。パタニ紛争の解決には、タイ政府が、パタニの人々と真摯に向き合うことが何よりも重要である。

Ⅵ　おわりに

東南アジア各地で起きていた分離独立運動の中でも、現在も続くタイ深南部紛争もしくはパタニ紛争は、ミャンマーやフィリピン南部、インドネシアの紛争とは違い、軍事基地が存在するわけでもなく、爆弾事件などの犯行声明が出されるわけでもなく、分離独立運動組織のメンバーが表立って政治的要求を表明することもなかったため、雲をつかむような存在との対立という「ゲリラ戦」であり、分離独立運動組織の実態解明が難しいという特徴があった。また、タイ政府が、この問題をタイの国内問題として扱い、国際社会の介入を一切認めてこなかったことも影響し、国際メディアの関心も薄く、忘れ去られた存在として取り残されていた。それが、ようやく和平対話の開始によって少しずつ関心が高まり、解決に向けた取り組みが行われるようになった。

本章では、タイ深南部紛争における歴史的な概要と現在行われている和平対話の進捗について、現地調査を踏まえながら整理した。それにより、パタニ紛争の要因や特徴が見えてきたのではないか。この10年以上続く紛争で、戒厳令と非常事態宣言による長期拘束、拷問によって死に至ったケースも含めた人権侵害、未亡人の数や孤児の数の増加、治安部隊による汚職や麻薬の蔓延など、あらゆる問題に直面しており、先が見えない閉塞感にパタニの若者は嫌気がさしている。地政学的に、ＡＳＥＡＮの真ん中に位置し、ＡＳＥＡＮの人口の半分をしめるマレー系ムスリムとその他の地域をつなぐ連携地域であり、紛争の解決は、ASEAN Economic Community の成功のためにも、また域内の安全と安心のためにも急務である。和平対話はまだまだ始まったばかりであり先行きも不安であるが、「対話」による解決方法を模索し、国際社会が後戻りしないようしっかりと支援していく必要がある。

【注】

(1) タイ王国の一つの県であるパタニ県（Pattani）と、歴史的にパタニ王国の領土だった地域を指すパタニ（Patani）とは、アルファベット表記の際、Pattani と Patani でTが一つか二つかで違いがある。Patani と表記することは政治的な表現として嫌うタイ側と好んで多用する分離独立側とがあるため、パタニ問題という場合、アルファベット表記では Pat(t)ani と書く場合すらある。

(2) タイ政府は、「紛争」という言葉も「パタニ」という名称も使わず「深南部問題」として表現することが多いが、ここでは現地の人々が使う「パタニ紛争」とし紛争の要因を考察する。

(3) パタニの歴史に関しては、堀場明子「タイ深南部紛争と平和構築イニシアティブ」『ボランティア学研究』Vol. 16、59～61頁がもとになっている。

(4) プーケット島オールドタウンなどのモスクでの聞き取り調査、２０１６年9月10日。

(5) ハジ・スロンが行った7項目の要求は、どの部分を強調するかは組織によって異なるが、１９６０年代以降に登場する分離独立組織の要求のベースになっており、現在もなお影響力を持っている。

(6) ２００9年から行っているパタニでの聞き取り調査で、同じような話を何度となく聞かされている。

(7) 分離独立組織の構成メンバーに投降を求め、投降した者は罪に問わず優遇したので、投降者が短期間で増加した。

(8) ２００4年1月4日に発生したジョ・アイロン地区の軍事基地が襲撃され、4人の兵士が死亡、４０３丁の武器が盗まれた事件。

（9）２００４年4月、深南部各地で同時多発的な爆弾事件が起き、治安部隊との銃撃戦により１００人以上が死亡、パタニ県では、歴史的モスクであるクルセ・モスクに立てこもった犯人グループ32人が全員射殺され、タイ政府の行き過ぎた対応が批判を浴びた。
（10）２００４年10月にナラティワート県のタクバイ郡で起きた事件。デモに参加して身柄を拘束された住民78人がトラック移送中に窒息死したという事件で、人権を無視したタイ当局への強い非難が巻き起こった。
（11）ムスリム弁護士協会ＭＡＣ（Muslim Attorney Center）メンバーへのインタビュー、２０１５年9月14日。
（12）ムスリム弁護士協会ＭＡＣメンバーへのインタビュー、２０１５年9月14日。
（13）タイ側は、それぞれをParty A（タイ側）、Party B（MARA Patani側）と呼び、MARA Pataniという呼び方すら公式には認めないという立場を取っている。
（14）MARA Pataniメンバーへのインタビュー、２０１６年11月9日。
（15）ＢＲＮが内部で分断しているため和平対話は進まないという立場。Anthony Davis, "Southern Thai insurgents stake out peace terms," *Nikkei Asian Review*, 11 Oct. 2015.
（16）Neil J. Melvin, Conflict in Southern Thailand Islamism, Violence and the State in the Patani Insurgency, *SIPRI Policy Paper* No. 20, 2007. p.18
（17）MARA Pataniメンバーへのインタビュー、２０１６年11月9日。
（18）ムスリム弁護士協会ＭＡＣのメンバーへのインタビュー、２０１５年9月14日。

◉参考文献

黒田景子２０１２「パタニの二つの顔——『仏教国』タイの辺境とイスラーム教育の中心」床呂郁哉・西井涼子・福島康博編『東南アジアのイスラーム』東京外国語大学出版会。

高橋徹２０１６『タイ——混迷からの脱出』日本経済新聞出版社。

西井涼子２０１２「南タイの暴力事件にみるムスリム——東海岸と西海岸の比較から」床呂郁哉・西井涼子・福島康博編『東南アジアのイスラーム』東京外国語大学出版会。

橋本卓　１９８７「タイ南部国境県問題とマレームスリム統合政策」『東南アジア研究』25巻2号。

堀場明子　２０１６「タイ深南部紛争と平和構築イニシアティブ」『ボランティア学研究』Vol. 16、59～61頁。

Duncan McCargo, 2008. *Tearing Apart the Land: Islam and Legitimacy in Southern Thailand*, Ithaca NY and London: Cornell University Press.

Davis Anthony, 2015. "Southern Thai insurgents stake out peace terms," *Nikkei Asian Review*, 11 October.

International Crisis Group. 2007. "Southern Thailand, The Problem with Paramilitaries," *Asia Report* No. 140.

Melvin, Neil J. 2007. Conflict in Southern Thailand Islamism, Violence and the State in the Patani Insurgency, *SIPRI Policy Paper* No. 20, p.18.

第Ⅳ部 地域の将来とイスラーム主義の実相

第12章

モロッコのイスラーム主義

――体制との「共存」という戦略

白谷　望

Ⅰ　はじめに

２０１０年末からの「アラブの春」以降、イスラーム主義運動が改めて大きな注目を集めるようになった。アラブの春の発端となったチュニジアでは、ベン・アリー体制が崩壊した後、イスラーム主義運動組織であるナフダ党中心の連立政権が誕生したものの、彼らの台頭によって社会の亀裂が顕在化し、２０１４年選挙では世俗派政党に敗北した。エジプトにおいても、ムバーラク体制崩壊後にムスリム同胞団が政権を獲得したが、同胞団は適切な政権運営を行うことができず、結果として短期間でその地位を追われた。またシリアでは、過激なイスラーム主義を掲げる様々な運動が活動を展開し、混迷を極めている。

本章で扱うモロッコでも、アラブの春を後押しとしてイスラーム主義政党「公正開発党（Ḥizb al-ʻAdāla wa al-Tanmiya/Parti de la justice et du développement: PJD）」が念願の政権獲得を果たしたが、同党は体制との共存という戦略を採用し、現在まで安定した政治運営を行っている。こうしたイスラーム主義組織の明暗を分けたのは何なのか。また、なぜ公正開発党は、他国のイスラーム主義運動とは異なり、体制と闘わない道を選んだのか。本章では、モロッコの事例から、「反体制的」なイメージと結び付けられることの多いイスラーム主義運動のひとつの戦略として、体制との「共存」という在り方を描き出す。

Ⅱ　萌　芽――体制によるイスラームの独占と公正開発党の誕生

他のアラブ諸国と比較すると、歴史的に見てもモロッコにおける政治勢力としてのイスラーム主義運動は、あまり統制のとれている勢力ではなく、いくつかの潮流に分散しており、体制を完全に脅かすほどの存在にはならなかった。これは、独立以降も存続した国王による宗教領域や象徴の完全なる統制や、国王のアミール・アル＝ムウミニーン（信徒たちの長）やシャリーフ（預言者ムハンマドの末裔）という伝統的支配の概念に基づく絶対的な政治的・宗教的立場を目の前に、イスラーム主義勢力はイスラームを政治的に利用して、反体制的立場をとることが非常に困難であったからである。しかし、このような制限を受けていてもなお、１９６０年代後半にはモロッコにおいてもイスラーム主義運動が台頭した。直接的な体制批判という形ではなく、国家による社会改革や経済政策におけるイスラームの教義の不適切な利用への反発などが積み重なった結果であった［Hamzawy 2008: 7］。70年代にはそれらの運動が組織化され始め、各組織が分散してはいたものの、国王の絶対的権威を疑問視し、イスラームの伝統に基づく正しいカリフ制やシューラー（「協議・相談」の意）が主張されるようになった。これらの反体制的イデオロギーを提示する運動に対して国王は、物理的な暴力や弾圧、非合法化を行うなどして対応していた。しかし、その後は急激に勢力を拡大していた左派勢力の対抗勢力として、いわゆる「穏健派」と捉えられていたイスラーム主義組織の活動をある程度黙認するようになる［Lust-Okar 2005: 158-164］。それが、公正開発党の母体である運動組織「統一と改革の運動」であった

（図1）。

90年代に入り、国王はイスラーム主義勢力に対する緩やかな弾圧政策から、合法化へと方針を変えた。その理由の第一は、1990年代の隣国アルジェリアの内戦の影響である。軍事政権とイスラーム主義勢力とが弾圧とテロを繰り返す未曽有の混乱状態を目の当たりにし、その飛び火を恐れたのである。モロッコの軍は、70年代に起きた2度の軍事クーデタ未遂を受けて、その規模が著しく縮小されていた。そこで、イスラーム主義勢力に対する弾圧策に代えて「取り込み」を行うことが決定された。しかし、イスラーム主義組織の政治参加を認めることは、国王自身の宗教的権威を危うくするリスクがあった。それまでに取り込みの対象となってきた勢力は、政治制度に対して批判を行うことはあっても、国王の宗教的正統性やイスラームの概念を利用した政治構造に疑問を呈することはなかった。しかし、イスラーム主義勢力は、国王が政治体制確立に利用したイスラームの解釈を揺るがす可能性を持っていた。そこで、前国王ハサン2世と内務大臣は、統一と改革の運動が集団入党を図った「民主立憲人民運動」党首アブドゥルカリーム・ハティーブと秘密裏の交渉を重ね、イスラーム主義政党合法化の条件として、①暴力の放棄、②憲法・政治体制の理解と承認、③国王の権威・正統性の承認、の3点を要求し、既存の政治制度の枠内でのみ活動を認めた[Willis 2004: 157]。この条件によって、後の公正開発党も他の政党と同様に、国王の存在や神聖さを批判の対象にできなくなった。これは同時に、この条件に応じない個人や集団は、政治過程から排除されるか、もしくは徹底的に弾圧されることを意味した。2003年のカサブランカ同時多発テロ事件後（詳細は後述）のイスラーム主義者に対する一斉検挙は、このレッドラインを超えたとして行われたものである。

第二の要因は、公正開発党が合法化された時代背景から論じることができる。公正開発党が政治参加を果たした1997年は、モロッコでは政治的自由化に基づく数々の改革が行われた時期でもあった(1)。その流れの一環で、体制側が「譲歩」として公正開発党を合法化したと考えることも可能ではあるが、この決定は体制に有利な機能を持ち合わせていた。

第三の要因は、モロッコ最大のイスラーム主義組織「公正と慈善の集団(2)（Jamā‘a al-‘Adl wa al-Iḥsān）」の存在である。

〈図1〉モロッコにおける主なイスラーム主義組織の系譜

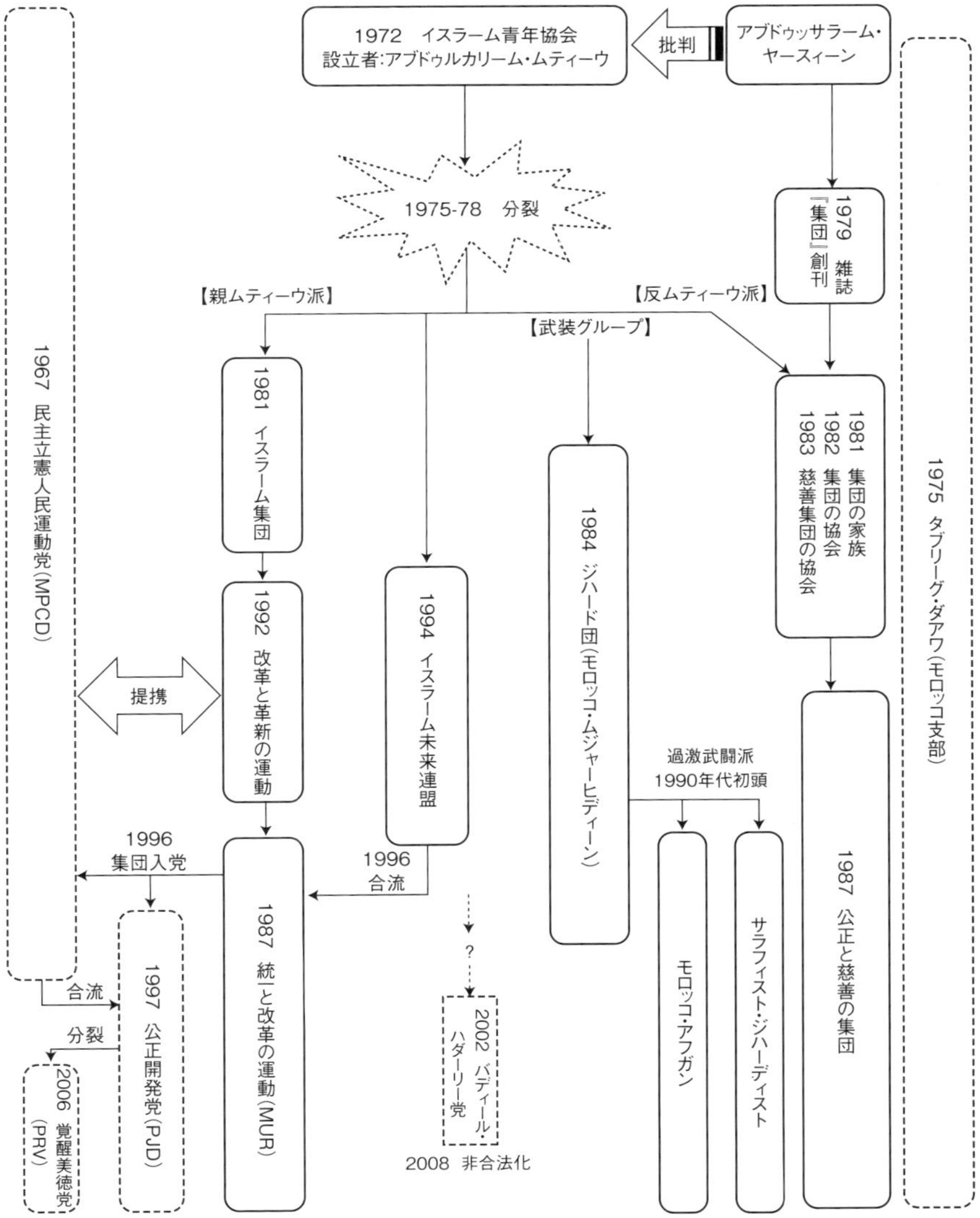

(出所)［私市 2004］を基に筆者作成

モロッコ王制それ自体や憲法を否定するこの組織は、カリスマ的指導者である故アブドゥッサラーム・ヤースィーンの幾度の勾留や軟禁を経てもなお、同国最大の大衆動員力を持つ組織である。国王は90年代初頭、この組織を穏健化させる狙いから政治領域に取り込もうと試みたが、繰り返し行われた交渉は最終的に決裂し失敗に終わった［Willis 2007: 156-157］。しかし、この組織を野放しにしておくわけにはいかず、穏健な立場を主張し合法化を要求していた公正開発党を代わりに取り込むことによって、イスラーム主義者たちに対して公式な立場を与え過激化を防ぐという代替案を実行したのである。

Ⅲ　発　展――政党としての立場の確立

モロッコでは、国家元首である国王の人格は不可侵とされ（2011年憲法第46条）、国会議員は王制またはイスラームに疑義をはさむ発言、および国王に払うべき敬意を失する発言を認められていない（第64条）。その一方で、とりわけ2011年の憲法改正以降は、政権与党から首相が選出されることが明記され（第47条）、閣僚会議の議長も首相に一任するなど、首相権限が拡大した。また、憲法上、立法権は国会が有しているものの、国王が「助言」することが度々ある。

公正開発党は、1997年に政治領域に参入して以降、これまでに計5回の国政選挙に臨んでいるが（1997、2002、2007、2011、2016年）、合法化直後の1997年と2002年選挙では、比較的支持が堅いと予想されていた都市部に絞って候補者を立てた。これらの選挙での候補者数の自主的な抑制は、政党としての未成熟さや合法化の様子見という状況から決定されたものであった。1997年選挙時のマニフェストや選挙前キャンペーンでは、利子問題や女性問題が中心に取り上げられた。利子問題とは、特にマイクロクレジットの導入への批判であり、これは、イスラーム法の中でもとりわけ重要な準則であるリバー（「利子の徴収・支払」の意）の禁止に反するという解釈による。また、家族法[3]の改正案にも反対の姿勢を示した。とりわけ、一夫多妻制の廃止、男性からの一方的な離婚の禁止、結婚最低年齢の引き上げの3項目を強く批判した。

翌年の1998年には左派政権が発足し、政治参加したばかりの公正開発党は、野党という立場からではあったが、イデオロギー的差異には一切触れず、同政権に対して積極的に協力する姿勢（critical support）［Boukhars 2011: 116-117］をとった。これは、状況を窺いつつ、切望していた公的な立場を揺るぎないものとするためであり、同時に、イスラーム主義政党は常に体制と対立関係にあるわけではないという国民へのアピールも兼ねていたと考えられる。こうした立場を維持しながら、議会では、アルコール飲料の生産・販売の規制強化や、ビーチでの男女同席・水着着用に対して非道徳的であるとの非難を行った。また、こうして宗教に関する問題を扱うものの、国王や他の政党を意識し、それらを倫理・道徳問題に転換して取り扱うという戦略をとっていた。

2002年の選挙では、マニフェスト［PJD 2002］において、①真正、②主権、③民主主義、④公正、⑤開発の5本の柱から成る公約を掲げた。詳細は、①真正：イスラーム教育と文化教育を通じたイスラーム・アイデンティティーの強化、②主権：西サハラにおけるモロッコの主権維持、③民主主義：首相と議会の権限向上、④公正：司法の完全な独立と地位向上、⑤発展：イスラーム銀行／金融の普及、である。選挙キャンペーンでは、イスラーム主義の持つマイナス・イメージ払拭のため、女性問題やイスラーム的刑罰（石打ち刑や鞭打ち刑など）に対して頻繁に言及し、女性にヴェール着用を強制しないことを公約し、またイスラーム的刑罰も党のアジェンダには記載されないことを強調した。

このように、国王や他政党との関係や自身の立場を模索しながらも、議会活動を活発に行い、支持基盤も拡大され、順調に政党としての基盤を築いていた公正開発党であったが、その状況は2003年5月に一変した。2003年5月16日、14人のテロリストがカサブランカ中心街で連続自爆テロを仕掛けた。この事件による死者は41人、負傷者は100人以上にのぼった。犯人は、カサブランカのスラム街「スィディ・ムウミン」を中心に地下活動を行うイスラーム主義組織であった。言い換えれば、体制が公正開発党の合法化を通じて狙ったイスラーム主義者の穏健化と公的領域への取り込みからこぼれ落ちてしまった者たちである。

事件を受けて国王は、「自由放任の時代は終わった」と宣言した［Zeghal 2008: 241］。その後、イスラーム主義者に対する一斉検挙が行われ、２００４年末までに２０００人以上が逮捕され、そのうちの50人が無期懲役、16人が死刑の判決を受けた。投獄された者の一人は公正開発党員であり、彼はテロ事件が起こることを事前に承知していたという容疑から逮捕された［Brown and Hamzawy 2010: 93］。また、テロ事件実行犯のような存在の再生産を防ぐ目的から、政府は、教育法・家族法の改革や宗教組織の規制、スラム街の一掃を目指す新都市計画など、短期間で多くの改革に着手した［Zeghal 2008: 241］。また国王は、２００３年7月の演説で、これらの改革の重要性、そして「たった一人、アミール・アル＝ムウミニーンに付随する」モロッコにおけるイスラームの基礎を確立することの重要性を主張し［Zeghal 2008: 241］、同時に自身の宗教的権威の絶対性を強調した。

同事件後、社会では「反イスラーム主義」感情が噴出したが、これを国王と体制派政党が中心となって勢い付ける動きが見られた。こうした動きは、テロ事件直後に国王主導で行われた「カサブランカ・テロ事件に対する抗議デモ」（１００万人以上が参加）に象徴される。このデモで公正開発党は、デモ参加者や国民に混乱を招くとされ、当局によって参加が認められなかった。また、公正開発党の躍進に不満を募らせていた他政党は、メディアを利用して「反公正開発党」キャンペーンを行ったり、イスラーム主義者の代表として国民に謝罪するよう迫ったりした［Brown and Hamzawy 2010: 93］。

公正開発党はテロ事件に対して、犯人グループとの一切の関係を否定し、それらを非難する声明を何度も出して非暴力を訴えたにもかかわらず、社会にはイスラーム主義運動に対する過剰とも思える反応が出ていた(4)。こうした状況を受け、公正開発党は、同年9月に行われた地方選挙でも立候補者を都市部に限定し、加えて各市町村議会の議席数の50～60％以内に制限した［私市 2004: 225-226］。また、テロ翌年の党大会では、社会からの圧力を考慮し、党の穏健派メンバーを重要ポストに就け、いわゆる急進派と呼ばれていたメンバーを幹部職から排除することが決定された。

２００７年には、公正開発党にとって3回目となる議会選挙が実施された。２００７年マニフェスト［PJD 2007］

では社会・経済問題が中心となっており、過去2回の選挙とは異なり、宗教的な問題はほとんど扱われていない。イスラームに関する言及は、経済発展に関連付けてイスラーム銀行／金融の奨励と、政治領域への公式ウラマーの参加要求の2点である。後者は、モロッコにおける全ての法律がシャリーアに適合していることを確認・維持するためとして、マニフェストに記載された。選挙前キャンペーンでは、他の政党と同じ土俵で競うことを重視し、党員によるモスクでの選挙キャンペーンを禁止した［Willis 2008: 20］。また、マニフェスト同様にキャンペーンでも宗教的主張を控え、社会・経済問題の改善が最優先課題であり、党の宗教的課題は他のイスラーム主義組織のように「シャリーアの施行」ではなく、モロッコのイスラーム的アイデンティティーの保護であると主張した。

Ⅳ　頂点を極める——政権政党としての公正開発党

こうしたプラグマティックな姿勢を通じて政党としての立場を確固なものにしてきた公正開発党は、アラブの春後の２０１１年国民議会選挙において、晴れて第一党となり[5]、改めて浮き彫りとなった社会の様々な問題に応えるべく諸改革を主導することになった。

公正開発党が選挙に際して提示したマニフェスト［PJD 2011］は、１５００項目からなる超大作であり、その内容は、公衆衛生や経済、社会発展、教育、雇用機会など多岐にわたる。その中でも特に強調され、その目玉となったのが、①人間開発指数の順位の引き上げ（１３０位を90位に）、②非識字率の引き下げ（２０１５年までに20％に、２０２0年までに10％に[6]）、③最低賃金と年金支給額の引き上げ、④汚職根絶の4点である［白谷 2013b: 66］。また、現地週刊誌 *Actuel* は、選挙結果の開示直後に行われた世論調査[7]の結果を掲載したが、新政権の支持率は、82％に上ったという[8]。そして、国民が同政権に求めるものの第1位は汚職根絶であり、国民の62％が切望していることが明らかになった（3つまで回答可）。それに次いで、医療制度改革（59％）と教育制度改革（51％）が続く結果となっている[9]。

世論調査の結果で注目すべき点は、国民が公正開発党政権に即時解決を望む課題の上位に、アラブの春の主な要因と考えられる経済問題や失業問題が入っておらず、それ以上に汚職根絶を求めていることである。これは、社会の根深い汚職文化を表しており、また公正開発党の政権奪取の要因とも関係している。他のアラブ諸国同様、モロッコにおいても政治家や企業家層の汚職は大きな社会問題となっており、とりわけ政治的自由化が進められた１９９０年代以降、メディアでは連日同様の問題が取り上げられている。こうした汚職問題から最も遠いと国民に捉えられていたのが、公正開発党であった。実際、過去20年を振り返ると、主要政党のうち、公正開発党のみ連立政権に参加した経験を持っていない。同党は野党に留まることで他の政党との差異化を図り、その透明性を維持すべきと考えていた。これは、議会での出席率や質問提示数が、他党と比較して圧倒的に高いという「真面目さ」［Brown and Hamzawy 2010: 91］でも支持を拡大していた同党の立場と通ずるものでもあった。

Ottaway［2012］によると、こうして国民の期待を一身に受けた公正開発党がまず着手したのは、①新憲法で新たに認められた内閣と議会の権限の行使と、②「善き統治（good governance）」を目指した汚職問題への取り組みの２つに集約される[10]。

まず1点目は、新憲法で新たに認められた内閣と議会に対する政策決定の権限である。新憲法下の新たなシステムでは、内閣は首相の指揮のもと、随時閣僚会合を開くことができ、如何なる問題に関しても閣僚間の合意によって決定を下すことができるようになった。しかし、これは治安や「戦略的」問題以外に限定されており、これらの問題への対応は国王の権限として残されている。公正開発党の運営方針を見ると、こうした新たな権限を積極的に利用してはいるものの、一方では、国王との対決を避けようとする姿勢が至る所に垣間見える。例えば、２０１２年5月8日に議会で承認された法案では、首相権限の強化を目指し、多くの政治的役職の任命権が、国王から首相に移された。首相が任命できる政治的役職は１０００を超え、一方で、国王に残された任命権は40ほどとなった[11]。しかし、当然にも、国王に残された任命権は、軍や治安部隊、諜報機関、外交官などの最重要ポストに関するものである。なお、これらのポストについては、公正開発党は特に異議を唱えてはいない。

2点目は、「善き統治」を目指した汚職問題への取り組みである。新内閣は組閣直後から「国民のための人々」と名乗り、政治家イメージの一新の目的で、政治資金の削減に努めた。例えば、首相官邸などは利用せず、各閣僚はこれまで通り自身の家から各々の仕事場へ通い、その際の交通手段も、高級車ではなく、職務に支障がない程度の小型乗用車にすることが義務付けられた。その後、同内閣は、こうした取り組みを通じて、以前の閣僚経費の50％ほどを節減することができたと発表し、節減された資金を貧困層支援サービスに投資することが公表された[12]。こうして設立されたのが、「医療援助計画[13]（niẓām al-musā'ada al-ṭibbīya/Régime d'assistance médicale: RAMED）」であり、850万人の低所得者、400万人の絶対的貧困者、450万人の生活困窮者、そして福祉施設や拘置所などで生活する16万人を対象とする。しかし、当初は公正開発党のイニシアティブで始められたRAMEDの開始式典では、国王がその指揮をとった。これは、国民の生活を支援する国家プログラム（インフラ整備や医療制度改革など）は全て、国王や王族の名前で実施されるというモロッコの慣習に基づいているわけだが、実際には国王自らが計画したかのようなイメージをもたらす。これらについても、公正開発党は体制との争いを避け、甘受している［白谷 2013b: 68］。

続いて、公正開発党政権下で、比較的評価されている諸改革をここで見ていきたい。まず、外資の呼び込みであり、公正開発党が政権に就いた2012年度と比較して、翌年は25％増となった。高等教育制度の改革も、国民からの評価が高い。具体的には、大学生に対する奨学金制度を新設し、それに1億5200万ドルを充てることを決定した。その額は以前と比較して70％増で、全大学生40万人のうち、約12万人がその恩恵にあずかることができたと言われている。加えて、学生の医療保険を一部無料とした。また、国内でも様々な議論を生んだ燃料や電気、食品への補助金の削減、そしてそれらで得られた資金の主な配分先としての「社会的連帯プロジェクト」も注目に値する。同プロジェクトには約2000万ドルが充てられており、主に離婚した女性や未亡人の支援、低所得世帯への医療・教育支援を目的としている。このプロジェクトによって、低所得世帯の76万人の児童が学校へ通うことができるようになったという報告もある。他にも、司法改革やインフラ整備、雇用の創出に対し、評価の声が上がっている。

しかし、公正開発党が選挙綱領で掲げた生活補助金と年金の支給額の引き上げは、すぐに暗礁に乗り上げた。これまで比較的安定して経済成長を遂げてきたモロッコは２０１２年、その主要貿易パートナーである欧州諸国の経済危機を背景に、１９９０年以降最悪の財政赤字を記録した（対ＧＤＰ比マイナス７・60％）[14]。そのため、政府は引き上げを公約した補助金と年金を減額する意向を示した。こうした措置は国民の不満の噴出を避けられないため、野党だけでなく、与党からも反対の声が相次いだが[15]、公正開発党政権は断腸の思いで減額に踏み切った。

そして、こうした状況に対していち早く動くのもまた国王であった。ムハンマド6世国王は、２０１２年10月に湾岸諸国（サウディアラビア、ＵＡＥ、クウェート、カタル）とヨルダンを訪問した。この訪問は、対話の強化や相互協力を目的としていたが、実際には、友好関係の強化をもとに湾岸産油国から投資を引き出すことが最優先事項とされていた［白谷 2013: 69］。ここでは、国王に特権的な個人的ネットワークが利用される形となったのである。モロッコにおける外交政策は、国王に充てられた領域（domaine reservée）のひとつであり、外交問題の領域における国王の実質的な特権は、複数の法律で保障されている［Maghraoui & Zerhouni 2014: 683］。この訪問を通じて、モロッコの諸開発プロジェクトに対し、ＧＣＣから5年間で約50億ドルの融資が行われることが取り決められた[16]。こうした実状は、「いざという時の国王頼み」という国民感情を増幅させ、公正開発党政権の経済改革における無力さの露呈につながりかねない。

Ｖ　おわりに

国王の巧みな支配の下、モロッコにおける公正開発党はイスラーム主義政党としてどのような政治活動を行っているのか。自身の権威をイスラームに依拠する国王は、１９７０年代のイスラーム主義勢力の台頭に際し、厳しい弾圧を行った。自身の権威を危うくする勢力に対して弾圧や拘束を行うだけの権力を、独立後の国王は有していた。しかしそれでも、イスラーム主義運動はその勢いを増し続け、国民たちが政治指導者や政府を選択する権利を主張し、また同時に伝統的な政治的イスラームの概念に基づいた民主主義の施行を求めた。

しかし、組織間の統制が取れていないこともあり、体制を脅かすほどの力を持たなかったイスラーム主義勢力にとって、イスラームによって権威付けられている国王に対抗することは決して容易なものではなかった。他のアラブ諸国のような世俗主義や社会主義、欧米的概念を掲げる体制の存在が誰の目にも明らかな状況での抵抗運動と比べたら、モロッコのイスラーム主義運動は貧弱なものであり、公正開発党の起源でもある「イスラーム青年協会」も、国王の弾圧によってあっけなく解散に追いやられてしまった。２００３年のカサブランカ同時多発テロ事件に代表されるように、暴力の放棄や王制の正統性の承認を前提とする取り込みを拒絶する者らは、徹底的に弾圧されるか、現在では「マグリブ・イスラーム諸国のアル＝カーイダ」や「イスラーム国」のような国外での活動に転じている。そのような状況下での生き残りを模索する中で、公正開発党が公的領域での政党としての活動を選択したのは、賢明な措置だったのかもしれない。この方針転換は、あらゆる手段を尽くして政治参加を求める道であり、そのためには、首尾一貫した方針よりも戦略としての妥協を重視したということを意味している［私市 2004: 218］。

しかし、自身のイデオロギーでもあるイスラーム主義を完全に放棄することは難しく、「イスラーム主義政党」ということで期待をかける支持者を減らす危険性もあることから、公正開発党は宗教的な問題を倫理・道徳問題に転換して取り扱うという手段を用いている。特に２００３年のテロ事件後は、反体制的ないし宗教的な主張を完全に控え、穏健派路線への転向を行った。その後は他の政党同様、社会経済問題を中心に扱うなどして、社会のイスラーム主義に対する恐怖感が落ち着くのを待つという立場にでた。しかし、２００７年の選挙結果を受けての再度の方針転換など、宗教的性格からの完全なる脱却ではなく、状況に合わせて主張や態度を変更する、言わば「戦略的プラグマティズム」をとっている。

こうした戦略的プラグマティズムは、政権獲得後も継続して行われている。政権党としての立場を十分に利用し、革新的な改革を次々に打ち出しており、それらへの評価が２０１６年選挙での再勝利につながった。しかしながら、公正開発党の打ち出す全ての政策や改革案は、まず国王との関係において、レッドラインはどこなのか、そして何が共通の利益となるのか、という点を吟味してから着手されている。例えば、選挙マニフェストにしても政権獲得後の政治運営にしても、宗教に関する事柄にはほとんど触れていない(17)。これは、国王による宗教領域の統制を理由に、公正開発党が自主的に控えているということである。また同時に、アラブの春を受けて浮き彫りになった国民の不満からも、同党に求められているのは、党の目標である「モロッコ社会のイスラーム意識の回復」ではなく、社会経済問題の解決であることが明らかとなっている。そのため、国民からの支持を確保し続け、政権政党としての立場を維持するためには、これらの課題を着実に乗り越えていくしかないのである。

【注】

（1）公正開発党の母体組織「統一と改革の運動（Ḥaraka al-Tawḥīd wa al-Iṣlāḥ）」は、1980年代半ばから何度も国王に合法的立場の認可と結党承認願いの書簡を送り続けていた。そして、政府の監督下でいかに政治参加するか試行錯誤した結果、1996年6月、同母体組織を解散せずに宗教運動組織として残したまま、そのメンバーは「民主立憲人民運動（al-Ḥaraka al-Sha'bīya al-Dustūrīya wa al-Dīmqrāṭīya: MPDC）」に集団入党した。MPDCは、もともとイスラーム志向の強かった政党であったが、その頃には活力を失っており、穏健なイスラーム主義者を入れて党再生をはかろうとしたのである。その直後の1997年の議会選挙で、「統一と改革の運動」のメンバーはMPDCとして立候補し、その後ようやく「公正開発党」として公認申請が受理され、翌98年にMPDCを解散して公正開発党に統一した。

（2）この組織の詳細は、［Tozy 1999; Zeghal 2005; 2008; 私市 2004］を参照のこと。

（3）イスラーム世界における婚姻や相続についての法。「家族法」という立法制度は近現代に制度化されたものであり、現在の「家族法」の領域は、第二次世界大戦期まで社会生活の全てを対象としている「イスラーム法」の一部であった。イスラーム法において、結婚・離婚に関する規定はその中核をなしており、今なお原形をとどめている数少ないイスラーム法の分野でもある。

（4）市民の中には、カサブランカのテロ事件の背後には、「公正開発党」のような穏健なイスラーム主義勢力の影響があり、このまま放置すれば、モロッコもアルジェリアのように暴力的な内乱状況になってしまう、という恐れを抱く者が少なからずいたようである。これについては、新聞『*al-'Aṣr*』（August 29, 2003）を参照。

（5）２０１１年国民議会選挙における公正開発党の動きや活動に関しては、［白谷 2012; 2013b］を参照のこと。

（6）ＵＮＩＣＥＦの報告によると、２０１０年のモロッコの成人非識字率は、44％となっている。（http://www.unicef.or.jp/library/toukei_2012/m_dat01.pdf）

（7）この調査は、モロッコの民間調査機関であるＬＭＳ－ＣＳＡによって２０１１年12月２日から５日まで、18歳以上の国民約１０００人を対象に、新政権に対する反応を明らかにしたものである。

（8）*Actuel*, No. 120 (December 10, 2011)

（9）同世論調査の結果によると、第４位：居住環境の向上（36％）、第５位：食糧に対する統制価格の見直し（28％）、第６位：中間層の支援と富裕層への課税強化（26％）と続いている。*Actuel*, No. 120 (December 10, 2011)

（10）Marina Ottaway. "Morocco: Can the Third Way Succeed?" (http://carnegieendowment.org/2012/07/31/morocco-can-third-way-succeed/d3op)

（11）Ibid.

（12）Ibid.

（13）詳細に関しては、同計画のホームページを参照のこと。（https://www.ramed.ma）

（14）*Trading Economics* のモロッコ政府予算（http://www.tradingeconomics.com/morocco/government-budget）

（15）*NYTimes.com.* (June 5, 2013)

（16）*Magharebia*. (October 25, 2012)

（17）公正開発党政権が取り組んだ宗教に関わる改革には、以前は国営テレビでのみ流れていた礼拝時のアザーンを、全ての民放チャンネルで流れるようにしたこと、そして王立系企業である大型スーパーマーケットMarjaneでのアルコール飲料の販売を禁止したことの２つが挙げられる。

◉参考文献

私市正年　２００１「現代モロッコの国家体制と地方行政」伊能武次・松本弘編『現代中東の国家と地方（１）』日本国際問題研究所、１～27頁。

――――　２００４『北アフリカ・イスラーム主義運動の歴史』白水社。

白谷望 2012「現代モロッコにおけるイスラーム主義政党の組織戦略——政権獲得を目指す意思決定」『Journal of Area-Based Global Studies』上智大学大学院グローバル・スタディーズ研究科、3、33～57頁。

——2013a『モロッコのイスラーム主義運動「統一と改革の運動」とその憲章』SIASワーキングペーパー・シリーズ18、上智大学アジア文化研究所・イスラーム研究センター。

——2013b「モロッコにおけるイスラーム主義政党政権の抱える課題」『海外事情』61（7-8）、63～76頁。

——2014「モロッコにおける権威主義体制持続のための新たな戦略——2011年国民議会選挙と名目的な政権交代」『日本中東学会年報（AJAMES）』30（1）、37～69頁。

Brown, Nathan J. and Amr Hamzawy. 2010. *Between Religion and Politics*. Baltimore: Carnegie Endowment for International Peace.

Hamzawy, Amr. 2008. "Party for Justice and Development in Morocco: Participation and Its Discontents." *Carnegie Papers*. 93: 1-23.

Le Parti de la Justice et du Développement (PJD). 2002. *al-Barnāmaj al-Intikhābī li Ḥizb al-ʻAdāla wa al-Tanmiya. Taḥta Shiʻār: "Naḥwa Maghrib Afḍal"*（公正開発党選挙マニフェスト：「より良いモロッコに向けて」のスローガンのもとに）. Rabat: Manshūrāt Ḥizb al-ʻAdāla wa al-Tanmiya.

——. 2007. *al-Barnāmaj al-Intikhābī: Jamīʻan Nabnī Maghrib al-ʻAdāla*（選挙マニフェスト：公正なモロッコを共に築く）. Rabat: Manshūrāt Ḥizb al-ʻAdāla wa al-Tanmiya.

——. 2011. *Min Ajl Maghrib Jadīd: Maghrib al-Ḥrrīya wa al-Karāma wa al-Tanmiya wa al-ʻAdāla*（新たなモロッコのために：自由、尊厳、発展、公正なモロッコ）. Rabat: PJD.

Lust-Okar, Ellen. 2005. *Structuring Conflict in the Arab World: Incumbents, Opponents, and Institutions*. Cambridge: Cambridge University Press.

Maghraoui, Driss and Saloua Zerhouni. 2013. "Chapter 19: Morocco," in Ellen Lust ed. *The Middle East*. 13th edition. CQ Press.

Tozy, Mohamed. 1999. *Monarchie et islam politique au Maroc*（モロッコにおける王制と政治的イスラーム）. Paris: Presses de Sciences Po.

Waterbury, John. 1970. *The Commander of the Faithful: The Moroccan Political Elite: A Study in Segmented Politics*. London: Weidenfeld and Nicolson.

Willis, Michael J. 2002. "Political Parties in the Maghrib: The Illusion of Significance?" *The Journal of North African Studies*. 7(2): 1-22.

——. 2004. "Morocco's Islamists and the Legislative Elections of 2002: The Strange Case of the Party That Did Not Want to Win." *Mediterranean Politics*. 19(1): 53-81.

Zeghal, Malika. 2008. *Islamism in Morocco: Religion, Authoritarianism, and Electoral Politics*. Oxford: Markus Wiener.

第13章 シリア紛争とイスラーム主義

髙岡　豊

Ⅰ　イスラーム過激派はどこから来たのか？

シリアでの紛争は、21世紀最悪とも言われるほどの人道危機を招来した。この紛争は、シリア国内の当事者による政治的争いにとどまらず、中東内外の諸国や様々な団体が介入する国際紛争である。紛争の特徴としては、シリア国外からヒト・モノ・カネなどの資源を調達して紛争に参入したイスラーム過激派の存在を挙げることができる。彼らの活動は、紛争にイスラーム過激派が体現するスンナ派と、政府を支援するイランが体現するシーア派との間の非和解的な宗派紛争であるかのような印象を与えている。しかし、紛争を単純に宗派紛争とみなすことは、シリアの政治や社会、とりわけそこで暮らす人々への関心を低下させかねないため、シリア紛争とそこでのイスラーム過激派の存在については、より詳細な観察と分析が必要である。それでは、イスラーム過激派の台頭を招いた原因は、どこにあるのだろうか？　紛争の中で、シリア人民が外国勢力を含むイスラーム過激派を支持・受容したからだろうか。或いは、イスラーム過激派をはじめとする外部の当事者が介入することにより、シリア人民は紛争から政治的・社会的に疎外され単なる被害者として虐げられているだけなのだろうか。この問いに答えるためには、シリア社会にイスラーム過激派を生み出す、或いは受容する基盤がどの程度あったのか、シリア社会にはどのようなイスラーム主義運動が存在し、いかなる活動をしていたのか、シリア政府はイスラーム運動やイスラームの宗教界に対しどのように接してきたのかを明らかにすることが重要である。本章は、シリアにおけるイスラーム主義運動とそれらに対する政府の対応を分析することを通じ、シリア紛争の勃発・激化の中でイスラーム過激派をどのように位置づけるべきかを検討する。

なお、本章においては、末近浩太の定義に沿ってイスラーム主義を緩やかに定義し、「宗教としてのイスラームへの信仰を思想的基盤とし、公的領域におけるイスラーム的価値の実現を求める政治的なイデオロギー」と考える。その際、「国家のイスラーム化は、その目標に含まれる場合もあれば含まれない場合もある」［末近 2013: 9］。その上で、本章はイスラーム過激派を、イスラーム主義者の中で、（1）イスラーム世界全体がユダヤ・十字軍とその傀儡の侵略を受けていると考える、（2）上記の侵略を排除し、イスラーム法による統治を実現することを目指す、（3）現存する国境に拘束されない広範囲での活動とそのための資源の調達を通じて（2）を実現しようとし、既存の国家・議会や非暴力の政治行動に否定的な態度をとる、（4）非合法の活動を行い、イスラームによる統治の実現という政治目標を達成する手段としてテロリズム（「暴力の行使やその威嚇を通じて目標を達成しようとする、政治行動の一形態」）を採用する、との4点に該当する個人や団体と暫定的に定義する。

Ⅱ　シリア紛争当事者の勢力分布とその理由

2011年3月に紛争の契機となった抗議行動が勃発して以来、シリア紛争には内外の様々な当事者が各々異な

〈図1〉シリア・アラブ共和国行政地図

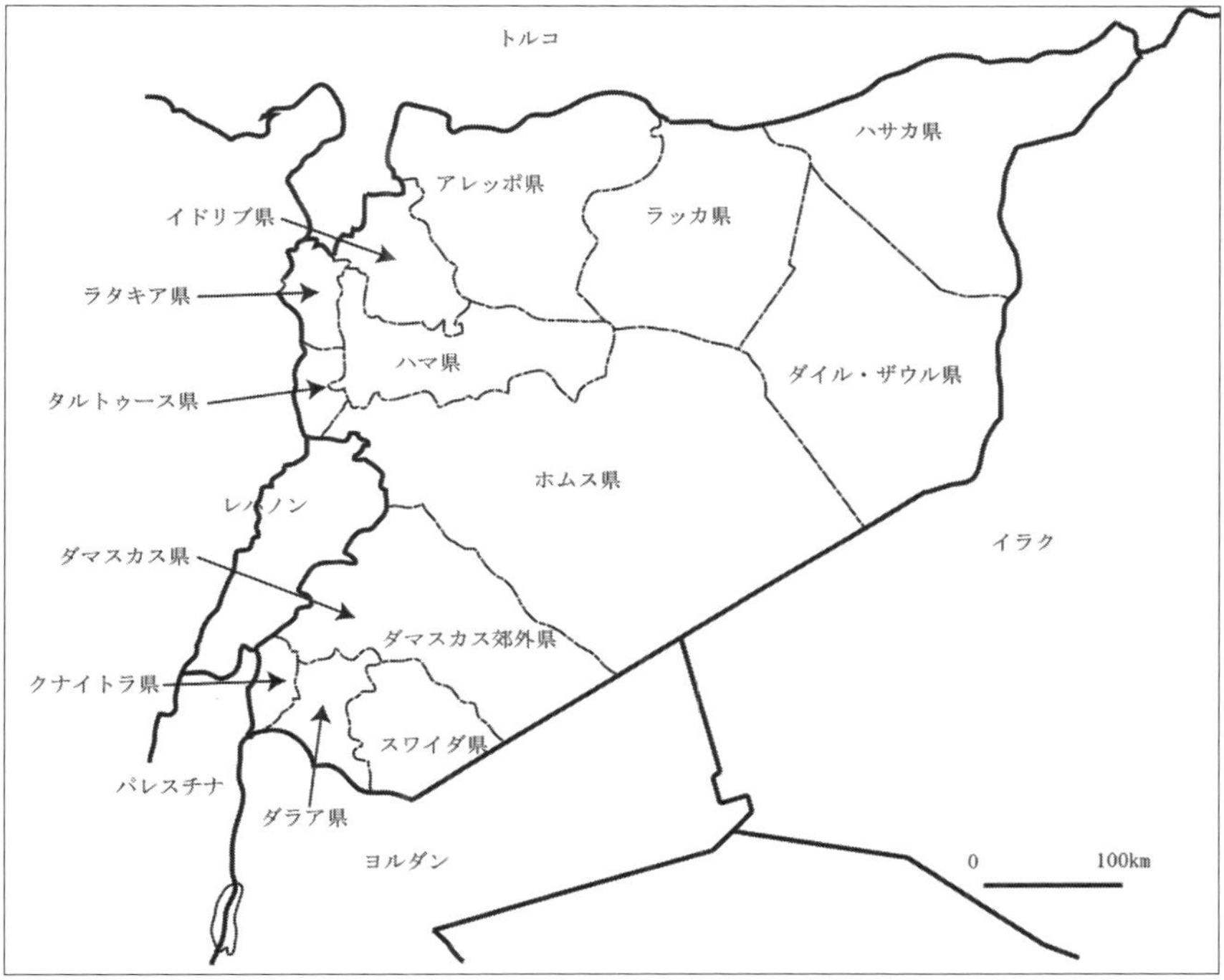

る利害関係・政治目標の下で紛争に関与した。状況は非常に複雑であるが、「複雑だ」という叙述で紛争やその当事者についての分析を放棄する思考停止状態に陥ってはならない。２０１７年初頭の時点での主な紛争当事者は、以下のように整理できる。なお、地名については図1を参照のこと。

第一の地域：シリア政府・軍とその傘下の民兵：ダマスカス、アレッポ、ホムス、ハマ、地中海沿岸諸県を制圧する。

第二の地域：クルド人の民族主義運動を主力とする「シリア民主軍」：ハサカ県、ラッカ県、アレッポ県の北部を占拠する。

第三の地域：「イスラーム国」：ユーフラテス川沿岸、中部の砂漠地帯を占拠する。

第四の地域：「シャーム解放機構（旧称：「ヌスラ戦線」）」、「シャーム自由人運動（アフラール・シャーム）」などのイスラーム過激派を主力とする「反体制派」。ここで「反体制派」と括弧をつける理由は、「反体制派」と認識されている団体や武装勢力が、アサド政権打倒を目指し、一致団結し、一枚岩的に行動している存在ではないからである。彼らは、時にアサド政権打倒よりも眼前の利権や外部の支援者の意向を優先し、相互に対立し、頻繁に武力衝突している。また、イスラーム過激派はアサド政権の打倒とは異なる政治目標である「イスラーム統治の実現」を目的としている。本章では、彼らを「悪の独裁政権に対する正義の革命運動」と認識すべきではない点を強調し「反体制派」と呼称する。：イドリブ県、ダラア県やクナイトラ県の一部、ダマスカスやホムスの近郊の一部を占拠する。なお、2016年後半以降、「反体制派」諸派は占拠地域や権益をめぐり相互に対立・交戦することが多い。

第五の地域：トルコ軍とその傘下の「ユーフラテスの盾」に属する「反体制派」諸派：アレッポ県北部を占拠する。

以上のうち、第一と第二は各々アラブとクルドの民族主義を掲げる勢力である。これに対し、第三、第四は、イスラーム過激派とみなすべき勢力である。これは第五の一部についても該当する。本章では主に第三、第四が考察の対象となるわけだが、これらの諸派がシリア紛争を通じて急速に勢力を伸ばした原因の説明は二通りに分かれる。

第一は、紛争勃発の前後の時点でシリア社会にはイスラーム主義やイスラーム過激派を受け入れる土壌があり、これが紛争を通じてイスラーム過激派諸派を形成したとの考え方である。例えば、シリアには後述するムスリム同胞団のように、20世紀前半から政治・社会の分野で活動し、ついには反政府武装蜂起にまで至ったイスラーム主義運動が存在する。同胞団、特に反政府武装蜂起を担った潮流の組織力や影響力が強固に残存していれば、「反体制派」武装勢力にもその流れを汲むものが現れただろう。これとは別に、モスク、イスラーム慈善団体、宗教学校の活動の発展に着目し、20世紀後半から紛争勃発前までの期間にシリア社会の「イスラーム化」が進んでいたことや、1970年以来のアサド政権下では政党や労働組合のような活動に比べイスラーム宗教界に対する統制が緩かったため、イスラーム宗教界において政権に批判的な言論や活動の機運があったと指摘する論考がある［Zaitūna 2011］。その中では、2004～2007年ごろに国際的な問題となったシリア経由でのイラクへの外国人戦闘員の潜入について、シリア国内に外国人戦闘員を支援した者がいたこと、シリア国内でのイスラーム過激派への取り締まりで、証拠や捜査が不十分なまま多数を逮捕・収監し、劣悪な状況に置いたことが、かえって収監経験者らの間にイスラーム過激派が浸透することを促した点が挙げられている。これらはシリア社会にイスラーム過激派の台頭を促した要因の一端であるが、具体的な事例や活動は［高岡 2013: 41-44］で整理してある。このような説明は、主に「反体制派」の活動家等政府に批判的な立場をとる者からなされる。その一方でこのような立場をとる場合、「イスラーム国」や「ヌスラ戦線」などによる国際的な非難を浴びる大量殺戮やテロ行為、多数の外国人戦闘員の流入のような事象は「反体制派」を貶めるためなどの理由で政府が育成したり誘導したりしたものであるとの見解を伴うことがある。

第二は、イスラーム過激派の思考・行動様式や、活動に必要な資源は外部からもたらされたとの考え方である。ムスリム同胞団の系譜を汲んでいるとは言い難い、「イスラーム国」やシリアにおけるアル＝カーイダである「ヌスラ戦線」が武装勢力の主力となった現実に鑑みると、イスラーム過激派の伸張はシリア紛争の原因ではなく結果であると考えることもできよう。また、紛争を取り巻く国際関係に目を移せば、少なからぬ国々がイスラーム過激派のシリアへの流入を「反体制派」支援として黙認・奨励したことも否定できない。一方、紛争勃発前の社会・経済状況に着目すると、アラン・ランドが、ダイル・ザウル県のような地方部や、地方出身者が多数転居してきた大都市郊外において、アラビア半島諸国への出稼ぎで現地のイスラームの実践や言論の影響を持ち帰った者がいたり、都市郊外部でアラビア半島諸国が出資した教宣活動が行われ、その影響を受けた者がいたりしたと指摘している［Lund 2013］。イスラーム過激派の勢力伸張の要因としての外部からの影響は、［高岡 2013: 44-46］で整理してある。ただし、シリア紛争の中でイスラーム過激派が勢力を伸ばした原因を専ら外部からの影響や資源供給に帰する主張は、シリア政府側が自らの権威主義体制や腐敗、経済開発の失敗、人権侵害などを無視・隠蔽するための主張と重なるものである。イスラーム過激派がシリア国外から資源を調達して活動しているという事実が、紛争当事者による自己正当化のプロパガンダとして利用されている側面にも留意すべきである。

シリア紛争の諸当事者の勢力分布と、その中でのイスラーム過激派の伸張についての二種類の説明を踏まえると、以下のことを指摘することができる。第一は、いずれの説明がより説得力があると考えるか、あるいはそれ以外の説明を試みるかを問わず、シリア紛争に伴うイスラーム過激派の伸張は、紛争以前にシリア国内でどのような宗教実践や宗教団体の活動が営まれていたかと深く関係しているということである。第二は、ムスリム同胞団をはじめ、シリア社会で伝統的に活動してきたイスラーム主義運動の諸団体の活動やその支持層を明らかにすれば、それらが紛争に際しイスラーム過激派の支持層となりうるか判断できるということである。そして、これらの点を明らかにするためには、シリア・アラブ共和国の独立（１９４６年）後、特にアサド政権の権威主義体制の下でイスラームに対しどのような政策がとられていたのか、そしてそこでシリアの民衆がどのようにイスラームを実践してきたのかを検討することが有用であろう。

Ⅲ　権威主義体制下のイスラームとその論理

(1) ハーフィズ・アサド政権下のイスラーム主義運動

シリア社会とそこで生きる民衆は、アサド政権の権威主義的治世の下でどのように過ごしてきたのだろうか？「アサド政権は少数宗派アラウィー派の政権であり、それが宗派主義的動機によりシリア人民の大半を政治的に排除し、政治・経済的権益を簒奪している」との先入観をもって観察すると、実態を見誤ることになろう。確かに、アサド大統領や同大統領と近しい要人の一部の宗派的な帰属はアラウィー派だが、それは彼らがアラウィー派の教義を政治の場で実現したり、アラウィー派の宗派的利益に基づいて行動していたりすることを意味しない。アサド政権は世俗的なアラブ民族主義を掲げるバアス党を政権与党としており、シリア社会の様々な亀裂を越えてアラブとしての団結を追求、或いは演出することを政権の正統性のよりどころにしてきた。そして、現実に本章の考察対象であるイスラーム主義を含む、宗教・宗派、民族、政党、地縁・血縁、階級などシリア社会の諸構成要素に対し、政権側の論理や都合によって選択的に排除・包摂し、それらの集団の中に政権の意向に沿った新たな序列や秩序を築こうとしてきた。

1970年に政権を奪取したハーフィズ・アサドは、それ以前の期間の与党バアス党内の内紛・混乱や、バアス党の一部が急進的な社会主義化政策をとった結果、政府や与党がシリア社会の構成要素の多くから孤立した結果を踏まえ、内政の立て直しを課題とした。そこでとられた手法が、上述の選択的な排除・包摂だったが、イスラーム宗教界に対しては、全国を網羅して統制を行う強力な宗教機関や官僚機構を整備するのではなく、シリア各地で地域や人脈に依拠したウラマーの団体やネットワークの一部を優遇する形となった［Pierret 2013: 71］。つまり、アサド政権によるイスラーム宗教界への統制・取り込みは、全国的な広がりを欠き、取り込み・優遇の対象となった団体も従来の活動範囲を超えて影響力を拡大しなかったという点を特徴としていた。

そうした中、アサド政権下ではナクシュバンディー教団の流れを汲むウラマーや団体が優遇されたと指摘されている。1964〜2004年に共和国ムフティーを務めた、アフマド・キフタールー（1912〜2004年）が例として挙げられる。また、サイード・ラマダーン・ブーティー（1929〜2013年）も親アサド政権のウラマーとして著名である。加えて、1956年にサーリフ・ファルフールが設立した私設のイスラーム教育機関である「ファトフ」もアサド政権に優遇された団体として挙げられる。これらのダマスカスのウラマーの機関のほか、アレッポではナブハーニーヤと呼ばれるウラマーのネットワークがアサド政権に優遇され、2005年にこのネットワークからアフマド・バドルッディーン・ハッスーン（1949年〜）が非ダマスカス出身者としてはシリア・アラブ共和国独立後初めて共和国ムフティーに選任された。その一方で、シリア中部の大都市であるホムスやハマのウラマーや団体から親アサド政権として名前を挙げられるものがない点も、アサド政権によるイスラーム宗教界の取り込みの範囲が広くないことを示唆する注目点である。

上に挙げたウラマーや団体には、「体制派イスラーム」、「御用学者」との評価が下されがちである。彼らは、政治的な活動や発言を避け、教育や道徳的なメッセージの流布に努めることにより、アサド政権による取り込みに乗っていったといえる。しかし、シリア社会の多様性や、2011年に勃発したシリア紛争でのイスラーム過激派の跋扈に鑑みれば、彼らの活動や論理に全く見るべきところがないとは言えないだろう。特に、ブーティーはムスリム同胞団の武装蜂起に反対するなど、中道のイスラームを標榜する著述を残しており、再評価すべき点もあろう。

（2）バッシャール・アサド政権下のイスラーム主義運動

ハーフィズ・アサドの晩年からバッシャール・アサドの統治下の当初にかけては、政治改革と称して政権の基盤を拡大する試みが見られた。取り込みの対象には、部族の指導者や新興の資本家に加え、イスラーム団体や活動家も含まれた。そうした中で著名な活動は、アブドゥルカリーム・リファーイー（1901〜1973年）が創設したザイドと呼ばれる教宣・教育団体である。団体の名称は、リファーイーが導師を務めたダマスカス市内のモスクの名称にちなむものである。ザイドは、1980年代には一時抑圧されて指導的ウラマーの多くが国外に逃れていたが、1990年代にシリアに復帰して活動を再開した。彼らの主な関心事はモスクでの教育・教宣と慈善活動だったが、次第に社会的影響力を増し、2007年に実施された人民議会選挙のダマスカス選挙区では、バッシャール・アサド政権下の経済改革に受益した新興資本家層の候補者たちと同盟し、複数の関係者を当選させた。また、タジュディード（革新）との名称のイスラーム運動を代表するムハンマド・ハバシュもダマスカス選挙区から当選したが、親政権のイスラーム政治運動の人民議会進出として話題を呼んだ。

バッシャール・アサド政権がイスラーム団体の関係者との政治的関係を強化した理由としては、2003年以降のシリアを取り巻く困難な国際環境が挙げられる。アメリカ軍によるイラク占領（2003年）、レバノンのラフィーク・ハリーリー元首相暗殺後のレバノン駐留シリア軍の撤退（2005年）は、こうした困難な状況の代表例である。つまり、アサド政権は外部からの圧力に対して国内の支持基盤を強化するため、イスラーム宗教界の取り込みに努めたということである。こうした状況下で、「体制派イスラーム」と目されたウラマーや団体は、アサド政権に協力したり、教育や慈善などの非政治的活動に注力したりして生き残りを図る一方、1990年代以降アサド政権や世俗的な反体制派がなしえなかった若者や貧困層の動員に成功した［Khatib 2012: 41］。世俗的な反体制派が、イスラーム宗教界への政権側の統制が相対的に緩いと指摘するのは、以上のような事情を反映している。

もっとも、アサド政権の政策は、次第に統制強化へと向かい、既存の団体や人脈を通じた限定的な統制から、より包括的統制へと変化していった。シリア政府は、ワクフ省の職員の大幅な増員、公立のイスラーム教育専門学校やウラマー育成施設の設立など官僚機構を整備するとともに、これまで良好な関係にあったウラマーらでも、政府に批判的な言動をとる者を摘発・逮捕するようになっていった。これらの措置についての経緯は、［Pierret 2013: 212-216］に詳しい。イスラーム宗教界に対するアサド政権の政策転換は、同時期に隣国のイラクやレバノンでイスラーム過激派が騒乱を引き起こしただけでなく、シリア国内でもイスラーム過激派による攻撃事件や武装勢力の摘発が相次いだこと、2000~2010年にかけての知識人らによる反体制運動・改革要求運動の参加者に、イスラーム主義者が少なからず含まれていたことを反映していると思われる。こうした状況は、アサド政権側にウラマーやイスラーム団体への統制を強化し、その論理や活動に政府の管理を広げようとする誘因となった。

(3)紛争下のイスラーム主義運動

しかし、政府による統制強化は、それが端緒に就いたばかりの2011年春にシリア紛争が勃発したことにより、未完成に終わった。紛争初期の抗議デモでは、政府によるウラマーやイスラーム団体への取り込みの影響が弱かったホムスやハマだけでなく、ダマスカスやアレッポでも「反体制派」に与するウラマーが相次いだ。その中には、ザイドに所属するウラマーたちやムハンマド・ハバシュのような優遇・取り込みの対象となっていた者も含まれた。デモの主な担い手は都市郊外の若年層と考えられていたが、ダマスカス郊外などでもモスクが彼らのデモの集結地となっていった。この点にアサド政権による権威主義的統治の下でも、ウラマーやイスラーム団体が都市郊外の若年層や貧困層を動員する活動を続けていたことが反映されている。

しかし、シリアでの抗議行動は、2011年夏過ぎには平和的・大衆的性質を喪失し、武装闘争へと変質していった。シリアには、これより以前にも大規模な反政府武装闘争の経験があるが、それは1970年代にムスリム同胞団が主導した闘争だった。ムスリム同胞団による蜂起は、シリア紛争における武装闘争やイスラーム過激派の活動とどのような共通点・相違点を持つのだろうか。シリアのムスリム同胞団は、ムスタファー・スィバーイー（1915〜1964年）らによって、1945年から1947年にかけてシリア各地で活動していたイスラーム団体を統合して結成された。結成当初から1960年代初頭まで、ムスリム同胞団はバアス党をはじめとするアラブ民族主義や社会主義を標榜する諸党派と競合しつつ、構成員や支持者を議会や内閣に送り込んだ。これが、1963年のバアス党による政権奪取を経て非合法化され、「反体制派」としての性質を強めていくようになった。そうした活動が、1982年のハマでの反政府蜂起に代表される武装闘争へ到達した。1970年にハーフィズ・アサドが政権を奪取すると、アサドの下、社会主義政策が推進されるとともに、戦略的役職が個人のネットワークに沿って配分され、商人層や地主層などスンナ派の既得権益が損なわれた。こうした事態は、アサドの所属宗派であるアラウィー派への権力集中と解された。

政府との対立が激化した時期のムスリム同胞団の中心的イデオローグは、サイード・ハウワー（1935〜1989年）である。ハウワーの政権に対する批判は、バアス党政権の政策よりも、政権幹部の宗派性に焦点を当て、アラウィー派によるシリア支配を非難するものであった。つまり、批判はアサド政権の反イスラーム政策だけでなく、同政権の幹部の多くが属するアラウィー派の非イスラーム性、宗派主義的属性に向けられていたのである。そして、ムスリム同胞団は、アサド政権やその支持者を不信仰と断じ、全国的な武装闘争へと進んでいった。武装蜂起やそれに対する苛烈な鎮圧はシリア各地で発生したものの、その中心はハマ、ホムス、アレッポなど都市部であった。これは、ムスリム同胞団の支持基盤が都市部の伝統的な中間層を中心としていたことと関係していよう。なお、シリアにおけるムスリム同胞団の運動と思想、それとシリアの国家形成との関係は、［末近 2005］に詳しい。

武装闘争に敗れたムスリム同胞団の幹部や主要活動家は、シリア国外に逃れ、国外で反体制活動を行った。彼らの一部は、アル＝カーイダに連なるイスラーム過激派に加わり、なかには著名な活動家とみなされるようになった者もいる。その経緯については、世界的なイスラーム過激派の活動の中で改めて検討する必要があろう。一方、本章の問題意識に即してアサド政権下のイスラーム主義運動の在り方とシリア紛争でのイスラーム過激派の伸張との関連を考察すると、以下の諸点を指摘することができる。第一に、シリア社会ではムスリム同胞団の経験のように、イスラーム主義運動の団体が議会などの国政に参加したことも、反政府武装闘争に蜂起したこともある。しかし、そうした経験は、シリア紛争におけるイスラーム過激派の活動に直接つながっているとは限らない。第二に、ムスリム同胞団の活動や武装闘争の中心地は、シリアの伝統的な都市部とその近郊だったが、シリア紛争で「イスラーム国」が占拠したのはシリア東部のユーフラテス川沿岸の地域である。また、同地域の中では比較的規模の大きいラッカやダイル・ザウルは、シリア全体から見ると地方都市にすぎず、それも現代的な都市としてはアサド政権下に発展した比較的新しい都市である。つまり、シリア紛争に乗じて台頭したイスラーム過激派は、ムスリム同胞団のような伝統的なイスラーム主義運動と活動地域や支持基盤が異なる存在である可能性が高い。第三に、シリア紛争初期の抗議行動の中心となった人々も、都市やその近郊の若年層・貧困層であり、都市部の伝統的中間層からなるムスリム同胞団の支持基盤とは異なる層である。都市や近郊の若年層・貧困層の動員という観点からは、アサド政権下でも非政治分野で活動を続けてきた様々な団体の存在に注目すべきであろう。

一方、アサド政権を否定・攻撃するイスラーム過激派や「反体制派」の論理については、1970~1980年代初頭のムスリム同胞団やそれと関連する武装勢力が用いた論理との共通性が高い。それは、非イスラームの少数宗派であるアラウィー派が、スンナ派から権力を簒奪しているとの趣旨の主張である。また、両者ともアラウィー派の別の呼び名である「ヌサイリー派」との呼称を蔑称として用いている。シリアの政治・社会状況とその問題点・解決策を宗派主義的観点から論じる思考様式は、ムスリム同胞団の活動にその萌芽を見出すことができる。すなわち、シリア紛争に宗派紛争としての外観を与えているのは、シリア国外からの影響だけではない。

Ⅳ　原因ではなく結果としてのイスラーム過激派

以上の分析を踏まえると、シリア紛争を特徴づける存在であるイスラーム過激派について、彼らがシリア社会の内部から生じたものなのか、或いは外部から導入されたものなのかという問題に、二者択一で答えることは困難である。その一方で、紛争におけるイスラーム過激派の占拠地域や紛争初期の抗議行動の基盤となった人々と、ムスリム同胞団のようにシリアにおける伝統的なイスラーム主義運動の主要な活動地域・支持基盤との間には相違があることがわかる。ムスリム同胞団の組織・影響力・支持基盤が紛争の推移に直接的な影響を及ぼしたのならば、ホムス、ハマ、アレッポなどの諸都市がイスラーム過激派や「反体制派」の活動の中心となるべきところであるが、これらの都市はそうした勢力の運動の本拠や象徴とはならなかった。また、イドリブ県はムスリム同胞団の蜂起の際にもシリア紛争の際にも弾圧や闘争の舞台となったが、シリア紛争でより注目される「イスラーム国」が占拠した地域はユーフラテス川の沿岸地域であり、シリア国内のイスラーム主義運動の活動の経験と、シリア紛争でのイスラーム過激派の活動とを直ちに結びつけるのは難しい。この点については、第Ⅱ節で検討したアサド政権下のシリアで活動した各種団体に代表される、１９８０年代から現在に至るシリア社会の変化とそこでのイスラーム団体の活動や実践をより重視して考察すべきであろう。

これに対し、アサド政権を非難・否定する論理、自らの闘争を正当化する論理の面では、ムスリム同胞団と現在のイスラーム過激派との間に共通性もみられる。両者とも、アサド政権を少数宗派であるアラウィー派による宗派政権とみなし、これを打倒してスンナ派が政治権力を握るべきだとの発想に基づいている。こうした行動こそが、シリアにおける政治的対立・抗争が宗派主義的に解釈される原因の一端となっていよう。ただし、シリア紛争においてイスラーム過激派が台頭したり、紛争が宗派対立であるかのような印象が醸成されたりした原因は、イスラーム主義運動やイスラーム過激派そのものよりも、紛争当初の抗議行動を扇動した「反体制派」の失敗にも求めることができる。シリアにおける抗議行動は、「アラブの春」で政権打倒に成功したチュニジアやエジプトの例に倣い、脱イデオロギー的、非組織的運動として始まった。アサド政権下で活動したイスラーム団体や彼らのモスクは、抗議行動に動員の基盤や集結地を提供したものの、そこでの運動は少数宗派政権打倒やイスラーム統治の樹立などを目指す宗派的な運動だったわけではない。しかし、アサド政権による弾圧とそれに対して反体制運動の武装闘争が激化する中で、「反体制派」の政治・軍事組織は運動をシリア人民全体を代表する包括的な運動として発展させることに失敗した。その結果、シリアの反政府抗議行動は、当初の脱イデオロギー性や欧米諸国との親和性を喪失し、イスラーム過激派に乗っ取られるような形で変質していったのである。

アサド政権下のイスラーム宗教界の統制の在り方は、反体制抗議行動や、その後の「反体制派」の形成に重要な影響を与えた。ただし、シリア国内のウラマーやイスラーム団体の活動家の中には「反体制派」に合流した者が相当数いたといえども、そうした者たちや団体はイスラーム過激派とは異なる組織に属しているし、アサド政権下で活動したイスラーム団体とその支持者がそのままイスラーム過激派の支持者や構成員になったわけではない。むしろ、シリア人による「反体制派」が運動を指導する手腕や武装闘争の実力・経験を欠いていたところで、戦闘力や経験に優れた外国人を主力とするイスラーム過激派が主役に躍り出て、その後自らの論理と事情に応じてシリアの人々を組織化したり制圧したりしていったのである。アサド政権下のイスラーム団体の下で培われたネットワークや動員の基盤が、直接イスラーム過激派へと変化したわけではない。

端的に言うならば、シリア紛争で台頭したイスラーム過激派は、紛争の勃発・激化の過程でシリア政府が弱体化したり、「反体制派」が運動を有効に組織化・統制できなかったりした空白を衝き、シリア国外から流入した外国人の戦闘員や組織を基に台頭したものである。確かに、シリアにおけるイスラーム主義運動の歴史・経験・論理や、アサド政権下のイスラーム団体が構築してきた動員の基盤には、紛争の展開と深く関係している部分もある。しかし、それらはいずれもシリア紛争を経て台頭したイスラーム過激派と直接結ばれるわけではない。つまり、シリア国内にイスラーム過激派が広がっていたがために紛争が勃発・激化したのではなく、シリア紛争の勃発と激化が原因でイスラーム過激派がシリアで勢力を伸ばしたのである。「イスラーム国」や「ヌスラ戦線」のようなイスラーム過激派の台頭は、シリア紛争の原因ではなく結果である。

　イスラーム過激派の台頭という問題に限らず、シリア紛争の勃発と激化、その影響や帰結について考察する上でも、アサド政権下のシリアの政治・社会を丹念に観察することが必要である。中でも、アサド政権下のシリアを生きた民衆の存在に焦点を当て、彼らの視点に立った研究や考察を進めれば、シリアの過去・現在・将来をよりよく見通すことができるだろう。

◉参考文献

青山弘之　２０１２『混迷するシリア——歴史と政治構造から読み解く』岩波書店。
——　２０１３「『アラブの春』の通俗的理解がシリア紛争にもたらした弊害」『中東研究』５１６号、34～43頁
——編　２０１４『「アラブの心臓」に何が起きているのか——現代中東の実像』岩波書店。
末近浩太　２００５『現代シリアの国家変容とイスラーム』ナカニシヤ出版。
——　２０１３『イスラーム主義と中東政治——レバノン・ヒズブッラーの抵抗と革命』名古屋大学出版会。
髙岡豊　２０１３「『潜入問題』再考——シリアを破壊する外国人戦闘員の起源」『中東研究』５１６号、83～91頁。
——　２０１４「シリア——イスラーム過激派の伸張とその背景」『中東研究』５１９号、37～51頁。
山尾大・吉岡明子編　２０１４『「イスラーム国」の脅威とイラク』岩波書店。
Khatib, Line 2012. "Islamic Revival and the Promotion of Moderate Islam from Above" *State and Islam in Baathist Syria confrontation or Co-optation?* St Andrews Center for Syrian studies, pp.29-58.
Lefevre, Raphael. 2012. "Hama and Beyond: Regime – Muslim Brotherhood Relations since 1982" *State and Islam in Baathist Syria confrontation or Co-optation?* St Andrews Center for Syrian studies, pp.3-28.
Lund, Aron. 2013. "Syria's Salafi Insurgents: The Rise of the Syrian Islamic Front" *UI occasional Papers* #17, Swedish Institute of International

Affairs.

Pierret, Thomas. 2013. *Religion and State in Syria the Sunni Ulama from Coup to Revolution*, Cambridge University Press

Qureshi, Jawad. 2012. "The Discourses of the Damascene Sunni 'Ulama during the 2011 Revolution" *State and Islam in Baathist Syria confrontation or Co-optation?* St Andrews Center for Syrian studies, pp.59-92.

Ramirez, Naomi. 2014. "The Strategy and Goals of the Muslim Brotherhood in the Syrian Revolution" *Preludes of the Islamic State: Contextualizing the Rise of Extremism in the Syrian Uprising* St Andrews Center for Syrian studies, pp37-62.

Valter, Stephane. 2014. "Syrian War Representations" *Preludes of the Islamic State: Contextualizing the Rise of Extremism in the Syrian Uprising* St Andrews Center for Syrian studies, pp1-36.

Zaitūna, Razzān. 2011. "al-Islāmīyūn al-Sūrīyūn wa Ghawāyat (al- Jihād) fī al-'Irāq"（シリア人イスラーム主義者とイラクにおけるジハードの誤解）al-Ikhwān al-Muslimūn fī Sūrīyā Mumāna'at al-Ṭā'ifa wa 'Unf al-Ḥaraka al-Misbār, Dubai, pp.335-364.

第14章

「ポスト・イスラーム主義」論再考

――イスラーム主義は本当に「失敗」したのか？

溝渕　正季

Ⅰ　イスラーム主義の「失敗」？

２０１０年末から２０１１年にかけて、中東諸国で連鎖的に発生した反体制抗議デモの波、いわゆる「アラブの春」以降、イスラーム主義運動が改めて大きな注目を集めるようになった。

「アラブの春」の発端となったチュニジアでは、２０１１年1月、24年にわたって権力を維持し続けてきたザイヌルアービディーン・ベン・アリー体制が崩壊し、その後にイスラーム主義運動・政党であるナフダ党中心の新連立政権が誕生した。エジプトにおいてもチュニジアと同様、およそ30年に及ぶ長期政権を維持し続けてきたホスニー・ムバーラク体制が崩壊した後、イスラーム主義運動・政党であるムスリム同胞団が政権を獲得した。

東アラブの権威主義国家シリアにおいても２０１１年3月以降、バッシャール・アサド体制の打倒を目指す反体制抗議デモが国内各地で勃発した。しかしシリアではチュニジアやエジプトの場合とは異なり、アサド体制側がデモ発生直後から丸腰の民衆に対して苛烈な暴力でもって応じ、さらに近隣諸国やアメリカ、ロシアなどの大国もあからさまな介入を行った。これにより、非暴力の反体制抗議運動は半年と経たずに凄惨な内戦、あるいは国際的な代理戦争の舞台へとその姿を変えた。そうしたなかで、「イスラーム国」に代表されるような、過激なイスラーム主義を掲げる何百もの組織・運動が跳梁跋扈するようになった。

これらの国々で共通して言えることは、抑圧的な権威主義体制という重石が取り払われたり、あるいはそのタガが緩んだりしたことを契機として、イスラーム主義運動がこれまで喉から手が出るほどに欲していた「権力」と「自由」を手に入れた、という点である。「アラブの春」以前の段階においてもイスラーム主義運動は各国社会において一定の存在感を有してはいたが、それでも彼らは「頑健な中東諸国の権威主義体制」［Bellin 2004］を前にして、国家権力を掌握したり、全面的な政治的自由を手にしたりすることはなかった。それゆえに、「アラブの春」以降の激動する中東情勢のなかでイスラーム主義運動の動向が世間の大きな関心を集めるようになったのである。

だが、こうしたイスラーム主義運動は多くの場合、手に入れた権力と自由を有効に行使することも維持することもできず、内紛に明け暮れ、短期間でそれを手放すことになった。チュニジアのナフダ党は2014年末の時点で世俗主義勢力に権力を明け渡すことになり、エジプトのムスリム同胞団もまた短期間でクーデタに沈んだ。シリアのイスラーム過激派諸勢力は現地住民にも国際社会にも受け入れられず、彼らの行使する凄惨な暴力は世界中の人々に激しい嫌悪感を抱かせている。

こうしたなかで、1992年の段階で「イスラーム主義の失敗」を論じたフランス人政治学者オリヴィエ・ロワの議論が改めて注目を集めるようになったのは自然な流れであった。本章では、ロワによる「イスラーム主義の失敗」論と、それを基礎として後に提起された「ポスト・イスラーム主義」論を中心に、その概略を示すと共にそれに対する批判を検討し、最後にイスラーム主義の将来について考察していく。

Ⅱ　イスラーム主義とは何か

イスラーム主義運動全般に関してはこれまでに、邦語では小杉泰や末近浩太などが様々なところで詳細に論じており［小杉 1994; 2006; 末近 2013］、近年でも髙岡豊と筆者が編んだ編著［髙岡・溝渕 2017］が刊行された(1)。イスラーム主義に関する詳細な検討についてはそれらを参照していただくとして、本章ではその要点だけをかいつまんで説明しておきたい。

(1) 定　義

まずはイスラーム主義運動とはどのような政治運動であるのか、ここで改めて確認しておこう。

イスラーム主義に関する最も広義の定義は、おそらく、「個々人の私的生活と同様に、社会や政治もまたイスラームの教えに従わなければならないとする信念」［Berman 2003: 257］というものであろう。この簡潔な定義には誰しも異論はないであろうし、適応範囲もきわめて広いものではあるが、とはいえ、政治イデオロギーとしてイスラームを掲げる様々な運動を分析・説明するにあたってはやや広義に過ぎる定義である点も事実である。ムスリム（イスラーム教徒）である以上、「社会や政治」（とりわけ前者）がある程度は「イスラームの教え」に従ったものである方が望ましいと考える人々が多数派であろうが、そうした人々すべてを「イスラーム主義者」と呼ぶことは明らかに適切ではない。

イスラーム主義運動研究の大家であるピーター・マンダヴィールは、より狭義の定義として、イスラーム主義を「イスラーム的政治秩序の樹立を目指す政治理論／実践の一形態である」と捉え、そうした「イスラーム的政治秩序」とは「シャリーア（イスラーム法）を直接的な源泉とする統治理論・制度・法システムを有する国家を意味する」と論じている［Mandaville 2014: 74］。また、本章の主題である「ポスト・イスラーム主義」という概念を最初に提唱したアーセフ・バヤートは、イスラーム主義を「ムスリム社会／共同体において、ある種の『イスラーム的秩序』、つまり宗教的な国家、シャリーアの施行、そしてイスラーム的行動規範の樹立を目指すイデオロギー／運動である」と定義している［Bayat 2013a: 4-5］。

マンダヴィールとバヤートの定義に共通して言えることは、「国家との結びつきはイスラーム主義の鍵となる特徴である」［Bayat 2013a: 4-5］としている点である。というのも、現代世界においては国家こそが依然として最も強大な力を持ち、他者に対してその意思を強要できる組織だからであり［ウェーバー 2009］、それゆえにあらゆるイスラーム主義運動は「政治権力［の獲得］は、神を恐れる社会を建設するための本質的な手段」［Sadowski 2006: 219］であるとの認識のもと、最終的な目標として国家権力・政治権力の奪取（その手段として合法・非合法いずれを是とするかは見解が分かれるが）、ならびにイスラーム国家の樹立を掲げると論じられる。

他方で、末近浩太は「イスラームを政治的なイデオロギーとして掲げる全ての組織が国家権力を目指しているわけではないし、また、国家権力を目指している組織も政治活動だけを行っているわけではない」［末近 2013: 9］という点を強調する。たとえばトルコの公正発展党やチュニジアのナフダ党などは、イスラーム国家の樹立やシャリーアの施行を主張することなく世俗国家の存在を肯定し、そこでの権力最大化を目指す政治組織であるが、それでもそれら組織は明らかにイスラーム主義組織に含まれるべきである。こうした点を踏まえ、末近はイスラーム主義について、「宗教としてのイスラームへの信仰を思想的基盤とし、公的領域におけるイスラーム的価値の実現を求める政治的なイデオロギー」であり、「国家のイスラーム化は、その目標に含まれる場合もあれば含まれない場合もある」［末近 2013: 9］とする緩やかな定義を提唱している。

定義の問題についてここではこれ以上深入りはしないこととするが、「イスラーム国家樹立を明示的な運動目標としていること」をイスラーム主義運動の必要条件とするか否かという問題は、「ポスト・イスラーム主義」論の妥当性を検証する上で重要な点であるので、後ほど改めて振り返ってみることにしたい。

（2）歴史的展開

イスラーム主義の思想的基盤は数世紀にもまたがる知的営為の結果として形成されてきたが、とりわけ18世紀以降のイスラーム世界に対する西洋列強の攻勢、植民地支配、そしてオスマン帝国の崩壊（1922年）とカリフ制の廃止（1924年）といった出来事は、そうした営みが具体的な社会運動として現れる大きな契機となった［小杉 2006; Hourani 1983; Mandaville 2014］。

今日活動するあらゆるイスラーム主義運動の組織や活動の1つのひな型とも言えるのが、1928年、スエズ運河に面したエジプトの港街イスマーイーリーヤにおいて、小学校教師ハサン・バンナーが設立したムスリム同胞団という運動・組織である。バンナーは、当時のイスラーム世界が直面していた西欧植民地主義の政治的・文化的脅威を前に、イスラームへの信仰を新たにし、イスラームの教えに基づいた現状変革の必要性を説き、イスラーム復興に向けた包括的かつ段階的な道筋を示した［バンナー 2015/16］。こうしたバンナーの思想を基盤として、同胞団は1940年代末には、当時の人口約2000万人のエジプトにおいて、およそ2000の支部、50万のメンバーおよび同数の支持者を有する同国最大のイスラーム主義運動となったとされる。さらにその拡大はエジプト国内にとどまらず、1940～50年代には、シリア、レバノン、ヨルダン、スーダンなど周辺諸国で支部が設立された。

無論、ムスリム同胞団以前にも、具体的な社会運動・政治組織としては結実しなかったものの、西洋列強の侵略に晒されるイスラーム世界の防衛を目的とし、ムスリムの団結と内部の改革を説いた人々もいた。その代表格がジャマールッディーン・アフガーニー、ムハンマド・アブドゥ、そしてラシード・リダーといった人物である。彼らは時代の経過とともにイスラームの実践に付加された様々な逸脱を排し、イスラーム初期世代である「サラフ」（アラビア語で「先達」の意）の実践を再生しようとした。同時に、社会改革のためには人間の理性・主体性の発揮が不可欠であり、これはイスラームとは矛盾しないと説いた。彼らの思想潮流は、リダーが主宰した雑誌『マナール』（アラビア語で「灯台」の意）にちなんで「マナール派」と呼ばれた。『マナール』の主要テーマの1つは、イスラーム的精神（啓示）と近代文明（理性）との調和・統合であった［小杉 2006: 第8～9章; Hourani 1983］。こうした「マナール派」の思想もまた、直接的なかたちではないにせよ、バンナーのムスリム同胞団も含め、その後のイスラーム主義運動の発展に大きな影響を及ぼした。

とはいえ、こうしたイスラーム主義運動は、1950〜60年代にかけてアラブ民族主義に代表される世俗的な政治イデオロギーがアラブ・イスラーム世界を席巻するなかで、大きな存在感を示すことができなかった。この時代に若者たちを熱狂させたのはアラブ民族主義のカリスマ的指導者ガマール・アブドゥンナーセル・エジプト大統領であり、彼らはマルクスやレーニンの言説のなかに現状を変革する新しい希望を見出した［ローガン2013（下）：第10章］。他方、たしかに同胞団などは社会運動を通じて草の根レベルで一定の支持者を確保してはいたが、彼らが公的空間において大きな政治的影響力を持つことはなかった。

しかしながら、1960年代も後半に入ると、そうした世俗的な政治イデオロギーの蹉跌が徐々に明らかとなっていった［ローガン2013（下）：第11章］。そうした理念に立脚する体制はことごとく腐敗と汚職にまみれ、一般国民の生活は一向に改善の兆しを見せなかった。そして、とりわけ1967年の第三次中東戦争におけるアラブ諸国の大敗、70年のナーセル死去を大きな契機として、イスラーム社会において「イスラーム復興」が急速に進んでいった。小杉［1994：第9章］によれば「イスラーム復興」とは、自分たちの社会が非イスラーム的であることを自覚し、イスラーム的に生きることに「目覚めた」イスラーム教徒たちが、イスラームの実践を社会的文脈の中で集団的に推進しようとする現象のことであり、これに付随してイスラーム主義運動もまた急速に大衆的支持と政治的影響力を拡大していった。1979年のイラン革命は、こうした潮流がピークに達した瞬間であった。

Ⅲ　「ポスト・イスラーム主義」をめぐる論争

次いで、「ポスト・イスラーム主義」という概念について検討していこう。「ポスト・イスラーム主義」とは、199

0年代にイスラーム世界全体で生じた重要な変化を包括的に捉えようとする分析概念であり、これを精緻化していったのは、一般に「フランス学派」と呼ばれるオリヴィエ・ロワやジル・ケペルといったフランス人政治学者であった。

（1）「ポスト・イスラーム主義」とは何か？

1992年にフランスで出版され（英訳版は1994年に出版された）、その直後から世界的な反響を呼んだ著作『政治的イスラームの失敗』［Roy 1994］のなかで、ロワは、「政治イデオロギーとしてのイスラーム主義は失敗に終わった」とする論争的な主張を展開した。

上述のようにイスラーム主義運動は、1970年代以降、イスラーム世界各地で急速に勢力を拡大していき、1979年のイラン革命によって1つのピークを迎えた。しかしながら、ロワによると、1980年代から1990年代にかけて、多くの国でイスラーム主義運動は破綻していったという。

イスラーム主義運動が政治権力を掌握するための方法は大きく分けて、合法政党として選挙に参加する、あるいは暴力的手段を通じて現体制の打倒を目指す、の2つである（もちろん、同じ運動でも時期によって異なる方法論を採用することはあり得る）。だが、1990年代には、アラブ・イスラーム諸国のほとんどでは合法的な政治参加というルートは閉ざされており、前者の方法で権力を掌握することはきわめて困難であった。そこで、多くの運動は政治権力の奪取という目標を当面は棚上げし、イスラーム的な諸価値を市民社会のなかで実現することを目指す社会運動（「下からのイスラーム化運動」）として活動する方途を選択した。こうした運動の代表例がエジプトのムスリム同胞団やインドを発祥とするタブリーグ団などである。

他方で、一部の運動はそうした迂遠な手段を是とせず、革命的手段を通じての「上からのイスラーム化」を目指し、武器を持って立ち上がった。たとえば1981年10月にはエジプトのアンワール・サーダート大統領がイスラーム過激主義者に殺害され、翌82年2月にはシリア・ムスリム同胞団がハーフィズ・アサド体制に対して武装蜂起を決行した。アルジェリアでも1991年以降、体制側と過激なイスラーム主義勢力側のあいだで凄惨な内戦が始まった。しかしながら、こうした急進的なイスラーム主義者たちの挑戦が実を結ぶことはほとんどなく、また大衆的な支持を得ることもなかった。こうして（イスラーム国家樹立を目指す運動としての）イスラーム主義運動は徐々に袋小路に陥っていった。

そして、イスラーム主義運動がその革命的な色彩と大衆的な支持基盤を徐々に失っていくなかで、同運動は必然的に次の2つのベクトルのいずれかに変化していかざるを得ないだろうとロワは予測した。第1に「ネオ・ファンダメンタリズム」のベクトルであり、これはイスラーム的価値を公的な政治の場で実現することを断念し、再び焦点を社会や個人へと戻し、その内側でのみ純粋なイスラーム的価値を実現しようとする動きである。第2に、「民主主義的イスラーム主義」のベクトルであり、これはイスラーム主義が既存の（西洋列強によって恣意的に引かれた）国境線や（イスラーム的とはとても言い難い）体制を所与のものと認め、合法政党として選挙に参加し、世俗的な問題（腐敗・汚職撲滅、失業率改善、景気回復など）を実質的な争点として掲げると共に、保守的な支持者層（つまり、伝統的で敬虔なイスラーム教徒層）に対しては規範やモラルといった側面でイスラーム的価値をアピールしようという動きである。

要するに、「イスラーム革命の亡霊は次第に消え去っていった」が、とはいえ「イスラーム世界においては、社会や政治的言説のなかでのイスラーム的シンボルの存在感はより高まっている」。つまり、「政治的イスラームの後退は、社会的現象としてのイスラームの拡大を同時に伴う」［Roy 1994: 78］ということである。

ただ、実際に「ポスト・イスラーム主義」という用語を最初に用いたのは、カイロ・アメリカン大学（のちに、ライデン大学を経て、現在はイリノイ大学アーバナ・シャンペーン校）のイラン人社会学者アーセフ・バヤートであった。バヤートは『政治的イスラームの失敗』の議論を下敷きとしつつ、1996年に発表した論文のなかで「ポスト・イスラーム主義」という概念を提示した［Bayat 1996］。イラン・イスラーム共和国における政治とイスラームの関係を分析した上で、バヤートは「［イスラーム主義の］実験という時期を経て、イスラーム主義の訴求力、エネルギー、象徴、そして正統性の源泉は、かつてはその熱烈な支持者であった人々のあいだですら、すっかり色褪せてしまった」として、そうした社会的状況は「ポスト・イスラーム主義」という言葉で表現し得ると論じた。

とはいえ、バヤートもロワと同様に、ポスト・イスラーム主義的社会は決して「反イスラーム的状況」を意味するわけではないと論ずる。バヤートにいわせれば、革命以降、イランの統治者たちはイスラーム的統治を実現しようと試行錯誤を繰り返してきたが、にもかかわらず、イスラームが社会のあらゆる問題に対する答えとはなり得ないことが次第に明らかとなっていった。そしてそれゆえに、イスラームを政治から再び分離し、イスラームの教えが及ぶ範囲を純粋な私的領域／個人の内面のみに再度限定しようとする傾向が生じたのである。バヤートはこれを「宗教とモダニティとの調和」、あるいは「宗教の再世俗化（resecularize）」という用語で表現しているが、これは実質的に、ロワの言う「ネオ・ファンダメンタリズム」を言い換えたものである。

ただし、バヤートとロワは同じ「ポスト・イスラーム主義」という用語を用いていても、その意味する事象について大きな相違点が存在する。この点については以下で再度触れたい。

（2）「ポスト・イスラーム主義」論に対する評価と批判

このような「ポスト・イスラーム主義」という概念は、確かに1990年代以降のイスラーム世界の現状をうまく捉えている部分もあり、大きな注目を集めた。たとえばロワやバヤートが「ポスト・イスラーム主義」現象の典型例とみなしたイランでは、革命成就を経て実際に国家を運営するにあたり、シャリーアよりも現実主義的でプラグマティックな政策が重視され、現実の政治は様々な政治・社会勢力間の妥協の産物となっていった。1990年代後半になると穏健派・親西欧派のモハンマド・ハータミー大統領が誕生し、西洋的な自由主義路線や欧米諸国との融和路線が採用されるようになった。スーダンのアフマド・バシール政権やアフガニスタンのターリバーン政権、あるいは近年ではシリア・イラクの「イスラーム国」もまた、政治権力を手中に収めたにもかかわらず、強力で中央集権化されたイスラーム国家を樹立することも、国際社会にその存在を受け入れられることもなかった。さらに、1990年代から2000年代にかけて、エジプトやヨルダンのムスリム同胞団、トルコの公正発展党などが、「イスラーム国家の樹立」を言明しないかたちでの政治参加を決定し、一定以上の議席獲得に成功した。これらの事例については、

「ポスト・イスラーム主義」という概念によってうまく表現されていると言えるだろう。

ただし、「ポスト・イスラーム主義」論に対しては批判もまた多くなされてきた。なかでも重要な批判は、「失敗」したのはあくまで「上からのイスラーム化」を目指す革命的なイスラーム主義運動であり、「下からのイスラーム化」を志向する市民的なイスラーム主義運動、政治参加によって漸進的なイスラーム化を目指す穏健なイスラーム主義政党は、依然として公的空間において政治的影響力を拡大しつつある、というものである（たとえばIsmail［2006］、Mandaville［2014: 372-375］などを参照）。

暴力によって世俗的・非イスラーム的な体制を打倒するという急進的な思想は、1990年代以降、今日に至るまで、たしかに（一部の若者たちを除いて）大衆的な訴求力と動員力を大幅に失った。ジル・ケペルが的確に指摘しているように、1990年中盤以降、イスラーム過激主義勢力には「かつてのイラン革命のような永続的な成功につながる社会運動をうみだす力はもうなくなっていた」のであり、散発的に派手なテロ事件は発生したが、これがムスリム一般の支持を受けることはほとんどなく、それはあくまで彼らの「政治的無力さの表現」に過ぎなかった［ケペル2006：280］。また、「イスラーム国」然り、ターリバーン然り、「機が熟した」とは到底言い難いそうした状況においてなまじ権力を奪取することに成功したとしても、彼らの言う「イスラーム的」な政策の多くはそこに暮らす一般のイスラーム教徒や国際社会に受け入れられることは決してなく、その統治は早期に立ち行かなくなっていった。

他方で、イスラーム的な諸価値を市民社会のなかで実現することを目指すイスラーム主義運動（「下からのイスラーム化運動」）、あるいは「イスラーム国家の樹立」を明言しないかたちで合法政党として選挙に参加する穏健なイスラーム主義運動について言えば、それらの組織・団体はイスラーム社会において依然として大きな訴求力と動員力を有している（もっとも、そうした有権者全員が必ずしも「政治・国家レベルにおけるイスラーム的価値の実現」を期待していたとは限らないが）［Cammett and Luong 2014］。たしかに2011年以降、エジプトのムスリム同胞団が予期せぬ革命の結果として手に入れた政治権力を行使することに失敗したことは、穏健なイスラーム主義を信奉する人々に対して、民主政治への参加という理念そのものへの信頼を大きく失墜させる結果となってしまった。だがそれでも、トルコの公正発展党のように、「イスラーム国家の建設」を明示的・声高に主張することなく、国家の内部から、そして社会から、漸進的にイスラーム化を進めていこうという理念は依然として多くのイスラーム教徒に支持されている。

要するに、末近［2013］の定義に従えば、イスラーム主義とは「公的領域におけるイスラーム的価値の実現を求める政治的なイデオロギー」なのであって、そのすべてが必ずしも「イスラーム国家の樹立」を明言しているわけではなく、またそれを前面に掲げるか否かという点についても各運動の戦略や状況次第ということになる。イスラーム主義運動と一言でいってもそこには様々な思想潮流や戦略が存在するのであり、そのすべてを十把一絡げにして「失敗」を宣告するには時期尚早なのではないか、ということである。

「ポスト・イスラーム主義」というタームを最初に用いたバヤートもまた、ロワの主張する「ポスト・イスラーム主義」論に対しては異議を唱えている。上述のようにバヤートは、従来のような「イスラーム主義の訴求力、エネルギー、象徴、そして正統性の源泉はすっかり色褪せてしまった」［Bayat 1996］との状況認識を有しており、この点についてはロワと見解を異にするものではない。だが、その上でバヤートは、現在の（つまり「ポスト」な）イスラーム主義運動は、ロワが言うような「ネオ・ファンダメンタリズム」という方向ではなく、より（欧米的な意味での）リベラルな価値、「宗教とモダニティとの調和」を強調するような方向へと変化していったと論じる。すなわちそれは、「義務の代わりに権利を、単一の権威主義的な見解の代わりに多元性を、固定的な聖典の代わりに歴史性を、過去よりも未来を、それぞれ強調する。それは、『オルタナティブ・モダニティ』とでも呼べるようなものを実現するために、イスラームと個々人の選択の自由（程度の差はあるにせよ）、民主主義、そしてモダニティを統合しようとする考え方」［Bayat 2013a: 8］ということになる。

バヤートが論じるように、イランでは、イラン・イラク戦争の終結（１９８８年）、そしてアーヤトッラー・ホメイニーの死去（１９８９年）を経て、１９９０年代に入り、こうした理念や運動が急速に顕在化していった。数多くの若者、学生、女性、世俗的知識人、さらには一部のイスラーム学者までもが、民主主義、個人の権利、寛容、そして男女平等といった価値とイスラームは決して矛盾しないと主張した。実際、テヘランの街中にはカラフルな服装に身を包んだり、わざと髪をベールから出してオシャレを楽しんだりする女性、公園を一緒に散歩する若い男女、欧米的音楽や映画を楽しむ人々が溢れるようになった。こうした流れはさらに、１９９７年5月にモハンマド・ハータミー氏が大統領に当選したことで、一層加速されていった［Bayat 2013b］。

その上で、こうした流れはイランだけのものではなく、その他のアラブ・イスラーム諸国においても見られる現象であるとバヤートは指摘する。実際、２０１１年以降のいわゆる「アラブの春」においては、若者たちが求めたものは決して「イスラーム国家の樹立」ではなく、「自由」や「民主主義」といったリベラルな価値の実現であった。こうした流れを十分に意識して、イスラーム主義運動の側もまた、リベラルな価値を強調するようになった。これがバヤートの議論である。

Ⅳ おわりに――「アラブの春」以降の展開を踏まえて

本章においてはここまで、ロワによる「イスラーム主義の失敗」論と、その後に提起された「ポスト・イスラーム主義」論を中心に、その概略を示すと共にそれに対する批判を検討してきた。こうした議論は確かに１９９０年代以降のイスラーム世界の現状をうまく捉えている部分もあり、大きな注目を集めたことも理解できる。この意味で、「ポスト・イスラーム主義」という議論に最初に着目し、それを邦語で紹介したのみならず、それを用いて独自の分析を手掛けた私市正年の貢献［私市 2014］はもっと評価されてよいように思う。

最後に、いわゆる「アラブの春」以降の激動する中東・イスラーム世界について、「ポスト・イスラーム主義」論を通して何が見えるだろうか。第1に、イスラーム主義勢力が権力を掌握したとしても、その理念を実現することはきわめて困難だ、という点である。ナフダ党にしてもムスリム同胞団にしても、シャリーアを政治・国家レベルにおいて実際に施行するは到底不可能であった。イスラーム国家の樹立を宣言した「イスラーム国」も、そこに暮らす住民や国際社会の猛烈な反発を受け、その統治は早期に立ち行かなくなっていった。少なくとも現在のところは、明らかに、イスラーム国家を樹立するための期は熟していない。これはまさにロワやバヤートが１９９０年代に指摘した通りである。

第2に、上の点とも関連するが、一般民衆の多くが求めていたのは「自由」や「民主主義」といった（欧米的意味における）リベラルな価値の実現であり、社会のより一層のイスラーム化、あるいはイスラーム国家の樹立では必ずしもなかった、という点である。この点はバヤートが論じている通りである。イスラーム主義勢力が権力を掌握してもその理念を実現させることができなかったのは、端的に言って、一般民衆がそれを望んでいなかったからだ。ムスリム同胞団に票を投じた有権者たちは、政治・国家レベルにおけるイスラーム的価値の実現よりも、自由な社会の創出、腐敗撲滅、治安改善、あるいは経済発展など、より現実的な課題の解決を望んでいた。

そしてこれは、ある意味でフランシス・フクヤマが提示した「歴史の終わり」［フクヤマ 1992］のテーゼにイスラーム主義諸勢力もまた収斂しつつあることを意味している。すなわち、自由・民主主義は普遍的な価値を有しており、それに対抗し得るイデオロギーはもはや存在せず、「最良の政治体制は何か」という議論には既に決着がついた――このようにフクヤマは論じたのであるが、イスラーム主義運動もまた例外ではなく、自由・民主主義というイデオロギーを受け入れざるを得ないという状況が生じつつある、ということだ。

第3に、急進的で革命的な手段を用いて政治・社会のイスラーム化を推し進めるという考え方が大多数のイスラーム教徒に拒否された、という点である。そしてその代わりに、イスラーム主義を信奉する人々は穏健派も急進派も（その成否は別にして）政治過程や選挙への参加という手段を選択した［McCants 2011］。急進的なイスラーム主義を掲げつつも「選挙への参加」を選択したエジプトのヌール党はその好例である。これはロワが１９９２年に予測した通りの展開である。だが、その後、ムスリム同胞団が政権運営に失敗し、新たな権威主義体制がエジプトに成立したことで、イスラーム主義を信奉する人々のあいだに民主政治への参加という理念そのものへの失望が広がった。これにより、彼らのなかで暴力の袋小路に追いやられる者の数は再び増加してしまった。

第4に、上記のような民主政治に幻滅した者を含め、社会から疎外されたと感じ、心の奥に不満や鬱屈した感情、自己否定感などを抱える一部の若いイスラーム教徒にとって、急進的で過激なイスラーム主義の理念（つまり、現状を根底から破壊するような暴力）は依然として訴求力を持ちうるという点である。そして、インターネットやSNSの爆発的な普及により、そうしたごく少数の人々は容易に急進的な思想に触れることができ、またそうした個人間で容易に繋がりを持つことができるようになった。「イスラーム国」の勃興はその最たる例であり、これもロワが2004年の時点で既に指摘していた事態である［Roy 2004］。

このように、「ポスト・イスラーム主義」論は「アラブの春」を経た現在においても、依然としてその重要性を失っていない。今後の課題は、激しく変化する中東・イスラーム社会の現状をつぶさに観察し、それに照らして議論・仮説をさらに精緻化していくことであろう。

【注】

（1）無論、英語圏やアラビア語圏では、日本語圏とは比較にならないほど膨大な量のイスラーム主義（運動）研究が発表されている。そのなかで、ここでは初学者がまずは目を通すべき重要な著作として差し当たりAyoob［2007］、Mandaville［2014］、そしてVolpi［2010］の3つを挙げておく。

◉参考文献

ウェーバー、マックス 2009『職業としての政治／職業としての学問』中山元訳、日経BP社。

私市正年 2012『原理主義の終焉か——ポスト・イスラーム主義論』山川出版社。

ケペル、ジル 2006『ジハード——イスラム主義の発展と衰退』丸岡高弘訳、産業図書。

小杉泰 1994『現代中東とイスラーム政治』昭和堂。

———— ２００６『現代イスラーム世界論』名古屋大学出版会。

末近浩太 ２０１３『イスラーム主義と中東政治——レバノン・ヒズブッラーの抵抗と革命』名古屋大学出版会。

髙岡豊・溝渕正季編 ２０１８（刊行予定）『イスラーム主義運動の現在（仮）』ミネルヴァ書房。

バンナー、ハサン ２０１５／１６『ムスリム同胞団の思想——ハサン・バンナー論考集（上・下）』北澤義之・髙岡豊・横田貴之監訳、岩波書店。

フクヤマ、フランシス １９９２『歴史の終わり（上・下）』渡部昇一訳、三笠書房。

ローガン、ユージン ２０１３『アラブ５００年史——オスマン帝国支配から「アラブ革命」まで（上・下）』白須英子訳、白水社。

Ayoob, Mohammed. 2007. *The Many Faces of Political Islam: Religions and Politics in the Muslim World*. Ann Anbor, MI: University of Michigan Press.

Bayat, Asef. 1996. “The Coming of a Post-Islamist Society.” *Critique: Critical Middle East Studies*, 9: 43-52.

————. 2013a. “Post-Islamism at Large.” In *Post-Islamism: The Changing Faces of Political Islam*. ed. Asef Bayat, 3-32. Oxford: Oxford University Press.

————. 2013b. “The Making of Post-Islamist Iran.” In *Post-Islamism*. ed. Bayat, 35-70.

Bellin, Eva. 2004. “The Robustness of Authoritarianism in the Middle East: Exceptionalism in Comparative Perspective.” *Comparative Politics* 36 (2): 139-157.

Berman, Sheri. 2003. “Islamism, Revolution, and Civil Society.” *Perspectives on Politics* 1 (2): 257-272.

Cammett, Melani and Pauline Jones Luong. 2014. “Is There an Islamist Political Advantage?” *Annual Review of Political Science* 17:187-206.

Hourani, Albert. 1983. *Arabic Thought in the Liberal Age 1798-1939*. Cambridge: Cambridge University Press.

Ismail, Salwa. 2006. *Rethinking Islamist Politics: Culture, the State and Islamism*. London: I. B. Tauris.

Mandaville, Peter. 2014. *Islam and Politics*, 2nd ed. London: Routledge.

McCants, William. 2011. “Al Qaeda’s Challenge: The Jihadist’s War with Islamist Democrats.” *Foreign Affairs* 90 (5): 20-32.

Roy, Olivier. 1994. *The Failure of Political Islam*. London: I. B. Tauris.

————. 2004. *Globalised Islam: The Search for a New Ummah*. New York: Columbia University Press.

Sadowski, Yahya. 2006. “Political Islam: Asking the Wrong Questions?” *Annual Review of Political Science* 9 (1): 215-240.

Volpi, Frédéric. 2010. *Political Islam Observed: Disciplinary Perspectives*. New York: Columbia University Press.

あとがき

中東情勢はめまぐるしく変化しており、近年、特にその速度が増しているように思われる。これは、研究者や専門家が発表する研究成果、論考、分析、予測のようなものがたちどころに時代遅れになる可能性が高いことを意味する一方で、それまで重視されてこなかったり、その社会的意義をあまり認知されてこなかったりした研究対象や資料が、突如として社会的重要性を帯びはじめたり、あるいはそれらへの評価が一変する可能性も高いということも意味している。つまり、現代の諸問題を直接の対象としない研究領域においても、今この時代の政治や社会の動きとは無関係にはいられないのである。中東に限らず、日本国外に研究対象を見出す場合、留学、現地調査や資料類の収集、人的交流や成果発信のために現地を訪れることは不可欠だが、このような活動を行う際にも地域の現在に無関心ではいられない。

めまぐるしく変動する政治・社会状況の中で研究成果を上げるためには、確固たる拠り所が必要であろう。そうした拠り所とは、各々が専攻する学問領域であったり、調査・研究の手法や専門家としての倫理であったりするだろう。本書は、一見すると専攻分野も地域も異なる著者らによる雑多な論考群のように見えるかもしれないが、全編に通底するのは、現地の市井の人々の目線や実践から、歴史認識、ナショナリズム、アイデンティティ、政軍関係、イスラーム主義などの課題に取り組む姿勢である。物事を観察する上での考え方として、高所から全体を俯瞰する「鳥の目」と、現場の個別の事象を注視する「虫の目」という二種類があることはよく耳にする言い回しであろうが、本書においては「虫の目」、すなわち下からの目線での観察の成果を積み上げて研究課題の全体像をあぶり出すことに留意した。

本書の編者・執筆者は、各々時期は異なるが上智大学の私市正年先生のご指導の下で研究者・専門家として歩み始めた者たちである。本書の各章の通り、個々の執筆者が専攻する地域や課題は様々であり、編者らは当初、それらを集めて一冊の書籍として刊行しうるのかとの不安を感じなかったわけではない。しかし、初稿が出そろった時点でそうした不安は杞憂に過ぎなかったことが明らかになった。特段事前のすり合わせをしたわけでないにもかかわらず、各執筆者の間で、一地域、一国に焦点を当てた研究課題であれ、国をまたぐ研究課題であれ、研究課題に臨む姿勢が共有されていたことは、私市先生のご指導のたまものであろう。本書を、編者・執筆者一同の職業生活の一里塚としたい。そのような本書に、私市先生ご自身から原稿をいただいたことは、編者としては望外の喜びであった。

この図書は、上智大学研究成果公開支援事業「学術図書出版支援プログラム」の助成を受けて刊行したものである。上智大学、および助成事業の関係者・審査員の皆様に深謝したい。また、明石書店の兼子千亜紀さんには、本書の構想段階から多大なる尽力をいただいた。編者・執筆者一同の心からの御礼をもって結びに代えたい。

２０１８年２月16日

編著者

堀場明子（ほりば・あきこ）［第11章］
笹川平和財団 主任研究員
専攻：紛争分析、平和構築、インドネシア地域研究
主な著作：HD Centre, *Women at the Indonesian Peace Talk: Enhancing the Contributions of Women to Conflict Resolution*, HD Centre, 2010;『現場〈フィールドから〉の平和構築論――アジア地域の紛争と日本の和平関与』（福武慎太郎との共編著、勁草書房、2013年）、"Lessons Learned: The Milano Peace Agreement and the Maluku Conflict, Indonesia," *The Journal of Sophia Asian Studies*, 33, 2015.

三代川寛子（みよかわ・ひろこ）［第6章］
オックスフォード大学学際的地域研究学院 客員研究員
専攻：エジプト近現代史、中東地域研究
主な著作：『東方キリスト教諸教会――研究案内と基礎データ』（編著、明石書店、2017年）、「20世紀初頭におけるコプト・キリスト教徒のファラオ主義とコプト語復興運動――イクラウディユース・ラビーブの『アイン・シャムス』の分析を中心に」（『オリエント』第58-2号、2016年）、"The Struggle over Egyptianness: A Case Study of the Egyptian Nayruz Festival" in Laura Robson ed., *Minorities and the Modern Arab World: New Perspectives*, Syracuse University Press, 2016.

渡邊祥子（わたなべ・しょうこ）［第3章］
日本貿易振興機構アジア経済研究所 研究員
専攻：マグリブ現代史
主な著作："A Forgotten Mobilization: The Tunisian Volunteer Movement for Palestine in 1948," *Journal of the Economic and Social History of the Orient,* 60, 2017;「『アルジェリア・ムスリムのウンマ』の概念形成――帰化問題と政教分離法適用問題に対するアルジェリア・ウラマー協会の見解を題材に」（『日本中東学会年報』第27-1号、2011年）。

私市正年（きさいち・まさとし）［第５章］
上智大学総合グローバル学部 教授
専攻：マグリブ地域研究、民衆運動研究
主な著作：『北アフリカ・イスラーム主義運動の歴史』（白水社、2004年）、『マグリブ中世社会とイスラーム聖者崇拝』（山川出版社、2009年）、『アルジェリアを知るための62章』（編著、明石書店、2009年）。

関 佳奈子（せき・かなこ）［第２章］
上智大学アジア文化研究所 共同研究所員
専攻：モロッコ近現代史、近現代モロッコ・スペイン関係史
主な著作：『アブドゥルカリームの書簡とインタビュー史料――スペイン領モロッコにおけるリーフ戦争に関連して』（SIAS Working Paper Series, No.10、上智大学アジア文化研究所・イスラーム研究センター、2011年）、「19世紀末～20世紀初頭の境域都市メリーリャにおける異教徒の『共存』――住民基本台帳を手がかりに」（『スペイン史研究』第29号、スペイン史学会、2015年）。

高橋 圭（たかはし・けい）［第10章］
日本学術振興会 特別研究員（RPD）
専攻：歴史学、地域研究、近現代イスラーム研究
主な著作：『スーフィー教団――民衆イスラームの伝統と再生』（山川出版社、2014年）、「スーフィズムの知と実践の変容――エジプトの事例から」（秋葉淳・橋本伸也編著『近代・イスラームの教育社会史――オスマン帝国からの展望』昭和堂、2014年）。

登利谷正人（とりや・まさと）［第７章］
上智大学アジア文化研究所 客員所員
専攻：アフガニスタン・パキスタン地域研究
主な著作：「ターリバーン指導者殺害と先行きの見えない和平の行方――2016年のアフガニスタン」（『アジア動向年報 2017』アジア経済研究所、2017年）、“Afghanistan as a Buffer State between Regional Powers in the Late Nineteenth Century: An Analysis of Internal Politics Focusing on the Local Actors and the British Policy,” *Comparative Studies on Regional Powers,* 14, 2014.

中村 遥（なかむら・はるか）［第４章］
上智大学大学院グローバル・スタディーズ研究科地域研究専攻博士後期過程満期退学
専攻：地域研究、近現代史（フランス、アルジェリア）
主な著作：「アルジェリアの国民言説とベルベル――アルジェリアの歴史教科書の記述から」（『上智ヨーロッパ研究』第６号、2014年）、ジャン・ボベロ『世界のなかのライシテ――宗教と政治の関係史』（私市正年との共訳、白水社、2014年）。

野口舞子（のぐち・まいこ）［第１章］
お茶の水女子大学大学院人間文化創成科学研究科博士後期課程
専攻：前近代イスラーム史（マグリブ・アンダルス史）
主な著作：「ムラービト朝におけるバイアの変遷と統治の正当化」（『東洋学報』第96-4号、2015年）、「ベルベルの政治権力とマグリブ出身のウラマー――ムラービト朝初期における協力関係」（『お茶の水史学』第59号、2016年）、「12世紀前半におけるムラービト朝のマグリブ支配――ウラマー、スーフィー、聖者との関係から」（『イスラム世界』第88号、2017年）。

〈編著者紹介〉

髙岡　豊（たかおか・ゆたか）［第13章］
公益財団法人中東調査会 上席研究員
専攻：現在シリアの政治・社会についての研究、イスラーム過激派のモニター
主な著作：『現代シリアの部族と政治・社会――ユーフラテス河沿岸地域・ジャジーラ地域の部族の政治・社会的役割分析』（三元社、2011年）。

白谷　望（しらたに・のぞみ）［第12章］
上智大学グローバル・スタディーズ研究科 特別研究員
専攻：モロッコ政治、マグリブ地域研究
主な著作：「モロッコにおける権威主義体制持続の新たな戦略――2011年国民議会選挙と名目的な政権交代」（『日本中東学会年報』第30-1号、2014年）、『君主制と民主主義――モロッコの政治とイスラームの現代（ブックレット〈アジアを学ぼう〉別巻11）』（風響社、2015年）。

溝渕正季（みぞぶち・まさき）［第14章］
名古屋商科大学経済学部 准教授
専攻：中東地域研究、国際安全保障論
主な著作：『中東の新たな秩序』（共著、ミネルヴァ書房、2016年）、『中東とISの地政学――イスラーム、アメリカ、ロシアから読む21世紀』（共著、朝日新聞出版、2017年）、「「理想」と「現実」のはざまで――混迷するシリアとオバマ政権の苦悩」（『中東研究』第527号、2016年）。

〈執筆者紹介〉（50音順）

岩坂将充（いわさか・まさみち）［第８章］
同志社大学高等研究教育機構 准教授
専攻：現代トルコ政治研究、比較政治学
主な著作：「トルコにおける『民主化』の手法――文民化過程にみる『制度』と『思想』の相互作用」（『国際政治』第178号、2014年）、「議院内閣制における政治の『大統領制化』――トルコ・エルドアン体制と大統領権限の強化」（『日本比較政治学会年報』第18号、2016年）、「難民をめぐるトルコ・EU関係――国際合意と安全保障の観点から」（『上智ヨーロッパ研究』第9号、2017年）。

金谷美紗（かなや・みさ）［第９章］
公益財団法人中東調査会 研究員
専攻：比較政治学、現代エジプト政治
主な著作：「2000年代後半における抗議運動と『1月25日革命』――労働運動と民主化運動の発展過程に注目して」（伊能武次・土屋一樹編『エジプト動乱―― 1.25革命の背景』アジア経済研究所、2012年）、「2014年エジプト大統領選挙―スィースィーの『圧倒的勝利』が意味すること」（『中東研究』第521号、2014年）、『中東・イスラーム研究概説――政治学・経済学・社会学・地域研究のテーマと理論』（私市正年・浜中新吾・横田貴之編著、明石書店、2017年）。

中東・イスラーム世界の歴史・宗教・政治
――多様なアプローチが織りなす地域研究の現在

2018年２月28日　初版第１刷発行

編著者　髙岡　豊
白谷　望
溝渕正季
発行者　大江道雅
発行所　株式会社 明石書店
〒101-0021東京都千代田区外神田6-9-5
電話　03 (5818) 1171
ＦＡＸ　03 (5818) 1174
振替　00100-7-24505
http://www.akashi.co.jp
装丁　明石書店デザイン室
印刷／製本　モリモト印刷株式会社

（定価はカバーに表示してあります）　ISBN978-4-7503-4631-1

中東・イスラーム研究概説　政治学・経済学・社会学・地域研究のテーマと理論
私市正年、浜中新吾、横田貴之編著　◎2800円

東方キリスト教諸教会　研究案内と基礎データ
三代川寛子編著　◎8200円

現代中東を読み解く　アラブ革命後の政治秩序とイスラーム
後藤晃、長沢栄治編著　◎2600円

イスラーム信仰概論
水谷周著　◎2500円

変革期イスラーム社会の宗教と紛争
塩尻和子編著　◎2800円

「イスラーム国」の生態がわかる45のキーワード
中東調査会イスラーム過激派モニター班著
（金谷美沙、髙岡豊、西舘康平）　◎1400円

アラブ・イスラエル紛争地図
マーティン・ギルバート著　小林和香子監訳　◎8800円

現代中東の国家・権力・政治
ロジャー・オーウェン著　山尾大、溝渕正季訳　◎3000円

湾岸アラブ諸国の移民労働者　「多外国人国家」の出現と生活実態
細田尚美編著　◎5500円

イスラーム世界のジェンダー秩序　「アラブの春」以降の女性たちの闘い
辻上奈美江著　◎2500円

変貌するイラン　イスラーム共和国体制の思想と核疑惑問題
駒野欽一著　◎2500円

イスラーム世界の挫折と再生　「アラブの春」後を読み解く
内藤正典編著　◎2800円

イスラーム世界歴史地図
デヴィッド・ニコル著　清水和裕監訳　◎15000円

紛争と国家建設　戦後イラクの再建をめぐるポリティクス
山尾大著　◎4200円

中東湾岸諸国の民主化と政党システム
石黒大岳著　◎4200円

21世紀のサウジアラビア　政治・外交・経済・エネルギー戦略の成果と挑戦
アンソニー・H・コーデスマン著
中村覚監訳　須藤繁、辻上奈美江訳　◎9500円

〈価格は本体価格です〉